사마리아 여인의 일곱 번째 남자, 예수

일러두기
- 본문에 인용된 성경은 대한성서공회에서 펴낸 개역개정판을 따랐으며, 다른 번역본을 사용한 경우 따로 표기하였습니다.

사마리아 여인의 일곱 번째 남자, 예수
신우인 지음

1판 1쇄 인쇄 2016. 11. 30. | **1판 1쇄 발행** 2016. 12. 7. | **발행처** 포이에마 | **발행인** 김강유 | **편집** 강영특 | **디자인** 지은혜 | **등록번호** 제 300-2006-190호 | **등록일자** 2006. 10. 16. | 서울특별시 종로구 북촌로 63-3 우편번호 03052 | 마케팅부 02)3668-3260, 편집부 02)730-8648, 팩시밀리 02)745-4827

저작권자 ⓒ 신우인, 2016
이 책의 저작권은 저자에게 있습니다. 저자와 출판사의 허락 없이 내용의 일부를 인용하거나 발췌하는 것을 금합니다.

값은 뒤표지에 있습니다. ISBN 979-11-5809-065-4 03230 | 독자의견 전화 02)730-8648 | 이메일 masterpiece@poiema.co.kr | 좋은 독자가 좋은 책을 만듭니다. | 포이에마는 독자 여러분의 의견에 항상 귀를 기울이고 있습니다.

이 도서의 국립중앙도서관 출판시도서목록(CIP)은 서지정보유통지원시스템 홈페이지(http://seoji.nl.go.kr)와 국가자료공동목록시스템(http://www.nl.go.kr/kolisnet)에서 이용하실 수 있습니다. (CIP제어번호: CIP2016028803)

신우인

사마리아
여인의
일곱 번째 남자

신우인의 요한복음 강해

포이에마
POIEMA

차 례

머리말 • 6

01	태초에 말씀이 계시니라 요 1:1-5 • 11
02	빛을 증거하는 사람 요 1:4-8 • 20
03	참 빛으로 오신 예수님 요 1:9-18 • 28
04	은혜 위에 더해지는 은혜 요 1:14-18 • 37
05	광야에서 외치는 소리 요 1:19-27 • 46
06	더 큰 일을 보리라 요 1:45-51 • 54
07	가나에서 생긴 일 요 2:1-11 • 63
08	만민이 기도하는 집, 강도의 소굴 요 2:13-22 • 73
09	성령으로 거듭나지 아니하면 요 3:1-8 • 82
10	빛을 향해 가는 사람들 요 3:16-21 • 90
11	예수는 흥하고 나는 쇠하고 요 3:22-30 • 99
12	수가 성 우물가에서 요 4:5-24 • 107
13	내 양식은 하나님의 일 요 4:31-38 • 117
14	기적을 보지 못하면 요 4:46-54 • 126
15	네가 낫고자 하느냐? 요 5:1-9 • 135
16	하나님의 일, 곧 내 일 요 5:10-18 • 144
17	그분의 음성을 들을 때 요 5:24-29 • 154
18	나는 영광을 취하지 아니하노라 요 5:41-44 • 163
19	너희도 가려느냐? 요 6:53-60, 66-68 • 172
20	인간의 때, 하나님의 시간 요 7:1-9 • 180
21	안 가시겠다더니 요 7:10-18 • 190
22	나도 너를 정죄하지 아니하노니 요 8:1-12 • 199

23	진리가 너희를 자유하게 하리라 요 8:31-36	208
24	누구의 죄로 인함입니까? 요 9:1-7	215
25	교회 밖에도 구원이 있는가? 요 10:7-15	223
26	하나님의 말씀을 받은 사람들을 신이라 하셨거늘 요 10:32-39	231
27	그 사람 안에 빛이 없으므로 요 11:1-10	240
28	하나님의 영광을 보리라 요 11:38-44	249
29	옛터에 새 길을 내시는 하나님 요 11:45-53	258
30	향내가 가득하더라 요 12:1-8	267
31	다시 쓰는 종려주일 요 12:12-19	276
32	한 알의 밀이 죽을 때 요 12:20-26	285
33	빛 가운데로 걸어가면 요 12:36-43	294
34	너희도 행하게 하려 요 13:12-20	302
35	그대와 함께라면 요 14:1-7	311
36	또 다른 보혜사 요 14:23-28	319
37	친구를 위하여 목숨을 버리면 요 15:7-17	328
38	조금 있으면 나를 보리라 요 16:16-24	337
39	예수님의 마지막 기도 요 17:20-26	345
40	예수님의 가시는 길에서 요 18:33-40	354
41	다 이루었다 요 19:28-30	364
42	부활, 구원의 완성 요 20:15-23	372
43	일상에서 만나는 부활의 주님 요 21:1-14	381
44	내 모습 이대로 요 21:15-22	390

머리말

 '사마리아 여인의 일곱 번째 남자, 예수'. 이 책의 제목입니다. 하지만 이 제목은 제가 정한 것은 아닙니다. 우리 교회에서 동역하고 있는 홍경 목사가 행한 설교의 제목입니다.

 지난여름 건강에 문제가 생겨 쉬고 있을 때 기독교방송을 통해 들은 설교입니다. 매주일 아침 10시 30분에 제가 주일날 행한 설교가 녹화방송 되는데, 제가 쉬고 있는 중이라 우리 교회 동역자들의 설교가 나왔던 것입니다. 그날 홍 목사의 설교는 그동안 들었던 어떤 설교들보다 짜임새도 좋았고 그 내용도 큰 감동을 주었습니다. 무엇보다도 설교 제목에서부터 사람들을 집중시키는 힘이 있었습니다.

 그동안 교회와 기독교방송 〈성서학당〉에서 행한 요한복음 강해를 책으로 출판하면서 제목에 대해 생각하다가 홍 목사에게 그 제목을 빌려 달라고 부탁했습니다. 물론 담임목사의 부탁인지라 거절할 수 없었겠지만 나름 흔쾌하게 승낙해주어 이 책의 제목으로 사용하게 되었습니다.

 '사마리아 여인의 일곱 번째 남자, 예수', 불경스럽게 들릴 수도 있는 것은 사마리아 여인의 과거가 그랬기 때문입니다. 잘 아시는 대로 그녀는 무려 다섯 번이나 결혼한 전력이 있는데다가 그 다섯 남편 모두 떠나보내고 결혼을 하지 않은 채 한 남자와 동거하고 있는, 절대로 가까이 해서는 안 되는 여자입니다. 그런 혼탁한 여자의 일곱 번째 남자를 예수님이라고 한다는 것은 불경 정도가 아니라 돌팔매질을 당할 일입니다.

그러나 이사야 선지자를 통해서 여호와 하나님께서 스스로를 '이스라엘의 남편'(사 54:5)이라 하셨고, 모든 성도들은 '예수 그리스도의 신부'(계 21:2)라고 하신 것을 보면, 예수님도 기꺼이 사마리아 여인의 일곱 번째 남자가 되셨을 것입니다.

요한복음을 강해하면서 머리에서 떠나지 않았던 두 가지 생각이 있습니다. 첫째는 예수님은 모든 문제에 대한 해답인가 하는 의문입니다. 둘째는 요한복음서의 저자 사도 요한이 만나고 해석한 예수님은 다른 공관복음서와는 달리 보다 분명하고 명확한 문제의 해답을 제시할 것이라는 기대입니다.

사도 요한은 '예수님이 가장 사랑한 제자'였고, 무엇보다도 천수를 누린 사람입니다. 나이가 든다는 것은 그만큼 깊고 넓은 경륜이 쌓인다는 것입니다. 같은 사람이나 사건에서도 훨씬 더 심도 있는 것을 보고 찾아냅니다. 사도 요한은 그저 속절없이 세월만 보낸 범부가 아닙니다. 초대교회의 지도자로서 가장 긴 생애를 보내면서 닥친 역경들과, 자신과 초대교인들이 당한 수많은 다양한 문제들에 대하여 언제나 예수님의 관점에서 대처 방안과 해답들을 찾아내고 제시했다고 생각합니다.

고수의 생각을 읽어내기 위해서는 제 자신의 눈높이 역시 높여야 합니다. 그래서 교회에서 통상적으로 가르쳤던 여러 내용들을 뒤집어 생각해보려고 했습니다. 예를 들자면, 가나의 혼인잔치에서 물을 포도주로 바꾸신 기적의 내용을, 과연 예수님을 능력의 구세주로 증명하기 위해서 언급했을까 의심해보는 것입니다. 사도 요한 자신이 사도로서 이미 수많은 기적을 행한 마당에 그 정도의 기적으로 예수님을 대단한 능력자로 받아들이게 하겠느냐는 것입니다. 살면서 고심하는 많은 문제들이 예수님을 믿었다고 기적적으로 해결되는 것이 아님을 많은 사람들이 잘 알고 있고, 예수님도 기적을 좇는 사람들을 책망하셨음을 사도 요한도 잘 알고 있는 터에, 분명 예수님의 다른 깊은 뜻을 전하려 했다고 생각합니다. 그런 사도 요한의 의도를 궁리하며 요한복음을 살펴가는 동안 어느 복음서보다 더 깊은 예수님의 복음의 진수와 조우할 수 있었습니다.

사마리아 여인과 함께 살았던 다섯 남편들은 돈, 명예, 미모, 재능, 건강 등 그녀가 자신의 존재를 맡겼던 대상들을 상징합니다. 그에 의존하며 살았는데 모든 것이 떠났습니다. 세상에는 자신을 맡길 만한 존재가 전무함을 깨달은 여인에게 이제 남은 남자는 그렁저렁 그저 외로움이나 달랠 정도의 존재를 의미합니다. 그렇게 생각해야 하는 이유는 예수님을 만났을 때 여인이 본격적으로 던진 최초의 질문이 '예배'였기 때문입니다. 이제는 하나님 외에는 자신을 맡길 만한 존재가 없음을 알았기 때문입니다. 예배를 의미하는 히브리어 '코르반'은 '친밀해지다', '가까워지다'라는 뜻을 담고 있습니다.

여러 교회에서 '예배에 목숨을 걸라'고 가르칩니다. 그런데 그 구호의 이면에 숨겨진 의도는 대부분 '교회 성장'이라 해도 틀린 말이 아닙니다. 하지만 예배에 대한 예수님의 말씀에서 강조하는 바는 바로 삶 자체에 있습니다. 일상의 삶을 예배하는 마음으로 살라는 뜻입니다.

'기도는 노동'이라는 말도 있지만, '기도'와 '노동'은 어떤 관계일까요? 교회에서는 기도를 노동처럼 하면 노동 없이 잘 먹고 잘산다고 가르칩니다. 그러나 예수님은 노동을 기도처럼 하라고 말씀하십니다. 예수님의 영성은 종교에 뿌리를 둔 것이 아니라 현실에 뿌리를 두고 있습니다. 바로 이것이 우리 인간들이 겪고 있는 난제에 대한 예수님의 해결책입니다.

예수님의 모든 가르침은 생명을 살리고 그 생명을 풍성하게 하기 위함(요 10:10)입니다. 그러므로 그분의 가르침을 일상의 삶에서 살아내면 그 생명이 살아날 뿐만 아니라 풍성하게 됩니다. 예수님의 가르침대로 살기는 굉장히 힘이 듭니다. 그런데 많은 난제들을 이고 지고 사는 우리들에게 필요한 것은 정확하고 올바른 지침입니다. 어디로 가야 할지 모르는 우리에게 그 방향을 알려주신 것만으로도 하나님의 은혜입니다.

저도 세상을 꽤 살았습니다. 다른 사람들이 겪으며 고심했던 문제들이 무엇인지 나름 알게 되었습니다. 되돌아보며 예수님의 가르침을 대입해보며, 그분의 가르침이 가장 올바른 해답임을 절감하였습니다. 즉, 예수님의 가르침은 모든 문제의 해답입니다.

교회에서는 예수님을 높이고 섬겨야 하는 분이라고 가르칩니다. 그렇게 하면 내 문제를 그분이 해결해주실 것이라 믿는데, 저는 이것이 교회의 가장 잘못된 가르침이고 교인들의 가장 큰 착각이라고 생각합니다. 예수님은 닮고 따라야 하는 분입니다. 예수님 자신도 "섬김을 받으려 함이 아니라 도리어 섬기려 하고 자기 목숨을 많은 사람의 대속물로 주려 함"(막 10:45)이라고 말씀하셨습니다. 그럼에도 그저 예수님을 높이고 섬기고만 있으니 내 문제는 여전히 남아 있고, 무응답인 예수님에 대한 원망만 더해집니다.

누가 그랬습니다. "인생이란 좋은 스승을 만나 그와 더불어 천천히 걷는 것이다." 스승은커녕 선생도 없는 이 암울한 세상에 예수님께서 오셔서 나의 스승이 되어주신 것만으로도 족합니다. 그분의 가르침에 내 자신을 비춰보며 그분과 더불어 천천히 걸어가노라면 흔들리다가도 바로 설 것이며 넘어졌다가도 다시 일어날 것입니다. 그리고 마침내 하늘 본향에 다다를 것입니다.

먼저 제목 사용을 허락한 홍경 목사와 동역자들, 그리고 부족한 저를 믿고 지지해주는 교우님들, 언제나 기꺼이 책을 만들어주시는 포이에마 출판사 김도완 목사님과 편집부에 감사의 마음을 전합니다. 특히 홀로 사는 것이 아님을 일깨워주는 가족들에게 특단의 정을 보냅니다.

무엇보다도 독자들이 여기에 엮은 글들을 통하여 삶이 조금이라도 풍성해진다면 이 책이 존재하는 의미를 느낄 것입니다.

2016년 가을에
북한산 기슭에서
신우인 목사 올림

01

태초에
말씀이 계시니라

요 1:1-5

 예수님의 생애를 기록한 책은 마태복음, 마가복음, 누가복음, 요한복음 등 네 권입니다. 요한복음을 제외한 마태·마가·누가복음을 '공관복음서'라고 부릅니다. 이 셋은 같은 관점(共觀)에서, 요한복음서는 다른 관점에서 쓰였다는 것입니다.
 네 권의 복음서 중 예수님의 열두 제자가 직접 쓴 것은 알패오의 아들 마태가 쓴 마태복음과 사도 요한이 쓴 요한복음, 두 권입니다. 반면 마가복음은 바나바의 조카 마가 요한이, 누가복음은 사도 바울의 제자요 동역자인 의사 누가가 썼습니다.
 네 복음서 중 가장 늦게 기록된 책이 요한복음입니다. 요한은 예수님이 가장 사랑하셨던 제자로서, 모두 순교를 당한 다른 제자들과 달리 유일하게 천수를 누렸습니다. 십자가에서 숨을 거두시기 직전, 예수님은 육신의 어머니 마리아와 요한에게 마지막 말을 남기셨습니다. 육신의 어머니 마리아에게는 "여자여 보소서. 아들이니이다", 요한에게는 "보라 네 어머니라" 하셨습니다. 요한에게 마리아를 맡기신 것입니다. 그 이후로 사도 요한은 마리아를 어머니로 모셨고, 말년에는 함께 멀리 에베소 교회로 가서 지내다가 하나님께로 돌아갔습니다. 요한복음은 에베소에서 기록한 것입니다. 에베소는 오늘날의 터키 남서쪽에 있습니다.

요한복음은 주후 90년 무렵에 기록되었습니다. 그러니까 사도 요한이 아흔이 넘은 나이에 쓴 것입니다. 고령의 나이와 희미해진 기억이 요한복음의 신뢰성을 감하는 것이 아닌가 하는 의문이 들 수도 있지만, 아닙니다. 그 반대입니다.

인간의 특징을 한마디로 표현하면 '한계성'입니다. 사물의 전체를 보지 못합니다. 여기 원통이 있다고 해봅시다. 정면에서 보면 사각형이고, 위에서 보면 원입니다. 전후좌우에서 보아야 전체를 알 수 있습니다. 하지만 여전히 그 속은 알 수가 없습니다.

마태·마가·누가복음은 예수님의 생애를 사건 위주로 기록했습니다. 그런데 같은 사건이 서로 다르게 기록되어 있기도 하고, 어떤 복음서에는 있지만 다른 복음서에는 없는 사건도 있습니다. 저자들의 관점과 가치관의 차이에서 비롯된 이러한 차이점들은 기록의 신빙성을 떨어뜨리는 것이 아니라, 오히려 예수님의 생애를 여러 각도에서 조명하여 하나님의 뜻을 더욱 깊고 풍성하게 드러냅니다. 마태·마가·누가복음이 예수님 사건의 전후좌우를 그려냈다면, 요한복음은 그 깊고 깊은 속뜻을 드러냈다고 할 수 있습니다.

예수님의 특별한 사랑을 받은 요한은 다른 제자들보다 예수님과의 내밀한 경험이 더 많습니다. 예수님께서 부활·승천하신 후 많은 시간이 흘러갔습니다. 요한은 많은 기도와 묵상과 회고와 반추를 통하여, 예수님께서 그때 왜 그런 말씀을 하셨는지, 왜 그렇게 행동하셨는지 깨달아 갑니다. 그 깊은 뜻이 시간과 비례하여 군더더기는 사라지고 에센스만 남습니다.

복음의 에센스. 누구도 쓸 수 없는, 오직 요한만이 써낼 수 있는 책이 요한복음입니다. 그래서 요한복음은 어렵습니다. 요한의 큰 그릇으로 예수님을 담아냈기 때문입니다. 또한 그래서 요한복음은 쉽습니다. 대가(大家)는 핵심을 알기 쉽게 설명할 줄 압니다.

예수님의 마음을 드러낸 책

요한복음을 집필하기 위하여 처음 펜을 들었을 때의 요한을 생각해봅니다. 어떤 마음이었을까요?

격변의 역사를 온몸으로 겼었던 사람들이 있습니다. 개인 차원이 아니라 숨겨진 역사의 증언으로서, 기록으로 남겨야 하지만 과거의 무게가 너무 무거워 쉽게 쓰질 못합니다.

사도 요한도 그랬을 것입니다. 더군다나 그는 예수라는 엄청난 분을 온몸으로 체험한 사람이었습니다. 요한의 생애는 그분을 전하는 것이 전부였습니다. 가는 곳마다 만나는 사람들에게 자신이 경험한 예수님을 전했습니다. 전하면서 깨달았습니다. '아! 그래서 주님께서 그때 그러셨구나.' 지는 해를 보다가도, 피곤한 발길을 옮기다가도, 배고파 음식을 먹다가도, 목말라 물을 마시다가도, 불현듯 '아! 그게 그런 뜻이었구나' 했을 것입니다.

사도 요한에게 예수님은 언제나 현재 시제로 살아 계셨고, 세월이 흐르면서 곧 만나 뵙게 될 가장 가까운 미래였습니다. 시간이 흘러 요한은 점점 큰 그릇이 되고 과거의 무게도 점점 가벼워졌습니다. 그리고 드디어 때가 이르러 '이제는 쓸 수 있겠구나' 하는 생각이 들었을 것입니다.

예수님에 대하여 인간이 이를 수 있는 최고의 높이와 가장 심오한 깊이에까지 도달한 사도 요한에게 고난은 그저 한줌 스치는 바람이며, 핍박은 이해의 깊이를 더하는 은혜였습니다. 그래서 요한복음은 인간이 쓴 기록 중에서 예수님의 마음을 가장 잘 드러낸 책이 되었습니다.

요한은 이 책의 목적을 다음과 같이 밝히고 있습니다. "오직 이것을 기록함은 너희로 예수께서 하나님의 아들 그리스도이심을 믿게 하려 함이요 또 너희로 믿고 그 이름을 힘입어 생명을 얻게 하려 함이니라" (요 20:31).

사도 요한과 더불어 하나님의 깊은 은혜의 세계로, 요한복음을 통하여 예수님의 마음에 한발 더 다가가십시오. 그래서 그토록 열 올리던 일들이 얼마나 시시한 것인지를, 예수 그리스도가 모든 문제의 해답임을 깨달으십시오. 예수님의 이름으로 생명을 얻고, 더욱 풍성해지십시오. 예수님께 집중하십시오. 사건과 사람들에게 마음을 빼앗기지 마십시오. 예수님을 알면 알수록 고난은 스치는 바람이 되고 역경은 나를 자라게 하는 자양분이 됩니다.

하나님 만나기

이제 큰 기대를 안고 요한복음을 펼치겠습니다. 요한복음 1장 1절입니다. "태초에 말씀이 계시니라. 이 말씀이 하나님과 함께 계셨으니 이 말씀은 곧 하나님이시니라."

엄청난 말씀입니다. 눈으로 볼 수 없는 하나님이 성경에 기록된 말씀이라는 것입니다. 말씀을 알면 알수록 하나님이 더욱 확실히 보입니다. 이 구절을 읽으며 가장 먼저 떠오르는 구절이 무엇입니까? 네, 그렇습니다. 창세기 1장 1절 말씀입니다. "태초에 하나님이 천지를 창조하시니라."

이 말씀은 하나님께서 우리들에게 말문을 여셨던 구절입니다. 하나님께서는 가장 먼저 창조주로서 우리에게 다가오셨습니다. 창조주로서의 하나님을 가장 먼저 인식하기를 원하셨습니다. "온 천하 만물을 내가 만들었단다. 너 또한 내가 만들었단다. 오늘도 그 모든 것들을 내가 운행하고 있단다. 그렇게 한 것은 내가 너를 사랑하기 때문이란다. 내 사랑을 보거라. 내 사랑을 받아들여라. 그래야 산단다. 그래야 행복하단다."

성경은 눈에 보이지 않는 영이신 하나님 자신을 친히 드러내신 책입니다. 온 우주 삼라만상을 들여다보십시오. 하나님의 창조법칙에 따라 움직이고 있습니다. 하나님의 사람이란 어떤 사람입니까? 하나님의 존재와 그분의 통치를 최고의 현실로 인정하고 하나님의 뜻에 따라 살아가는 사람들입니다.

성경은, 하나님을 만나고 하나님의 존재를 인정하고 하나님의 뜻을 따랐던 사람들의 기록입니다. 아브라함은 모리아 산에서 '여호와 이레', 모든 것을 준비하시는 하나님을 경험합니다. 야곱은 얍복 강가에서 하나님의 사람과 씨름하며 '브니엘', 하나님의 얼굴을 경험합니다. 이삭은 '웃으시는 하나님'을, 모세는 시내 산 불타는 떨기나무에서 '스스로 계시는 하나님'을 만나고, 광야에서 '치료하시는 하나님', '승리를 주시는 하나님'을 경험합니다. 음성으로만 존재하시는 하나님, 질투하시는 하나님, 진노하시는 하나님, 복 주시는 하나님, 위로하시는 하나님을 경험합니다. 엘리야는 자신의 승천을 통하여 '영생을 주시는 하나님'을 체험합니다. 마침내 이사야 선지자는 '고난받는 종으로 오시는 하나님'을 만납니다.

그들이 스스로 깨달은 것이 아닙니다. 하나님께서 자신을 드러내셨으며, 그들은 그 하나님을 만났고 체험하였고 고백하였습니다. 성경의 기록들을 통하여 우리들은 하나님이 누구이며 어떤 분인지, 그분의 존재와 성품과 뜻을 알게 됩니다. 그렇게 우리들도 하나님을 만나고 하나님 인식의 지평이 넓어져갑니다.

신앙의 본질은 체험을 통하여, 묵상을 통하여 하나님을 점점 알아가는 것, 그래서 그 사랑의 관계가 깊어지는 것, 그렇게 내 안에서 말이 아닌 살아 있는 인격으로, 능력으로 하나님을 만나는 것입니다. 마침내 음부의 권세도, 죽음의 위협도, 어떤 유혹도 하나님과 나와의 관계를 끊을 수 없게 되는 것입니다.

하나님께 다가가는 첫걸음

하나님께서 말씀하십니다. "하나님이 이르시되 빛이 있으라 하시니 빛이 있었고"(창 1:3).

사도 요한이 말합니다. "만물이 그로 말미암아 지은 바 되었으니 지은 것이 하나도 그가 없이는 된 것이 없느니라"(요 1:3).

"맞습니다, 하나님. 하나님께서 온 우주만물과 나와 모든 인간을 지으셨습니다."

"그렇습니다, 하나님. 하나님은 말씀으로 존재하시며 말씀으로 모든 것을 운행하시며, 말씀으로 오늘도 우리를 부르시고 관계를 맺으십니다."

"그렇습니다. 하나님의 말씀이 곧 하나님이십니다."

치료하시는 하나님보다 앞선 개념이 창조주 하나님입니다. 진노의 하나님보다 앞선 것이 사랑의 하나님입니다. 율법의 심판보다 앞선 것이 사랑의 용서입니다. 그것을 알지 못할 때, 식사 중 소리 내서는 안 된다는 규칙으로 인해 밥을 못 먹게 하는 일들이 일어납니다.

"태초에 말씀이 계시니라. 이 말씀이 하나님과 함께 계셨으니 이 말씀은 곧 하나님이시니라" 하는 말씀은 사도 요한이 하나님의 마음, 하나님의 의도와 깊은 뜻을 하나님께서 원하시는 대로 깨달았다는 둘도 없는 증거입니다.

말씀은 곧 하나님이십니다. 말씀으로 천지만물을 지으셨고, 말씀으로 운행하십니다. 그러므로 말씀을 아멘으로 받아들이고 그 말씀 따라서 사노라면 무서울 것도 두려울 것도 걱정할 것도 전혀 없습니다.

콜로라도 주 숲에서 살고 있는 필립 얀시에게 멀리서 한 친구가 찾아왔습니다. 그는 시력을 잃어간다는 의사의 진단을 받고 여행을 시작했습니다. 시력을 완전히 잃기 전에 하나님께서 창조하신 아름다운 세계를 기억에 담기 위해서입니다. 그 친구를 만나고 난 다음 얀시는 더욱 깊이 깨달은 것이 있었습니다. 하나님께로 다가가는 첫걸음은 내가 하나님의 피조물임을 인정하는 것이라는 점이었습니다.

"땅이 혼돈하고 공허하며 흑암이 깊음 위에 있고 하나님의 영은 수면 위에 운행하시니라"(창 1:2).

만약 그 친구가 하나님을 몰랐다면 어떻게 되었을까요? 잃어가는 시력을 회복하기 위하여 갖은 애를 썼을 것입니다. 그러나 결국 의사의 최후통첩을 받을 것이고, 절망하여 더 깊은 혼돈으로, 공허로, 흑암으로 빠져 들어갔을 것입니다.

그러나 자신의 삶에 개입하시는 하나님의 말씀을 듣고 생각합니다. '왜 내게 시력을 주셨을까? 그래, 그동안 시시껄렁한 티브이에, 복잡한 재무제표에, 주식시세에 팔려버렸던 내 시력, 아무렇게나 굴렸던 이 눈, 그것으로 보아야 할 것이 있구나.' 그는 시력을 주신 하나님의 뜻에 합당한 목적으로 눈을 사용하기 시작했습니다. 그러자 전에는 도저히 볼 수 없었던 것들이 시야에 들어왔습니다. 하나님의 따뜻한 생명의 손길과 사랑이 그것입니다.

어려운 일을 당합니다. 혼란스럽습니다. 앞이 깜깜합니다. 어떻게 할까 망연자실, 너무나 당황스럽습니다. 그런데 제일 먼저 살펴야 하는 것은 하나님의 말씀입니다. 하나님의 말씀은 혼돈을 물리치는 지혜이며, 공허를 몰아내고 충만케 하는 능력이며, 흑암을 밝히는 그 누구도 끌 수 없는 빛입니다. 내가 지금 하나님의 말씀에 합당한 삶을 살고 있으면 걱정할 것이 없습니다. 만물이 하나님으로 말미암아 창조, 운행되고 있기 때문입니다.

예수님의 가르침을 실천만 하면

"그 안에 생명이 있었으니 이 생명은 사람들의 빛이라"(요 1:4).

예수님은 하나님이신 말씀으로, 육신을 입고 이 땅에 오셨습니다. 그 생명이 있는 말씀이며, 모든 공허와 혼돈과 흑암을 이기는 빛입니다. 곧 예수님은 생명, 빛 자체이십니다. 그래서 그분을 배우고, 알고, 살면, 그 누구도, 어떤 처지에서도 살아납니다.

그런데 왜 사는 것이 이다지도 힘들까요?

첫째, 내가 예수님을 만나 빛 가운데 살아도 어둠에 눈길을 주기 때문입니다. 그래서 시험과 유혹에 넘어지기 때문입니다.

둘째, 여전히 어둠 속에 있는 주변 사람들이 내 안의 빛을 자꾸만 끄려고 하기 때문입니다. 그럴 때 그 빛을 유지하기란 쉽지 않습니다.

그러므로 가장 먼저는 내 빛을 예수님을 통해 더욱 밝게 해야 합니다. 그래서 예수님이 기도를 가르쳐주셨습니다. 또한 예배를 드리고, 말씀을 배우고 그에 따라 살아야 합니다. 그리고 아내와 남편, 부모와 자녀, 친지와 친구, 목사와 교인 모두가 예수님 안으로, 빛으로, 생명으로 들어와야 합니다. 우리에게 전도를 명하신 이유가 거기에 있습니다.

달라스 윌라드는 그의 책 《하나님의 모략》(복있는사람, 2015)에서 이렇게 말합니다. "예수님의 가르침을 실천만 하면 금세 우리의 삶에 진실, 선, 힘, 아름다움이 나타나기 시작합니다." 맞는 말입니다. 이 말을 사도 요한은 이렇게 말합니다. "그 안에 생명이 있었으니 이 생명은 사람들의 빛이라."

예수님은 우리를 재창조하시기 위해 우리 곁에 오신 창조주 하나님이십니다. 예수님께서 발하시는 생명의 빛을 받아 하나님 아버지께서 만드신 이 땅에서 당당한 하나님의 아들과 딸로 거듭나야 합니다.

산다는 것은 좋은 스승을 만나 그와 함께 천천히 걷는 것입니다. 우리에게는 영원한 스승이자 영원한 친구이며 배우자 되시는 예수님이 계십니다.

02
빛을 증거하는 사람

요 1:4-8

1907년 영국의 탐험가 어니스트 섀클턴은 최초의 남극 탐험대를 조직했습니다. 아무도 가보지 못한 남극 탐험을 위해 철저히 준비했습니다. 수많은 사람들의 관심과 후원을 받으며 드디어 장도에 올랐습니다. 그러나 남극 탐험은 결코 쉬운 일이 아니었습니다. 살인적인 추위와 눈보라, 누적되는 피로와 예상치 못한 난관 등으로 발길이 늦어져 식량도 바닥을 드러냈고, 결국 섀클턴과 동료들은 남극을 155킬로미터 남겨둔 채 돌아서야만 했습니다. 실패라는 심적 고통과 살아서 돌아갈 수 있을까 하는 의구심이 더해진 절망적인 상황에서 짐부터 줄여야 했습니다. 시간이 지나면서 짐을 계속 줄여나갔습니다.

섀클턴은 우연히 동료들이 무엇을 버리는지 지켜보게 되었습니다. 가장 먼저 포기한 것은 돈입니다. 이어서 탐험의 기념물, 업적을 증명할 자료들, 나중에는 음식물까지도 버렸습니다. 그런데 최후까지 소중하게 간직한 것들이 있었습니다. 무엇일까요? 그것은 사랑하는 사람들의 사진과 편지입니다. 사랑하는 사람들을 다시 볼 수 있다는 희망과 믿음이 그들을 끝까지 붙잡아주었고, 결국 한 사람도 낙오되지 않고 무사히 귀환할 수 있었습니다.

무슨 생각을 가지고 갈 것인가?

사람들은 죽으면서 한 가지 생각을 가지고 간다고 합니다. 여러분들은 무슨 생각을 갖고 하나님 앞에 서시겠습니까?

목사로서 저는 많은 죽음들을 보아왔습니다. 가장 마음에 남아 있는 분이 있습니다. 약사였던 그분은 부천 가난한 동네에서 약국을 경영하며 평생 동안 가난한 사람들을 도우면서, 도산 안창호 선생의 유업을 잇는 흥사단에 헌신했습니다. 예순 조금 넘는 나이에 췌장암 판정을 받고, 회복이 어렵다는 의사의 이야기에 수술과 생명 연장을 위한 어떤 의료행위도 거절했습니다. 그러고는 하나님 앞으로 갈 준비를 했습니다. 병문안 갈 때마다 그분이 늘 하던 말씀이 하나 있습니다. "하나님께 너무 죄송합니다"입니다. 흥사단 일을 하느라 주님의 몸 된 교회 일을 소홀히 했다는 것입니다. 누구보다 물심양면으로 교회에 봉사하셨던 분인데도, 하나님께 받은 은혜에 비하여 턱없이 부족했다며, '하나님께 죄송한 마음' 한 가지를 갖고 하나님 앞에 서셨습니다.

여러분들은 무슨 마음으로 하나님 앞에 서시겠습니까? 저는 여러 죽음을 보면서, 의외로 많은 사람들이 미련과 집착과 회한, 때로는 증오와 원한을 마지막 생각으로 가지고 가는 것을 볼 수 있었습니다. 그런데 죽으면서 가지고 간다는 그 한 가지 생각이 그 사람의 인생을 결정합니다. 그렇기에 스스로에게 정말 중요한 질문 하나를 더 해야 합니다. 그것은,

"무슨 생각을 가지고 가야 하는가?" 하는 질문입니다. 이 질문은 어떤 생각과 태도로 살아야 하는가에 관한 것이기도 합니다.

본문은 가장 중요한 그것을 가르쳐줍니다. 사도 요한이 말합니다. "빛이 어둠에 비치되 어둠이 깨닫지 못하더라"(요 1:5).

이 말씀은 사도 요한 개인의 말이 아닙니다. 전지전능하신 하나님, 우리들을 만드신 하나님 아버지의 진단입니다. 하나님의 말씀, 예수님을 모르는 사람은 아무리 잘나가고 능력 있고 부자라도 '어둠'이라고 잘라 말씀하십니다.

가만히 생각해보십시오. 우리들이 아는 것이 무엇입니까? 정말 내가 가진 지식과 능력이 내 근본적인 문제를 해결할 수 있습니까? 대부분 미봉책입니다. 서울대 3대 명강의 교수로 선정된 최인철 교수가 입버릇처럼 하는 말이 있습니다. "학사 학위, 이제 다 알았다. 석사 학위, 내가 아는 것이 없다는 것을 알게 되었다. 박사 학위, 이제 내가 무엇을 모르는지 구체적으로 알게 되었다." 정말 맞는 말입니다. 내가 아는 것은 얄팍한 지식의 나열일 뿐임을 나이가 들수록 절감합니다.

하나님께서 세상만물을 창조하시고 운행하고 계시기에 처방 또한 진단만큼 간단명료합니다. 내가 어둡다는 것을 알고 빛을 받으라는 것입니다. 그 '빛'은 바로 '하나님 자신', '하나님의 말씀', 그리고 '육신을 입은 말씀이신 예수님'이십니다. 그 빛은 태초부터 존재했습니다.

하나님께서는 믿음의 조상들과 모세와 여호수아와 예언자들과 하나님의 사람들을 통해서 빛이신 하나님의 말씀을 전하셨습니다. 그러나 사람들은 그 말씀을 듣지 않았고, 들었어도 왜곡하고 거부하였습니다. 마침내 하나님께서 독생자 예수님을 이 땅에 보내셨습니다. 하지만 대부분의 사람들은 예수님마저도 거부하고 스스로를 파멸로 이끌었습니다.

하나님은 자녀인 우리들이 파멸하는 것을 그대로 놔둘 수 없으셨습니다. 그래서 그에 대한 조치를 취하셨습니다. 사도 요한이 하나님의 조치에 대해서 다음과 같이 말합니다. "하나님께로부터 보내심을 받은 사람이 있으니 그의 이름은 요한이라"(요 1:6). 이 요한은 사도 요한이 아닌, 세례 요한을 말합니다.

가장 큰 자, 세례 요한

하나님께서 하시는 일에는 분명한 의도와 목적이 있습니다. 7절에 하나님이 세례 요한을 보내신 목적이 기록되어 있습니다. "그가 증언하러 왔으니 곧 빛에 대하여 증언하고 모든 사람이 자기로 말미암아 믿게 하려 함이라."

세례 요한은 예수님에 대해서 증언하고, 그 증언을 받은 우리들은 예수님을 믿어야 합니다. 그래야 삽니다. 사도 요한은 아주 중요한 한마디를 덧붙입니다. "그는 이 빛이 아니요 이 빛에 대하여 증언하러 온 자라"(요 1:8).

예수님은 세례 요한에 대하여 이렇게 말씀하셨습니다. "여자가 낳은 자 중에 세례 요한보다 큰 이가 일어남이 없도다"(마 11:11). 세례 요한은 세상에서 가장 훌륭한 사람이라는 것입니다. 그럼에도 "천국에서는 극히 작은 자라도 그보다 크니라" 하고 이어서 말씀하셨습니다.

이 말씀은 그냥 지나칠 말씀이 아닙니다. 굉장히 중요한 말씀입니다. 세례 요한이 사람들 앞에 나타나자 엄청난 사람들이 모여들었습니다. 시대는 이스라엘 역사상 가장 암울했고, 하나님께서 약속하신 구원자를 애타게 기다리던 사람들은 세례 요한을 하나님께서 보내신 구원자라고 생각했습니다. 그런데 세례 요한은 손사래를 치며 말합니다. "나보다 능력 많으신 이가 내 뒤에 오시나니 나는 굽혀 그의 신발끈을 풀기도 감당하지 못하겠노라"(막 1:7).

엄청난 겸손입니다. 사람들을 생각해보십시오. 자기 주변에 사람들이 모였다 싶으면 모두 다 자신이 빛이라고 착각하며, 빛 행세를 합니다.

예수님 공생애 당시 세례 요한의 추종자들이 예수님을 따르는 사람들보다 훨씬 많았습니다. 헤롯 왕은 그런 세례 요한을 위험인물로 보고 그를 참수합니다. 그러나 그가 예수님보다 훨씬 더 큰 리더임에도 겸손했기에 예수님께서 그를 가장 큰 자라고 한 것이 아닙니다.

세례 요한은 자신이 누구인지, 자신이 해야 할 일이 무엇인지 정확히 알았고, 그 일을 열심히 행했습니다. 그 일은 바로 빛이신 예수님에 대하여 증언하는 일입니다.

예수님에 대해 증언하는 일이 왜 가장 중요할까요? 예수님 이전의 사람들은 율법의 그림자를 달고 살았습니다. 예수님과 함께 율법의 그림자가 사라진 하나님나라가 시작되었습니다. 세례 요한은 그 예수님을 가장 먼저 알아보았고 예수님에 대해 증언하는 일에 누구보다 충실하였기에 예수님은 세례 요한이 사람 중에서 가장 큰 자라 하셨습니다.

여기서 명심해야 할 것이 있습니다. 그 누구도 빛이 아니라는 사실입니다. '저 사람이 나를 구원해줄 거야.' '이 사람이 내 문제를 해결해주겠지.' 그래서 사람들을 쫓아다니지만, 가장 부질없는 짓입니다. 현자나 위인들의 가르침은 잘 배워야 하지만 사람을 맹종해서는 절대로 안 됩니다.

가장 작은 자, 세례 요한

그런데 그런 세례 요한이 천국에서는 가장 작은 자라 하신 이유가 무엇일까요? 영국 국교회 신학자 헨리 앨포드가 말합니다. "요한은 예수님의 길을 예비한 최초의 사람이었기에 가장 위대하지만, 그는 하나님 나라의 문지방에 서 있을 뿐이었다."

중요한 말입니다. 천국은 죽어서 가는 나라가 아닙니다. 이미 이 땅에서 살아내야 하는 하나님나라입니다. 하나님의 임재와 통치를 가장 구체적인 현실로 살아내야 합니다. 그런데 세례 요한은 예수님의 십자가 구원과 부활과 성령 강림을 보지 못했고, 살지 못했고, 누리지 못했습니다. 그런 의미에서 '천국에서 가장 작은 자'라 하셨습니다. 이 말씀은, 예수님을 믿고 따르고 닮아가는 사람들은 얼마든지 세례 요한보다 큰 사람이 될 수 있다는 뜻입니다.

이 말씀의 깊은 뜻을 잘 새겨야 합니다. 세례 요한은 하나님의 자녀들이 올바르게, 제대로 하나님의 샬롬을 누리며 하나님의 자녀답게 살도록 돕는 하나님의 도구입니다. 하나님의 도구로서 세례 요한이 한 것은 전도입니다. 전도는 그리스도인들의 궁극적 목표가 아닙니다. 전도는 그 가르침을 받아 올바로 살게 하려는 하나의 과정입니다.

부모에게 선생이 중요할까요, 자녀가 중요할까요? 하나님이 보시기에 목사가 중요할까요, 교인들이 중요할까요? 선생이나 목사는 자녀나 교인들이 올바르게, 제대로 살도록 하기 위한 도구입니다. 아무리 그들이 우수하다 해도 배우는 사람들이 제대로 성장하지 못하면 해고되고 맙니다. 국가와 정부는 국민들의 행복을 위해서 존재합니다. 학교와 선생은 학생들의 성장을 위해서 존재합니다. 마찬가지로 교회와 목사는 교인들의 성장을 위해서 존재합니다.

하나님의 자녀답게

위대한 중국 선교사 허드슨 테일러가 중요한 말을 합니다. "모든 일에 하나님께 중심을 맞추고 있는지 항상 주의를 기울이십시오. 하나님의 일이란 하나님을 위해 사람이 하는 일이 아닙니다. 사람을 통해 하시는 하나님 그분의 일입니다."

여러분을 통해 하나님께서 하시는 일이 하나님의 일입니다. 그러므로 여러분들이 세상에 나가 하나님의 자녀답게 열심히, 성실하게, 신나게, 보란 듯이 살아야 합니다. 이것이 세례 요한을 보내어 빛이신 예수님을 증언하게 하신 최종 목표입니다. 전도나 교회성장이 여러분의 최종 목표가 아닙니다. 하나님의 자녀답게 살다가 하나님께로 돌아가는 것이 신앙생활의 최종 목표입니다.

하나님의 자녀답게 사는 것에 대해 세례 요한이 한마디로 말합니다. "회개에 합당한 열매를 맺으라"(눅 3:8). 이에 사람들이 묻습니다. "우리가 무엇을 하리이까?" 세례 요한이 답합니다. "옷 두 벌 있는 자는 옷 없는 자에게 나눠 줄 것이요 먹을 것이 있는 자도 그렇게 할 것이니라." 세리에게는 이렇게 답합니다. "부과된 것 외에는 거두지 말라." 군인들에게 주는 대답은 이렇습니다. "사람에게서 강탈하지 말며 거짓으로 고발하지 말고 받는 급료를 족한 줄로 알라." 모두 다 실제 생활에 관한 것들입니다.

예수님께서 승천하시며 이 세상을 향해 말씀하십니다. "오직 성령이 너희에게 임하시면 너희가 권능을 받고 예루살렘과 온 유대와 사마리아와 땅 끝까지 이르러 내 증인이 되리라"(행 1:8).

전도를 말씀하신 것이 아닙니다. 내 삶을 통해 예수님을 드러내라는 말씀입니다. 그 어떤 어려움이나 역경이라도, 끝내는 예수님의 빛으로 물리치고 그 빛을 따라가는 내가 되는 것, 그래서 마침내 예수님을 내 삶에서 드러내고, 그 빛을 주신 하나님께 감사하며 죽음을 기쁘게 맞이하는 내가 되는 것이 바로 '예수님의 증인'이 되는 것입니다.

사도 바울이 말합니다. "이 모든 일에 우리를 사랑하시는 이로 말미암아 우리가 넉넉히 이기느니라. 내가 확신하노니 … 다른 어떤 피조물이라도 우리를 우리 주 그리스도 예수 안에 있는 하나님의 사랑에서 끊을 수 없으리라"(롬 8:37-39).

03
참 빛으로 오신 예수님

요 1:9-18

 루이스 윌리스(1827-1905)는 남북전쟁의 영웅으로 터키 대사를 역임한 변호사이자 소설가입니다. 평소 기독교에 깊은 반감을 갖고 있던 그는 성경과 예수에 대한 이야기를 들을 때마다 역겨움을 참을 수가 없었습니다. 그래서 뉴멕시코 주지사 시절, 성경의 불합리성과 비과학적 모순을 밝히기 위해 성경공부를 시작했습니다. 유럽과 미국 도서관을 뒤지며 방대한 자료를 수집한 다음, 예수 이야기가 허구임을 증명하기 위한 글을 쓰기 시작했습니다.

 첫 페이지를 마치고 둘째 페이지를 쓰려는데 도저히 글을 이어나갈 수가 없었습니다. 머릿속이 하얘지고 생각이 멈춰버렸습니다. 얼마나 지났을까, 자신도 모르게 거실 바닥에 '철퍼덕' 무릎을 꿇었고, 그의 입에서는 다음과 같은 말이 흘러 나왔습니다. "당신은 나의 왕, 나의 하나님이십니다."

 그리고 2주 후, 다시 쓰기 시작한 글이 바로 《벤허》(시공사, 2015)입니다. 일사천리로 쓴 소설 《벤허》의 부제는 '그리스도 이야기(A tale of the

Christ)'입니다. 1880년에 출간된 소설 《벤허》는 단숨에 200만 부가 팔렸고, 영화 〈벤허〉는 그 어떤 영화도 필적할 수 없는 최고의 작품이 되었습니다.

"내가 그를 알아!(I know Him!)" 멧살라에 의해 집안이 풍비박산 나고 사랑하는 어머니와 누이동생이 나병에 걸려 원한과 복수심에 사무친 유다 벤허가, 무거운 십자가에 깔린 예수님께 물을 주다 그분의 얼굴을 보며 한 말입니다. 오래전 자신이 노예가 되어 끌려갈 때 타는 목마름에 물을 마시게 했던 그 남자. 저지하던 로마 군인도 감히 범접하지 못했던 그 남자가 피투성이로 십자가 밑에 쓰러져 있는 바로 그 사람이었습니다. 그의 얼굴을 본 순간 유다의 사무치는 원한과 복수심은 일순간 사라졌습니다. 그분의 얼굴은 그 몸서리쳐지는 고통 중에도 너무나 평온했습니다.

저는 목사 아들이었지만 예배는 따분하고 설교는 지루했습니다. 의무적으로 참여해야 했던 대학과 대학원의 채플 시간은 기를 쓰고 빠졌습니다. 하나님은 나와는 상관이 없는 분이셨습니다. 하물며 2천 년 전의 예수님은 옆집 아저씨보다도 관심의 대상이 아니었습니다. 그런데 그게 아니었습니다. 성경과 예수님에 대해서 알면 알수록 머리를 숙이지 않을 수 없었고, 예수님은 이 혼란스러운 세계의 유일한 해답이며 가장 구체적인 현실임을 고백할 수밖에 없었습니다. 그러고 보면, 예수님을 따분한 존재로 만든 것이 기독교의 최대 오류이고, 지루한 설교는 목사의 최대 범죄 중 하나라고 할 수 있겠습니다.

정신이상이거나 하나님의 구원자이거나

누가 자신이 하나님이요 구원자라고 한다면, 그는 정신이 온전치 못한 사람입니다. 그런데 2천 년 전 한 청년이 그런 소리를 하며 다녔습니다. "내가 곧 길이요 진리요 생명이니 나로 말미암지 않고는 아버지께로 올 자가 없느니라"(요 14:6). "나를 본 자는 하나님을 본 것이다"(요 14:9).

싯다르타도, 마호메트도, 공자도 자신이 구원자라고, 더군다나 하나님이라고 한 적이 없습니다. 달마 대사는 자신의 손가락을 보지 말고 제발 손가락이 가리키는 달을 보라고 하였습니다.

둘 중 하나입니다. 그 청년이 정신이상자이거나, 아니면 정말로 하나님의 구원자입니다. 사도 요한은 그 청년과 3년을 같이 다녔고, 십자가에 처형당하는 것과 3일 만에 다시 살아나서 40일 후 승천하는 것을 보았습니다. 그 후 사도 요한은 살아도 그를 위하여 살고, 죽어도 그를 위하여 죽기로 결심하였습니다. 그분은 정말 하나님의 아들이요 구원자이셨기 때문입니다.

C. S. 루이스가 말합니다. "만약 기독교가 거짓이라면 아무것도 중요한 것이 없지만, 진실이라면 예수님은 가장 중요한 존재다. 그 중간은 없다." 예수님께 내 목숨을 걸든지, 아니면 상관없이 살든지 둘 중 하나이지, 그 중간은 없다는 뜻입니다.

아기 예수님을 만난 시므온 할아버지가 하나님께 영광을 돌리며 외칩니다. "보라, 이는 이스라엘 중 많은 사람을 패하거나 흥하게 하며 비방을 받는 표적이 되기 위하여 세움을 받았고 … 이는 여러 사람의 마음의 생각을 드러내려 함이니라"(눅 2:34-35).

예수님은 각 사람들의 자신도 미처 몰랐던 마음과 생각을 드러내어 흥패를 결정하는 표적이시다. 그분을 따르면 흥하고 그분을 거부하면 패한다는 것입니다.

사도 요한은 그 청년을 '참 빛'이라고 부릅니다. 그 어떤 어두움도, 죽음조차도 그분의 빛을 꺼뜨리지 못하며, 그분의 빛으로 환하고 명확하게 밝히신다는 것을 체험했기 때문입니다.

사도 요한은 이 '참 빛'에 대하여 다음과 같이 설명하고 있습니다. "그가 세상에 계셨으며 세상은 그로 말미암아 지은 바 되었으되 세상이 그를 알지 못하였고"(요 1:10).

이 빛은 육안으로 볼 수 있는 태양 빛과는 전혀 다른 빛입니다. 태양 빛도 없으면 만물이 죽습니다. 눈으로 볼 수 없는 이 빛은 그 이상입니다. 이 빛이 태양을 포함한 세상의 만물을 만드셨다는 것입니다. 그 말을 들은 사람들은 웃습니다. "그는 목수였어. 의자나 만들었지, 세상을 만들었다고?"

스스로를 구원하는 인간?

리처드 도킨스라는 생물학자가 《만들어진 신》(김영사, 2007)이라는 두꺼운 책을 썼습니다. 그는 이렇게 외칩니다. "인간을 주목하라. 하나님은 없다. 하나님과 종교를 버리는 순간, 하나님의 이름 뒤에 가려진 인간의 참모습을 깨닫게 되고 인간에 대한 새로운 믿음의 문이 열릴 것이다." 그는 인간이 충분히 도덕적이라고 주장합니다.

크리스토퍼 히친스는 《신은 위대하지 않다》(알마, 2011)라는 책에서,

성경을 '하찮은 광야의 지혜 모음집'이라고 규정합니다. 또한 게놈을 읽어내고 블랙홀을 찾아 우주의 기원을 논하는 마당에 동정녀 찾고 부활을 믿는 황당한 믿음을 조롱하며, 그런 종교가 세상을 망치고 있다고 분노합니다. 그가 말합니다. "평범한 사람들의 능력 범위 안에 있는 것으로 열심히 탐구하면 구원은 충분하다."

정말 그렇습니까? 우리가 충분히 도덕적이며, 스스로를 구원할 수 있습니까? 둘 중 하나입니다. 그들이 맞든가, 아니면 사도 요한이 옳든가. 그 중간은 없습니다.

20세기 최고의 지성으로 손꼽히는 사르트르는 "우리에게 하나님은 필요 없다. 인간은 그저 우주에 던져진 존재. 최선을 다하여 살아갈 뿐이다" 하고 강변하던 실존철학의 대가였습니다. 그러던 그가 죽음 앞에서, 계약 결혼한 여자 보바리의 손을 붙잡고 애원합니다. "너무나 무서워. 나 좀 살려줘." 초라하고 구차한 그의 임종 모습은 그에게 열광하던 많은 사람들을 실망시켰습니다.

만약 인간이 충분히 도덕적이며 스스로를 구원할 수 있다고 믿는다면, 부부 싸움도 하지 말아야 하고, 교통법규도 어기지 말아야 하고, 그 어떤 원망도 불평도 하지 말아야 합니다. 언제나 즐겁고 행복해야 합니다. 늘 베풀며 살아야 합니다. 그럴 수 없다면 사도 요한이 전하는 말씀에 동의하고, 그 빛을 받아야 합니다. 그래야 살 길이 열리고 행복해지고 구원에 이릅니다.

영접하는 자에게는

사도 요한은, 참 빛이 "자기 땅에 오매 자기 백성이 영접하지 아니하였"다고(요 1:11) 말합니다. 당시 이스라엘은 로마의 식민지로, 이스라엘 땅과 백성들은 로마 황제의 소유였습니다. 그럼에도 요한은 빛이신 예수님이 '자기 땅'에 오셨는데, '자기 백성'이 영접하지 않았다고 말합니다. 모든 땅과 백성을 '예수님의 소유'라고 스스럼없이 말하는 것입니다.

여기서 우리들은 또다시 선택을 해야 합니다. 나와 내가 가지고 있는 것들은 내 것인가, 아니면 하나님의 소유인가? 아마도 많은 사람들이 여기서 주춤할 것입니다. 나와 내 것은 내 소유로 하고 그저 마음만 예수님을 향하고 있으면 되는 것 아니냐 하실 것입니다. 그러나 아닙니다. 거기에는 굉장히 중요한 이유가 있습니다. 우리 것을 빼앗겠다는 것이 절대로 아닙니다. 가장 큰 것을 주시겠다는 것입니다.

사도 요한이 우리들에게 가장 중요한 한 말씀을 들려줍니다.

"영접하는 자 곧 그 이름을 믿는 자들에게는 하나님의 자녀가 되는 권세를 주셨으니"(요 1:12).

'영접하다'가 키워드입니다. '영접'에 해당되는 헬라어 '람바노'는 두 가지의 강력한 뜻을 갖고 있습니다. 첫째, '람바노'는 가장 깊은 내면적, 개인적인 관계를 의미합니다. 내가 예수님을 '람바노'하였다면, 예수님으로 인해 나의 모든 것이 결정되고 다른 것들은 부수적인 것이 됩니다. 그래서 예수님을 '람바노'한 사도 바울은 자신의 모든 특권과 명예와 재산을 배설물로 여기고 기꺼이 예수님의 종이 되었습니다.

둘째, '람바노'는 '믿다'보다 훨씬 더 강력한 표현입니다. 예수님을 '람바노'하면, 예수님이 내게 죽으라 해도 기꺼이 죽습니다. 예수님 자신이

'람바노'의 의미를 온몸으로 보여주셨습니다. 여호와 하나님을 '람바노' 하신 예수님은 하나님 아버지의 명령에 따라 십자가에서 죽으셨습니다.

또한 '그 이름을 믿는 자'란, 말이나 마음으로만 믿는 것이 아닙니다. '믿는'의 헬라어 '피스튜우신'은 현재 능동태 분사인데, 이는 예수님을 구세주로 받아들인 후부터 '끊임없이 계속되는 강력한 신앙'을 의미합니다.

끊임없이 줄기차게 움직이는 자동차의 피스톤을 생각해보십시오. 연료가 소진될 때까지 온 힘을 다해 움직이면서 많은 승객과 화물을 싣고 먼 길을 달립니다. 바로 피스톤이 '믿다'를 의미하는 헬라어 '피스튜오'에서 파생된 말입니다. 믿음은 끊임없이 계속되는 강력한 것입니다.

또한 예수님을 영접하는 사람들에게 하나님의 자녀가 '되는' 권세를 주셨습니다. '되는'에 해당되는 헬라어 '게네스다이'는 '기노마이'의 부정 과거 중간태로서 '과거에는 존재하지 않았던 것이 생겨나서 영원히 계속된다'는 뜻입니다.

'권세'에 해당되는 '엑수시아'는 하나님의 절대적 권능과 힘을 의미합니다. 하나님의 권능과 힘은, 파괴하고 군림하는 힘이 아니라, 생명과 사랑의 살리는 힘입니다.

하나님 자녀의 권세

머리가 복잡해지셨을 것입니다. 그런데 복잡한 헬라어 문법을 말하자는 것이 아닙니다. 요한복음은 예수님과 그 복음에 대한 최고의 진수를 담은 책이라 하였습니다. 사도 요한은 복잡한 헬라어 시제를 통해 하나님 말씀의 깊고 오묘한 뜻을 전하고 있습니다.

가능한 한 쉽게 풀어보겠습니다. 내가 예수님을 알게 되었습니다. 그분의 가르침을 듣고 예수님을 나의 구세주로 영접(람바노)하기로 하였습니다. 그리고 예수님의 가르침을 최우선의 지침으로 삼았습니다. 그러자 나는, 전에는 알지도 못했고 존재하지도 않았던 새로운 존재가 됩니다. 그렇지만 상황에 따라서 내 마음이 흔들립니다. 때로는 의심과 유혹으로, 때로는 실망과 무기력으로 흔들리고 실족하기도 합니다. 그런데 '하나님의 자녀'라는 새로운 존재는 '영원한' 것입니다. 이는 내 노력으로 유지되는 것이 아니라, 하나님의 열심에 의해서 보장된다는 뜻입니다. 그러므로 하나님의 약속을 마음에 새기며 자동차의 피스톤처럼 그 마음과 태도를 유지하는 것이 매우 중요합니다. 그러나 그렇게 하기가 힘듭니다. 그래서 하나님께서는 예배와 말씀과 기도를 제정해주셨습니다. 그러므로 예배와 말씀과 기도는 굉장히 중요합니다. 이를 통해 누구도 방해할 수 없는 '하나님의 권세'를 공급하십니다. 따라서 예배와 설교에서 전도·봉사·헌금을 해야만 하나님의 권세를 받을 수 있다고 한다면, 이는 진리를 왜곡하는 너무나 큰 잘못입니다.

또한 '하나님의 권세'는 군림하고 파괴하는 힘이 아니라고 했습니다. 내가 이제 하나님의 자녀가 되었으니, 다른 종교를 무시하여 불상을 훼손하고 성당에 불을 놓아야 한다는 것이 아닙니다. 나만 천국에 가고 다른 놈들은 모두 지옥 불에 떨어져야 한다는 것이 아닙니다. 그래서는 절대로, 절대로 안 됩니다. 그런 사람들은 참 하나님의 자녀가 아닙니다.

하나님의 권세는 죽은 것을 살려내고 만물을 새롭게 하는 하나님의 사랑의 힘입니다. 그 힘으로 내가 다시 살아나고, 나를 통하여 주변을 살립니다.

그 일을 우리 가운데 이루시는 예수님을 사도 요한이 다음과 같이 말합니다. "말씀이 육신이 되어 우리 가운데 거하시매 우리가 그의 영광을 보니 아버지의 독생자의 영광이요 은혜와 진리가 충만하더라"(요 1:14).

예수님의 가르침은 진리입니다. 그 진리 속에 거하는 사람에게는 어떤 일이 벌어질까요? 그 가르침대로 살아가게 됩니다. 거짓과 편법과 이기심을 버립니다. 그 위에 하나님의 은혜가 더해져 나를 위로하고 격려합니다. 지혜와 영감과 용기로 난관을 이겨내고 마침내 하나님의 영광이 내게서 빛나가게 됩니다. 그리고 내 삶은 영원한 천국으로 이어집니다. 이 일은 내가 아니라 하나님께서 이루어주십니다. 어찌 그 길을 가지 않겠습니까? 어찌 이 삶을 포기하겠습니까?

04
은혜 위에 더해지는 은혜

요 1:14-18

하나님은 과연 살아 계신가?

하나님은 정말 내 개인적인 문제에도 관심을 가지시는가?

하나님은 내가 고투하고 있는 이 절박한 상황에 도움을 주실까?

그리스도인으로 살아가면서 하나님의 존재와 섭리를 의심할 때가 많습니다. 신실한 그리스도인이라도 하나님의 존재와 그분의 섭리를 의심하게 되는 어두운 '영적 겨울'은 있게 마련입니다. 사도 요한도 사람이기에 분명 그랬습니다. 그랬던 그가 말합니다. "우리가 다 그의 충만한 데서 받으니 은혜 위에 은혜러라"(요 1:16). 이것은 수많은 시련과 의심을 지나온 사도 요한의 마지막 신앙고백입니다.

예수님의 충만한 은혜.

'충만'의 헬라어 '플레로마토스'는 '가득 찬 정도를 넘어, 넘친다'는 뜻입니다. 하나님의 은혜가 그분에게서 차고 넘쳐서 우리들은 물론 오고 오는 세대를 충족시키고도 남는다는 뜻입니다. 정말 그렇습니다. 이 엄청난 우주가 오늘도 질서정연하게 움직이고 있는 것은 하나님의 사랑과 은혜로 인함입니다. 온 우주에 비하면 한 알갱이의 먼지에 불과한 지구와 그 위에 사는 우리들도 당연히 그분의 사랑과 은혜 안에 거합니다. 그러나 안타깝게도 모든 그리스도인이 하나님의 은혜를 누리는 것은 아닙니다. 소수만이 그 은혜를 누립니다.

그 이유를, 파스칼이 그의 명저 《팡세》(민음사, 2003)에서 다음과 같이 말합니다. "이 세상은 보고자 하는 사람들에게는 충분한 빛이 존재하지만, 보지 않으려는 사람들에게는 핑계 대기에 충분할 만큼 어둡기도 하다." 깊이 생각해봐야 할 말입니다.

풀잎 끝 이슬방울에도 담겨 있는 하나님의 은혜를 사람들은 왜 보지 못하고 보려고 하지 않는 것일까요?

은혜를 보지 못하는 까닭

민수기는, 모세를 통한 하나님의 구원을 경험한 이스라엘 백성들이 40년 동안 시내 광야에서 보낸 이야기를 담고 있습니다. 이 민수기가 하나님의 은혜를 가리는 것이 무엇인지 구체적으로 보여줍니다.

원래 하나님께서는 시내 광야에서 '제사장 훈련'을 1년만 시키시고 젖과 꿀이 흐르는 가나안 땅으로 인도하실 계획이었습니다. 그런데 이스라엘 백성들은 불뱀과 전갈이 우글거리는 광야에서 40년을 보내야 했고, 여호수아와 갈렙을 제외한 1세대 200만 명은 광야에서 죽었습니다. 이들은 이집트에 내려진 열 가지 재앙과 홍해가 갈라지는 엄청난 기적, 그리고 시내 산에서의 하나님의 임재를 온몸으로 체험했던 사람들입니다. 그럼에도 광야에서 죽었습니다. 이는 하나님의 기적을 체험했어도 믿음과 구원에 이르지 못할 수 있다는 뜻입니다. 하나님의 기적이 아닌 하나님의 은혜를 보아야 합니다. 여호수아와 갈렙은 하나님의 은혜를 보았습니다.

민수기에는 이스라엘 백성이 모두 아홉 번에 걸쳐 하나님께 반역한 이야기가 기록되어 있습니다.

먼저, 다베라에서 악한 말로 하나님을 원망하였습니다. 만나만 먹기 싫다며 고기가 먹고 싶다고 불평하며 울었습니다. 모세의 누나 미리암과 형 아론이 모세를 비방하였습니다. 가나안 땅을 정탐하고 돌아온 이들이 그 땅의 사람들은 거인들이고 자신들은 메뚜기 같으며 젖과 꿀이 흐르는 땅이 아니라 자신들을 삼키는 땅이라고 혹평하자 백성들이 대성통곡하였고, 하나님의 약속을 믿고 전진하자는 갈렙과 여호수아를 오히려 죽이려고 하였습니다. 사나운 아말렉 족속을 피해 우회하라는 하나님의 명령에 갈 길이 멀어졌다고 하나님을 원망하였습니다. 레위 자손 고라와 다단과 아비람이 무리를 규합하여 모세에게 반역하는가 하면, 므리바에서는 물이 없다며 하나님과 모세를 원망하고, 에돔 땅을 우회하다가 길이 멀고 험하다며 원망하였습니다. 브올에서 신전에 속한 여인들과 음행하였는데, 이는 단순한 음행이 아니라 우상숭배를 의미합니다.

모세에 대한 반역이 두 번, 음행과 우상숭배가 한 번, 물과 음식 그리고 먼 길에 대한 원망과 불평이 여섯 번이나 됩니다.

광야는 모든 것이 모자라고 길이 험합니다. 낮에는 살인적인 더위가 몰려오고 밤에는 영하로까지 내려갑니다. 또한 광야는 내 능력, 노력, 학벌, 미모, 재능이 철저히 무력화되는 곳으로, 내가 씨를 뿌리고 가꾼다고 열매를 수확할 수 있는 곳이 아닙니다. 어쩌면 광야에서의 원망과 불평은 당연한 것입니다. 그런데 하나님께서는 그런 광야로 이스라엘 백성들을 인도하셨습니다. 왜 그러셨을까요? 오직 하나님께만 집중하고 그분만을 의지하는 법을 가르치기 위해서입니다. 그래야 산다는 것입니다.

지금 우리가 사는 곳은 광야와는 비교할 수도 없는 풍요로운 땅입니다. 물과 음식은 넘쳐나고 생필품은 쌓아놓을 곳이 없을 정도입니다. 그래서 우리에게서 원망과 불평이 사라졌을까요? 아닙니다. 정말 파스칼의 말이 맞습니다. 보지 않으려는 사람들에게는 핑계 대기에 충분할 만큼 세상은 언제나 어둡습니다.

마음에 새겨야 합니다. 무심코 내뱉는 원망과 불평이 놀랍게도 하나님의 은혜를 차단하여 이 아름다운 세상을 일순 황폐한 광야로 바꾸고, 나로 하여금 이 광야 길을 힘겹게 걷게 만든다는 사실을 절대로 잊어서는 안 됩니다. 불평과 원망은 일순간에 신앙심을 무력화시키며 하나님의 은혜를 보지 못하게 합니다.

놀라운 사실이 하나 있습니다. 동생 아벨을 죽인 가인이나 스스로를 메뚜기로 보며 가나안 땅을 거민을 삼키는 땅이라고 통곡했던 이스라엘 백성이 받은 벌이 똑같다는 것입니다.

하나님께서 가인에게 말씀하십니다. "네가 밭을 갈아도 땅이 다시는 그 효력을 네게 주지 아니할 것이요 너는 땅에서 피하며 유리하는 자가 되리라"(창 4:12).

하나님께서 이스라엘 백성들에게 말씀하십니다. "너희의 자녀들은 너희 반역한 죄를 지고 너희의 시체가 광야에서 소멸되기까지 사십 년을 광야에서 방황하는 자가 되리라"(민 14:33).

"유리하는 자라니, 별것도 아니네" 해서는 안 됩니다. 또한 이는 하나님의 징벌이 아닙니다. 하나님의 은혜를 보지 못한 가인과 이스라엘 백성들과 같은 사람들이 겪게 되는 필연을 말합니다. 정처 없는 고단한 광야 길을 살다가 고아처럼 길을 잃고 만다는 것입니다. 스스로 자초한 일입니다.

은혜 위에 은혜가 더해지는 삶

광야에서도 하나님의 은혜를 보고 누릴 수 있습니다. 아니, 광야이기에 하나님의 은혜를 더 잘 보고 더 잘 누릴 수 있습니다. 광야에는 자신을 의탁할 만한 사람이 없어, 오직 하나님만 의지할 따름이기 때문입니다. 여호수아와 갈렙이 그랬고 성경에 기록된 모든 하나님의 사람들이 그랬습니다. 이들은 하나님의 은혜를 보았고, 그 은혜 위에 은혜가 더해져 풍성하고 존귀한 인생을 살 수 있었습니다.

은혜 위에 은혜가 더해진다는 것을 잊어서는 안 됩니다. 이 사실을 예수님은 달란트 비유를 통해 이렇게 말씀하셨습니다. "무릇 있는 자는 받아 풍족하게 되고 없는 자는 그 있는 것까지 빼앗기리라"(마 25:29). 하나님 아버지께 가장 소중한 여러분이, 있는 것마저 빼앗겨서야 되겠습니까? 여러분으로 하여금 있는 것마저 빼앗기게 했다가는 저도 하나님의 책망을 면할 수가 없습니다. 어떤 상황에서도 하나님의 은혜를 찾고, 보고, 그래서 은혜 위에 은혜가 더해지는 삶을 살아야 합니다. 그러기 위해서는 다음 말씀을 마음에 새겨야 합니다.

예수님께서 제자들에게, "너희는 너희가 구하는 것을 알지 못하는도다"(막 10:38)라고 말씀하셨습니다. 야고보와 요한의 어머니가 하나님의 나라가 임하면 자기 아들들을 예수님의 좌우편에, 즉 좌의정과 우의정 자리에 앉혀달라고 청탁하자 하신 말씀입니다. 성경에까지 기록된 이 '엄마의 치맛바람'의 당사자가 바로 사도 요한입니다. 당시 사도 요한도 자기 어머니의 청탁에 속으로 '우리 엄마 최고!' 하며 박수를 쳤을 것입니다. 그러나 세월이 흐르며 그 청탁이 얼마나 부끄러운 것인지 알았고 생각날 때마다 얼굴이 화끈거렸을 것입니다.

우리가 하나님께 구하는 것들이 무엇인지 가만히 생각해보십시오. 그것이 무엇이든 모두 다 만사형통, 부귀영화, 무병장수에 해당될 것이며, 이에 대해 예수님은 "너희가 구하는 것을 알지 못한다"고 말씀하실 것입니다.

그렇습니다. 우리는 정작 무엇을 구해야 하는지 모르고 기도합니다. 그렇기에 예수님께서는 제자들과 우리들에게 주기도문을 가르쳐주셨습니다.

"하늘에 계신 우리 아버지여, 이름이 거룩히 여김을 받으시오며 나라가 임하시오며 뜻이 하늘에서 이루어진 것같이 땅에서도 이루어지이다. 오늘 우리에게 일용할 양식을 주시옵고 우리가 우리에게 죄 지은 자를 사하여 준 것같이 우리 죄를 사하여주시옵고 우리를 시험에 들게 하지 마시옵고 다만 악에서 구하시옵소서. 나라와 권세와 영광이 아버지께 영원히 있사옵나이다. 아멘"(마 6:9-13).

우리가 하나님의 은혜를 보지 못하는 이유는, 모두 구하는 것을 알지 못하고 엉뚱한 것을 구하기 때문입니다.

하나님의 이름 대신 '내 이름'이 거룩히 여김을 받으려 하고, 하나님의 뜻 대신 '내 뜻'을 이루려 하고, 일용할 양식은커녕 몇 대가 먹고도 남을 양식에도 불안해하고, 용서 대신에 이를 갈며, 나라와 권세와 영광이 하나님 대신에 '내게' 영원히 있기를 바랍니다. 이를 위해 부르짖는 기도와 철저한 종교생활에 매진하며 이제나 임할까 저제나 임할까 하늘만 바라봅니다. 그 결과 하나님을 채무자로 만들고 나는 하나님의 무응답에 실망하고 분노합니다. 그래서는 절대로 안 됩니다.

우리들에게 주기도문을 가르쳐주신 것만으로도 은혜 중의 은혜입니다. 주기도문은 정처 없이 떠도는 '유리하는 삶'을 종식시키는 진리와 생명의 이정표입니다.

하나님의 은혜 찾기

조지 매티슨이 너무나 아름다운 기도를 남겼습니다.

> 화창한 날에 오시든 비 오는 날에 오시든
> 저는 기쁜 마음으로 당신을 맞이하겠습니다.
> 당신은 화창한 햇빛보다 귀하시며
> 당신만 계시면 비가 와도 괜찮습니다.
> 제가 갈망하는 것은 당신의 선물이 아니라
> 바로 당신입니다.

"제가 갈망하는 것은 당신의 선물이 아니라 바로 당신입니다." 정말 그래야 합니다.

그런데 하나님은 눈으로는 볼 수 없는 영이십니다. 그분을 만나기 위해서는 다른 길로 가야 합니다. 그 길에 대해 사도 요한은 다음과 같이 말합니다. "본래 하나님을 본 사람이 없으되 아버지 품속에 있는 독생하신 하나님이 나타내셨느니라"(요 1:18).

'독생하신 하나님'은 곧 예수님이십니다. 예수님은 하나님이 어떤 분인지 온몸으로 보여주셨습니다. 이를 다른 말로 "말씀이 육신이 되셨다"(14절)고 했습니다. 그래서 예수님의 가르침과 행동을 보고 배우고 그에 따라 살면 마침내 하나님을 보게 됩니다.

미혼모에다가 술과 마약과 나쁜 기억들로 찌들어 살았던 오프라 윈프리는 어느 날 이대로 살 수 없다고 생각했습니다. 그리고 시작한 것이 '감사 일기'를 쓰는 일입니다. 그 내용은 별것 아닙니다. "일찍 일어나게 해주셔서 감사합니다." "점심 스파게티가 정말 맛있었습니다. 하나님 감사합니다." 일상의 감사에 초점을 맞추면서 그녀는 회복되기 시작했고, 그 사랑을 나눠주기 시작했습니다. 그러자 기회도 함께 따라왔습니다. 현재 1억 5천만 명이 시청하고 있는 〈오프라 윈프리 쇼〉는 사람들의 아픔을 들어주고 그들을 돕는 내용으로 가득 차 있습니다. 오프라 윈프리가 시작한 감사 일기가 바로 '하나님의 은혜 찾기'였습니다.

사도 바울은 하나님의 은혜를 보지 못하게 하는 것들을 다음과 같이 구체적으로 열거합니다. "우상 숭배와 주술과 원수 맺는 것과 분쟁과 시기와 분냄과 당 짓는 것과 분열함과 이단과 투기와 술 취함과 방탕함과 또 그와 같은 것들이라"(갈 5:20-21). 이런 일을 하는 사람들은 결단코 하나님나라를 유업으로 받지 못한다고 못을 박습니다.

예수님은 은혜와 진리 자체이십니다. 그래서 그분의 가르침 하나를 살면 하나님의 은혜를 체험합니다. 그분의 가르침 둘을 살면 은혜 위에 은혜가 더해집니다. 하나님의 은혜는 '1+1=2'가 아닙니다. 백이 되고 천도 됩니다. 그리하여 마침내 하나님을 보게 되고 내 삶에서 하나님의 영광이 나타납니다.

고난 중에 하나님을 찾아 헤맸던 욥이 마침내 외칩니다.

"내가 주께 대하여 귀로 듣기만 하였사오나 이제는 눈으로 주를 뵈옵나이다"(욥 42:5).

이 감격스런 외침이 저와 여러분의 입에서 터져 나오기를 바랍니다.

05

광야에서
외치는 소리

요1:19-27

　사도 요한은 1장 19절부터 42절까지 많은 지면을 할애해 세례 요한에 대하여 기술했습니다. 이것은 간단히 넘길 사항이 아닙니다. 사도 요한은 천수를 누린 유일한 제자로서 예수님의 말씀과 행적을 장구한 세월 동안 곱씹으며 예수님 복음의 최고의 진수를 요한복음에 담았습니다. 그런 요한복음에서 세례 요한에 대해 길고 자세히 언급한 데는 분명 그만한 이유가 있을 것입니다.

　요한복음의 기록 목적, "오직 이것을 기록함은 너희로 예수께서 하나님의 아들 그리스도이심을 믿게 하려 함이요 또 너희로 믿고 그 이름을 힘입어 생명을 얻게 하려 함이니라"(요 20:31)를 기억해야 합니다. 세례 요한에 대해 길게 언급한 것도 모두 예수님을 믿게 하여 우리가 생명을 얻고 풍성해지게 하기 위해서입니다.

　세례 요한은 우리가 생각하는 것보다 훨씬 더 중요한 사람입니다. 당시 종교 분야에서 가장 큰 영향력을 행사했습니다. 홀연히 등장한 세례 요한이 광야에서 하나님의 말씀을 전하자 사람들이 구름처럼 몰려들었고, 이에 놀란 대제사장이 예루살렘에서 제사장들과 레위 사람들과 바리새인들을 세례 요한에게 보내면서 여기서 다루는 본문의 문답이 이루어진 것입니다.

게다가 예수님의 수제자 베드로의 형제 안드레가 세례 요한의 제자였습니다.

"또 이튿날 요한이 자기 제자 중 두 사람과 함께 섰다가 … 두 제자가 그의 말을 듣고 예수를 따르거늘 … 두 사람 중의 하나는 시몬 베드로의 형제 안드레라"(요 1:35, 37, 40).

세례 요한의 제자 두 사람 중 나머지 한 사람이 누구인지 여기서 그 이름을 밝히지는 않았지만, 초대 교회 때부터 그리스도인들은 그를 사도 요한으로 생각했습니다. 즉, 사도 요한도 원래 세례 요한의 제자였다는 것입니다. 그래서 세례 요한과 대제사장이 보낸 사람들 사이에 오고 간 문답의 내용을 상세히 알고 있었습니다.

세례 요한의 중요성

구원사적 측면에서 세례 요한은 누구보다 중요한 사람입니다. 하나님께서 구약의 말라기 선지자를 마지막으로 보내신 다음, 긴 침묵에 들어가셨습니다. 하나님의 침묵은 무려 400여 년 동안이나 계속되었습니다. 이스라엘의 하나님 뜻 왜곡과 하나님 명령 거부가 극에 달하여 도무지 하나님께로 돌아올 기미가 보이지 않았기 때문입니다. 처음에는 하나님의 침묵이 그렇게 무서운 것인 줄 몰랐습니다.

그런데 예기치 못한 일들이 연이어 벌어졌습니다. 이스라엘이 로마의 식민지가 되었고, 대대로 적대 관계에 있던 에돔 출신인 헤롯을 자신들의 왕으로 모셔야 했습니다. 로마와 헤롯 왕, 없는 살림에 이스라엘 백성들은 안팎으로 수탈을 당해야 했습니다. 이 와중에 부패한 제사장들은 하나님의 성전을 자신들의 이득을 챙기는 강도의 소굴로 만들었고, 일상생활은 바리새인들에 의해 일거수일투족이 제한받고 속박되었습니다. 바리새인들은 하나님의 십계명을 248개의 지켜야 할 조항과 365개의 금지 조항, 1,521개의 수정조항 등, 무려 2,134개로 늘려놓고는 백성들을 정죄하고 감시했습니다.

개인이든 국가든 하나님과 올바른 관계를 맺지 못하면 지옥과 같은 고난이 연속됨을 절대로 잊지 말아야 합니다. 이 지옥과 같은 상황에서 하나님께서 세례 요한을 보내신 것입니다. 마태는 당시의 일을 이렇게 전하고 있습니다. "이때에 예루살렘과 온 유대와 요단 강 사방에서 다 그에게 나아와 자기들의 죄를 자복하고 요단 강에서 그에게 세례를 받더니"(마 3:5-6).

세례 요한의 입은 거침이 없었습니다. 자신을 찾아온 바리새인들과 사두개인들을 향하여 "독사의 자식들아, 누가 너희를 가르쳐 임박한 진노를 피하라 하더냐!"라며 사자후를 발했습니다. 사두개인들은 귀족들입니다. 사람들 중에는 군인들과 세리들도 있었습니다. 가난한 백성들에게 군인이나 세리는 절대 권력자들입니다. 그런데 당시 세도가인 바리새인과 사두개인, 군인과 세리들은 낙타 털옷을 입은 원시인 같은 세례 요한 앞에 엎드려 그의 가르침을 듣고 세례를 받았습니다. 당시 헤롯 왕도 두려워할 정도로 세례 요한의 출현은 굉장한 사건이었고, 그에게는 추종자들도 굉장히 많았습니다.

본문에 기록되어 있는 질문들은 제사장들과 바리새인들이 한 것입니다다. 이들이 세례 요한을 찾아와서 묻습니다. "네가 누구냐?" 그러자 세례 요한이 대답합니다. "나는 그리스도가 아니라." 세례 요한은 "드러내어 말하고 숨기지 아니하"였습니다(20절). 그의 대답에는 한 치의 주저함이나 숨김이 없었다는 말입니다.

그러자 다시 물었습니다. "네가 엘리야냐?" 엘리야는 수많은 선지자들 중 으뜸으로 치는 선지자입니다. 그만큼 세례 요한이 대단했다는 말입니다. 세례 요한이 대답합니다. "아니라." "그럼 선지자냐?" "아니라." 세례 요한의 대답은 너무나 간결했습니다. 자신은 그리스도도, 선지자도 아니라는 말입니다.

세례 요한이냐 예수님이냐

요즈음 성서고고학이 밝혀낸 것이 있습니다. 세례 요한의 활동무대였던 광야를 중심으로 '에세네파'라는 신앙 공동체가 있었습니다. 엄격한 금욕생활을 했던 이들의 지도자가 세례 요한이라고 많은 사람들이 추정합니다. 그런데 이 에세네파의 식탁에는 언제나 장차 오실 메시아의 자리를 비워두었습니다. 이들도 유월절 만찬을 했는데, 포도주를 마시다가 마지막 잔은 마시지 않았습니다. 장차 오실 메시아와 함께 마시는 잔입니다.

그런데 세례 요한이 그토록 기다리던 메시아가 이 땅에 오셨습니다. 세례 요한은 즉각 예수님을 알아보았습니다. 예수님을 발견한 세례 요한이 말합니다. "보라, 세상 죄를 지고 가는 하나님의 어린양이로다. 내가 전에 말하기를 내 뒤에 오는 사람이 있는데 나보다 앞선 것은 그가 나보다 먼저 계심이라 한 것이 이 사람을 가리킴이라. … 내가 보고 그가 하나님의 아들이심을 증언하였노라"(요 1:29-30, 34).

다음 날, 세례 요한이 자신의 제자였던 안드레와 요한과 함께 있다가 예수님을 보았습니다. 성경은 당시를 다음과 같이 묘사하고 있습니다. "예수께서 거니심을 보고 말하되 보라 하나님의 어린양이로다. 두 제자가 그의 말을 듣고 예수를 따르거늘"(요 1:36-37).

이는 세례 요한이 자신의 제자 요한과 안드레를 예수님께 보냈다는 것입니다. 다시 말해서, 저분이 진짜 메시아이니 이제 저분의 제자가 되라는 것입니다. 세례 요한은 정말 대단한 사람이 아닐 수 없습니다. 그런데 그런 세례 요한을 닮는 것보다도 더 중요한 것, 가장 중요한 것은 예수님을 따르는 것입니다.

그럼에도 세례 요한이 헤롯 왕에게 처형을 당한 이후에도, 예수님이 십자가 처형을 당하시고 부활·승천하신 후에도, 그 후 수십 년이 흘러 요한복음을 쓸 당시에도 여전히 세례 요한을 추종하는 무리들이 많았습니다. 그런데 이는 죽은 문선명이나 김일성이나, 그 누구를 막론하고 특정인을 맹종하는 사람들과 별로 다를 바 없다는 것을 알아야 합니다.

참 구원자를 만나 그분의 가르침을 올바로 이해하고 그 가르침을 삶으로 살아내는 것은 그 인생을 결정하는 너무나 중차대한 문제입니다.

부처님을 신봉하면, 부처님이 했던 것처럼 몇 년씩 면벽참선을 하게 되고, 그렇게 하지 않는 것이 크게 잘못 행한 것이 됩니다. 백팔배, 삼천배, 삼보일배, 오체투지를 합니다. 이를 객관적으로 냉정하게 생각해보십시오. 왜 그렇게 해야 하나요?

요즈음 기승을 떨치는 신천지에 대해 냉정히 객관적으로 생각해보십시오. 그들이 던지는 질문들입니다. 성경에서 해, 달, 별이 떨어졌다는 것은 무슨 의미입니까? "젖 먹이는 자들에게 화가 있으리로다"(마 24:19)라는 말씀은 무엇을 의미합니까? 천국에 못 들어가는 부자는 어떤 부자입니까? 예수님이 재림 때 타고 오시는 구름은 무엇입니까? 주의 재림 때 천사장의 나팔이 몇 개인지 아십니까? 어린양의 피에 옷을 씻으면 무슨 색의 옷이 됩니까? 종말 때에 특별히 조심해야 할 짐승은 무엇입니까? 일반 성령과 진리의 성령의 차이는 무엇입니까? 구원을 위한 굉장히 중요한 질문인 양 들이대며, 당황해 하는 사람들을 자신들의 성경 공부에 끌어들여 옭아매어서는 이만희의 하수로 만들어버립니다.

예수님은 이런 질문들에 대한 답을 가르치기 위해서 오신 것이 아닙니다. 하나님께서 우리들에게 성경을 주신 이유는, 가인의 아내가 누구이며 천사장의 나팔이 몇 개인지 알려주기 위해서가 아닙니다. 끝없는 질문들이 모두 충족된다고 해서 구원에 이르고 내 생명이 살고 풍성해지는 것이 결코 아닙니다.

하나님처럼 군림하는 요즈음의 많은 목사들의 행태와 그들을 맹종하는 교인들을 냉정히 객관적으로 생각해보십시오. 이들이나 김일성 일가에게 맹종하는 사람들이나 모두 같습니다.

그래도 교회 목사는 하나님을 섬기지 않느냐고 반문하겠지만 여호와 하나님께서는 하나님께서 택하신 이스라엘을 징계하시고 버리셨습니다. 그들이 하나님을 섬기지 않아서가 아닙니다. 왜곡된 선민사상과 기복주의로 하나님을 잘못 섬겨서 버림을 받았습니다. 그럼에도 그들은 자신의 오류와 잘못을 보지 못하고 하나님의 아들 예수님을 십자가에 못 박았습니다. 끝까지 자신들이 옳다는 것입니다.

하나님 자녀의 존엄성과 자유

세례 요한은 예수님의 말씀대로 인간 중에 가장 위대한 사람입니다. 그토록 많은 사람들이 따랐음에도 자신을 결코 높이지 않았던 훌륭한 사람입니다. 그러나 그처럼 훌륭한 세례 요한을 추종해도, 여호와 하나님을 누구보다 열심히 믿고 섬겼던 그의 제자들은 잘못된 길을 간 것입니다. 예수님이 이미 오셨음에도, 그들의 만찬에는 장차 오실 메시아를 위한 빈 잔이 여전히 놓여 있었습니다.

하물며 자신을 하나님처럼 높이는 사람들을 추종한다는 것이 얼마나 어리석은 짓인지를 알아야 합니다. 아무리 하나님을 섬긴다고 하여도 자신을 높이는 사람들의 오류와 왜곡은 필연입니다. 그를 추종하는 사람들도 당연히 그 오류와 왜곡의 올무에 걸려듭니다. 목사가 잘못한 줄 뻔히 알면서도 그 목사를 위해 사력을 다해 싸웁니다. 소가 웃을 일입니다.

예수님은 내 생명이 비본질에 탕진되는 것을 멈추게 하고 더욱 의미 있고 보람 있고, 더욱 풍성케 하시기 위하여 이 땅에 오셨습니다.

"하나님 자녀로서의 존엄성과 자유를 포기하는 순간, 우리들은 상황과 사람들의 노리개가 된다"는 빅터 프랭클 박사의 말을 결코 잊어서는 안 됩니다.

우리 한 사람 한 사람은 하나님께서 가장 사랑하시는 하나님의 자녀이며, 그리스도의 신부이며, 성령께서 거하시는 '하나님의 성전'임을 절대로 잊어서는 안 됩니다. 하나님의 자녀로서의 존엄성과 자유를 회복하고 어떤 경우에도 포기하지 마십시오.

세례 요한이나 위대한 하나님의 예언자들 모두 자신을 철저히 가리고 오직 하나님의 말씀만을 전했습니다. 저는 그분들과 비교조차도 할 수 없는, 먼지만도 못한 존재입니다. 그저 좁은 소견으로 성경 말씀을 통해 삼위일체 하나님을 전할 뿐입니다.

우리에게는 영원한 스승이요, 구원자이시며, 전지전능하신 예수님이 계십니다. 진짜 주님의 몸 된 교회라면 한 개인이나 특정인에 의해 좌우되어서는 절대로 안 됩니다. 그런 교회는 없는 것이 훨씬 더 낫습니다.

나는 누구인가

"그렇다면 너는 누구냐?"라는 질문에 세례 요한은 한마디로 대답합니다. "광야에서 외치는 소리다!" 이것은 세례 요한의 부동의 자기 정체성입니다. 이것은 오직 하나님과의 관계에서 확립된 것입니다. 세례 요한은 이 일에 목숨을 걸었습니다.

하나님과의 관계에서 자신의 정체성을 확립하십시오. 그 일에 목숨을 거십시오. 저는 여러분들이 예수님의 가르침을 따라 살게 돕는 하나님의 코치이며, 하나님의 자녀들인 여러분을 위해서 사용되는 도구일 뿐입니다. 자기를 높이고 자녀들 위에 군림하는 코치는 엉터리입니다. 하나님의 해고를 면치 못합니다.

우리는 각자 삶의 자리에서 맡은 일을 통해 하나님 아버지를 영화롭게 해야 하는 하나님의 자랑스러운 자녀들입니다. 가정과 회사와 사회를 살려 하나님께 영광 돌리고 여러 사람들을 살리는 하나님의 리더들입니다.

06
더 큰 일을
보리라

요 1:45-51

본문 내용은 특별한 것이 없는 평범한 이야기입니다.

예수님을 만난 빌립이 친구 나다나엘을 찾아가서 말합니다. "모세가 율법에 기록하였고 여러 선지자가 기록한 그이를 우리가 만났으니 요셉의 아들 나사렛 예수니라." 그러자 나다나엘이 툭 던지듯 말합니다. "나사렛에서 무슨 선한 것이 날 수 있느냐?" 이에 개의치 않고 빌립은 "와 보라"면서 나다나엘을 끌고 예수님께로 갔습니다.

빌립에게 끌려오는 나다나엘을 보시고 예수님께서 말씀하십니다. "보라, 이는 참으로 이스라엘 사람이라. 그 속에 간사한 것이 없도다." 그 말을 들은 나다나엘이 묻습니다. "어떻게 나를 아시나이까?" 그러자 예수님께서 말씀하십니다. "네가 무화과나무 아래에 있을 때에 보았노라." 그 말을 들은 나다나엘이 말합니다. "랍비여, 당신은 하나님의 아들이시요 당신은 이스라엘의 임금이로소이다." 이것은 뜬금없는 말입니다. 어떤 사람을 무화과나무 아래에서 보았다는 것은 눈이 있는 사람이라면 누구나 할 수 있는 일로서, 예수님의 신통력을 드러낸 것이 아니니다. 그런데도 나다나엘은 '하나님의 아들'이니 '이스라엘의 왕'이니 하는 엄청난 말을 합니다. 자신이 어떤 사람인지 예수님께서 알아주어 그런 것일까요? 어찌된 영문인지는 모르겠지만, 이에 대해 예수님께서, "내가 너를 무화과나무 아래서 보았다 하므로 믿느냐? 이보다 더 큰일을 보리라" 하고 말씀하셨습니다.

나다나엘 이야기는 왜 기록되었나?

사도 요한은 왜 별 의미도 없어 보이는 이런 이야기를 기록한 것일까요? 이 정도의 이야기로는 사람들에게 예수님을 믿으라고 할 수 없습니다.

복음서는 한가한 책이 아닙니다. 한정된 지면에서 예수님이 하나님의 아들이요, 구원자이심을 믿게 하는 데 집중합니다. 그렇다면 이 이야기를 통하여 사도 요한은 분명 중요한 말을 하고 싶은 것입니다. 그 중요한 것이 무엇일까요?

네 복음서에서는 나다나엘의 이름만 거론될 뿐, 그에 관한 이야기는 요한복음의 이 본문이 유일합니다. 그러나 이 이야기는 굉장한 기적 같은 것을 봐야 예수님을 믿겠다는 사람들의 경박함을 완전히 무너뜨려 버립니다.

경건한 유대인들은 뜨거운 날씨에는 으레 잎이 넓은 무화과나무 그늘 아래서 하나님의 말씀을 읽었고, 사람들을 가르치고 그들과 토론하기를 즐겼습니다. 나다나엘도 그랬고, 그런 나다나엘을 예수님께서 보신 것입니다. 예수님께서 나다나엘을 '참으로 이스라엘 사람이며 그 속에 간사한 것이 없는 사람'이라고 하셨는데, 이 또한 예수님의 신통력을 드러내는 것은 아닙니다.

본문의 '보다'에 해당되는 헬라어 '에이돈'은, '눈여겨 찬찬히 주의 깊게 살펴보다'라는 뜻입니다. 예수님은 누구나 그렇게 보시는 분입니다. 그리고 어떤 사람의 행동거지를 주의 깊게 보면 보통 사람들도 그 사람의 성품을 짐작할 수 있습니다. 나다나엘은 예수님께서 보시기에 조용하고 신실한 사람이었습니다.

나다나엘의 이야기가 요한복음에만 기록된 이유가 있습니다. 사도 요한은 가장 오랫동안 초대 교회와 제자들과 그리스도인들의 일들을 듣고 목격했고, 그런 일들 중에는 중요하지 않아 보였지만 시간이 흐르면서 그 중요성을 깨닫게 되는 것도 있었습니다. 요한복음에는 사도 요한만이 아는 그런 이야기들이 많은데, 나다나엘의 이야기도 그중 하나입니다.

기독교의 가장 핵심적인 주제는 '구속(救贖, redeem)'입니다. '구속'의 뜻은 '되사다', '되찾다'입니다.

예수님께서 육신을 입고 이 땅에 오신 이유는 우리를 구속하기 위해서, 즉 '되찾기' 위해서입니다. 원래 하나님의 자녀인 우리들은 하나님 아버지께 등을 돌리고 죄와 욕망과 절망에 사로잡혀 살았고, 하나님 아버지와는 영원히 분리될 운명에 처해졌습니다. 하나님의 아들 예수님께서 우리들의 죗값을 치르고 우리를 '되사서' 그 무서운 운명에서 해방시키셨습니다.

사도 바울은 '하나님의 구속'을 다음과 같이 설명합니다. "모든 사람이 죄를 범하였으매 하나님의 영광에 이르지 못하더니 그리스도 예수 안에 있는 속량으로 말미암아 하나님의 은혜로 값없이 의롭다 하심을 얻은 자 되었느니라"(롬 3:23-24).

하나님께서 우리를 구속(속량)하셔서서 다시 하나님 자녀로서의 신분을 회복시켜주셨습니다. 이것이 '칭의', 곧 '의롭다 하심'입니다. 그런데 하나님의 구속은 칭의로만 끝나는 것이 아닙니다.

사도 바울이 말합니다. "우리는 그리스도 안에서 그의 은혜의 풍성함을 따라 그의 피로 말미암아 속량 곧 죄 사함을 받았느니라. 이는 그가 모든 지혜와 총명을 우리에게 넘치게 하사 … 우리가 그리스도 안에서 전부터 바라던 그의 영광의 찬송이 되게 하려 하심이라"(엡 1:7, 8, 12).

우리를 '하나님의 영광의 찬송이 되게' 하신다. 가슴 뛰는 말씀이 아닐 수 없습니다. 하나님의 구속은, 죄를 사하시고 의롭다 하시는 것에서 더 나아가, 지혜와 총명과 은혜를 무한정 공급하셔서 완전히 훼손된 우리 안의 하나님 형상을 복원하시고 마침내 우리를 하나님의 영광의 찬송이 되게 하십니다.

'하나님의 영광의 찬송'. 그저 훌륭한 사람이 아닙니다. 하나님의 영광이 아우라가 되어 다른 사람들이 저절로 나를 우러러 보게 됩니다. 이것이 하나님의 구속의 최종 목표인 '성화(聖化)'로서, 나를 거룩하게 만드시는 것입니다.

나의 어떤 이야기도 더 큰 이야기의 일부

우리 모두는 저마다의 이야기가 있습니다. 아픈 이야기, 행복한 이야기, 슬픈 이야기, 기쁜 이야기, 짠한 이야기, 성공한 이야기, 실패한 이야기… 어떻게 그런 일이 일어날 수 있을까 싶은, 깜짝 놀랄 이야기도 있고, 생각할수록 깊은 감동을 주는 이야기와 그저 그런 지루한 이야기들도 있습니다.

그런데 그 모든 이야기들은 그냥 머물러 있는 것이 아닙니다. 때로는 깊은 상처를 남기고, 때로는 새로운 깨달음을 주고, 때로는 잊지 못할 감동을 남기고, 때로는 아직도 뭐가 뭔지 모를 여운도 남깁니다. 그런데 우리들의 이야기에는 공통점이 있습니다. 말하는 나는 "내가 그랬었어" 하면서, 듣는 사람은 "그랬었구나" 하면서 끝이 납니다. 대부분 그렇습니다.

그러나 이 모든 이야기들은 그렇게 끝나는 것이 아닙니다. 어떤 큰 이야기와 연결되어 있습니다.

제럴드 싯처 목사와 그 가족들이 여행 중에, 한 음주 운전자가 일으킨 교통사고로 아내와 어머니와 막내딸이 현장에서 죽고, 싯처 목사 자신과 나머지 세 자녀는 크게 다쳤습니다. 그 당시 자신들의 부상보다도 사랑하는 사람들의 비참한 죽음을 자신의 눈으로 봐야 한다는 사실이 더 무서웠습니다. 한 가정을 송두리째 날려버린 그 끔찍한 비극은 싯처 목사의 이야기로 남았습니다.

싯처 목사는 당시를 회상하며 이렇게 말합니다. "사고 후 세월이 흐르면서 깨달은 것이 있습니다. 하나님께서 이 비극을 통해서 하시는 일이 비극 자체보다 더 크며, 그 비극도 하나님의 구속 이야기의 일부였다는 것입니다."

내가 당한 참담한 실패와 비극이라도 그것은 따로 떨어진 이야기가 아닙니다. 더 큰 이야기, 하나님의 구속 이야기의 일부입니다.

왜 이런 일이 내게 일어났는지 그 당시에는 모릅니다. 그저 아플 뿐이고 슬플 뿐이고 생각조차도 할 수 없습니다. 그러나 절대로 잊어서는 안 되는 것은, 내 이야기에 의미를 찾아줄 더 큰 이야기가 있다는 사실입니다.

싯처 목사는 당시를 이렇게 회상합니다. "앰뷸런스 안에는 슬픔과 혼란과 두려움의 침묵만 흘렀습니다. 그런데 얼마나 지났을까. 그 침묵 속에서 익숙한 메아리가 들려오기 시작했습니다. 멀리서 울리는 천둥소리처럼 희미하지만 명료한 소리였습니다. 그 소리는 바로 성경 말씀의 소리였습니다. 그 소리를 듣고 나는 우리 가정을 그 비극으로 규정해서는 안 되겠다는 결심을 했습니다."

그 후, 싯처 목사는 성경 말씀에 집중하며 비극을 차근차근 극복해나갔습니다. 참담한 비극이 하나님의 이야기로 바뀌기 시작했습니다. 왜 그런 비극이 생겼는지는 여전히 모릅니다. 그러나 믿음은 그전보다 훨씬 더 굳건해졌고 하나님에 대한 이해는 깊어졌으며 감사는 더욱 커졌고 천국에 대한 소망은 더욱 뚜렷해졌습니다. 더불어 가정, 학교, 목회, 출판 등 하는 일도 형통하게 풀렸습니다.

성경에 기록된 이야기는, 우리가 떠밀려 들어간 이야기에 우리가 생각지도 못한 깊은 의미가 담겨 있음을 알려줍니다.

요셉은 열일곱의 나이에 이집트에 노예로 팔려갑니다. 그것도 열 명의 형들에 의해서. 당시에는 속절없이 당할 수밖에 없었습니다. 그 와중에 요셉이 잊지 않았던 한 가지가 있습니다. 아버지로부터 들었던 하나님 이야기입니다.

마당 쓰는 빗자루처럼 한 점 배려도 없는 노동에 시달리면서도 요셉은 하나님을 잊지 않았습니다. 십수 년의 우여곡절 끝에 꿈에도 생각 못한 이집트의 국무총리에 오르고, 자신을 팔았던 형들을 만납니다. 자신을 알아보며 경악하는 형들에게 요셉이 조용히 말합니다. "당신들은 나를 해하려 하였으나 하나님은 그것을 선으로 바꾸셨습니다"(창 50:20).

요셉은, 의미도 없이 무작정 소모만 되던 자신의 이야기가 하나님의 구속 이야기의 작은 부분이었음을 깨닫게 되고, 어느새 하나님의 영광 가운데 있는 자신을 보았습니다. 요셉은 '하나님 영광의 찬송'이 된 것입니다.

그러므로 가장 중요한 것은, 나의 어떤 이야기도, 쳇바퀴처럼 돌아가는 소소한 일상의 이야기까지도 모두 하나님의 구속의 이야기의 일부임을 잊지 않는 것입니다.

나다나엘이 예수님을 만난 이야기도 대단할 게 없는 것처럼 들립니다. 그러나 나다나엘도 알게 되었습니다. 예수님과의 만남이 자신에게 가장 큰 사건이라는 것을 말이지요. 그 이후 모든 것이 예수님과의 관계에서 규정되기 시작했고, 그분과의 관계가 점점 깊어졌습니다.

여러분들의 이야기는 어디서 멈춰 있습니까? 하나님의 큰 이야기와 연결되기에는 내 이야기가 너무나 소소하고 일상적입니까? 하나님의 큰 이야기와 연결되기에는 내 이야기가 너무나 아파 감당할 수 없습니까?

그래도 상관없습니다. 우리를 '하나님의 영광의 찬송'이 되게 하는 것은 내 자신이나 내 노력이 아니라, 하나님이시기 때문입니다. '성화'는 내가 이루는 것이 아닙니다. '성화' 역시 하나님께서 이루시는 것입니다.

그분을 바라보자

다만 마음에 새겨야 할 것이 있습니다.

태어날 때부터 맹인 된 사람을 보고 제자들이 저 사람이 저렇게 된 것이 자신의 죄로 인함인지 부모의 죄로 인함인지 예수님께 묻습니다. 그러자 예수님께서 답하십니다. "그에게서 하나님이 하시는 일을 나타내고자 하심이라"(요 9:3).

첫째는, 원인 분석에 매달리지 말라는 것입니다. 그러지 않으면 나는 상황과 사람들에게 휘둘리며 갈팡질팡 살아가게 됩니다. 그러나 내 이야기를 하나님의 구속 이야기와 연결시킬 때, 내게 하나님께서 하시는 일이 나타납니다. 곧, 더 큰 일을 보게 됩니다.

둘째는, 나다나엘처럼 간사함 없이 살자는 것입니다. '간사하다'는 말은 참으로 좋지 않은 단어입니다. 헬라어로 '돌로스'라고 하는데, '미끼', '속임수'라는 뜻입니다. 남을 조종하고 해하려는 생각으로 가득하여, 겉과 속이 다르다는 말입니다. 그래서는 안 됩니다.

언제나 신실하십시오. 구속 자체이시며 구속을 이루어가시는 예수님을 절대로 잊지 마시기 바랍니다. 믿음의 주요 온전케 하시는 그분을 바라볼 때, 예수님은 내게 일어나는 모든 일을, 슬픈 일, 괴로운 일, 억울한 일들까지도 서로 통합하여 마침내 선을 이루십니다.

예수님께서 말씀하십니다. "이보다 더 큰일을 보리라. … 하늘이 열리고 하나님의 사자들이 인자 위에 오르락내리락하는 것을 보리라"(요 1:50, 51).

주님은 성경 말씀을 통하여 닫혔던 내 귀를 여시고, 하나님의 사명을 들려주시고, 내 눈을 열어 하나님의 약속과 비전을 보게 하십니다. 이것이 하늘이 열린다는 뜻입니다. 하나님의 사자들이 오르락내리락하는 것을 보게 된다는 것은, 하나님의 뜻을 이 땅에서도, 나를 통하여 성취하신다는 뜻입니다.

다윗은 사울 왕의 두렵고도 집요한 추격까지 하나님 이야기의 일부로 여기며 견뎠습니다. 그런 다윗에게 하나님께서 약속하십니다. "그가 내게 간구하리니 내가 그에게 응답하리라. 그들이 환난 당할 때에 내가 그와 함께하여 그를 건지고 영화롭게 하리라"(시 91:15).

07
가나에서 생긴 일

요 2:1-11

주섬주섬 옷가지를 갖춰 입느라
봄 산이 수런댄다

낭창낭창한 나뭇가지 위
꽁지를 길게 빼고 삐요히이 삐요히이
휘청이는 쇠박새 울음을 듣는다

불현듯
새가 된 나는 노래를 부른다

권영주 님의 시 〈봄 산행〉 일부를 발췌하였습니다. 유난히 눈이 많고, 가슴 답답한 소식을 많이 들어야 했던 추운 겨울이 지나갑니다. 겨울을 지나는 우리들의 마음은 여전히 움츠러져 있는데, 하나님 아버지께서는 우리를 깨워 날게 하라고 나무들과 새들을 먼저 깨우십니다. 새봄에는 우리가 가장 먼저 날아 세상을 깨우기로 합시다.

하나님의 얼굴을 가리는 종교

그런데 어떻게 세상을 깨울 수 있을까요?

미지의 것을 발견하는 것만이 새로운 발견이 아닙니다. 같은 대상을 바라보는 내 시각을 바꾸는 것이 훨씬 더 중요하고 쉽습니다. 신앙이란, 내 시각을 버리고 대신 하나님의 시각으로 세상을 보는 것입니다.

그런데 그다지 어렵지 않은 이 일을 사람들은 하지 않으려고 합니다. 오히려 새롭게 주신 하나님의 시각을 사람들의 생각으로 자꾸 되돌려 놓습니다.

다음 이야기를 잘 들어보십시오. 인천 부개동 성당 주임사제 호인수 신부의 칼럼의 일부를 발췌한 내용입니다.

1960년 7월5일 … 서울교구의 담당자들이 김대건 신부의 유해를 3등분해서 굵은 뼈들은 대신학교(현 가톨릭대학 신학부)로, 하악골은 미리내 경당으로, 치아는 절두산 순교기념관으로 분리 안치한 것이다. … 신학교에 안치된 유해들은 더 작게 쪼개져서 사방으로 분배되었다. 서울교구로부터 조각을 받아 모셔간 본당이나 기관들이 141곳에 달하며 샤르트르 성바오로 수녀원에서 분배한 유해는 자그마치 200개가 넘는데 그중 일부는 일본과 미국에까지 보내졌다. … 서울교구의 의도는 분명했다. 더 많은 사람들이 현양하고 기도하기 위해서다. 한 조각이라도 가까이 모셔놓아야 더 효과적인 현양과 기도가 된다고 판단했던 거다. … 한국 천주교 신자들은 염불에는 마음이 없고 잿밥에만 온통 정신을 빼앗기고 있는 건 아닐까? 오로지 조국과 백성을 위해 바친 순교자의 삶과 정신을 본받기는 애당초 불가능하니 우리는 유해 앞에 엎드려 당신들 공덕의 대가로 흘러나오는 복이나 한 줌씩 챙기겠다는 전형적인 기복신앙의 표출인지도 모르겠다.

_호인수, "김대건 신부 유해 보존 유감", 〈한겨레〉 2013년 10월 12일자

부처님 진신 사리 하나만 있어도 사람들이 구름 떼처럼 모이고 큰 사찰이 섭니다. 그와 한 치도 다름이 없는 생각의 결과입니다. 하지만 인간의 공덕도, 나의 나 된 것도 모두 다 하나님의 은혜입니다. 진짜 성인이라면 이 사실을 너무나 잘 압니다.

냉정히 생각해봅시다. 이 얼마나 괴기스런 행태입니까? 보통 사람이 그랬다면 감옥행 내지는 정신병원행입니다. 죽음의 잔해에서 복이 나올 리 없습니다. 모두 다 부질없는 짓들입니다. 가톨릭을 폄하하려는 말이 절대로 아닙니다. 작금의 기독교의 행태는 더 심각합니다.

"종교처럼 하나님의 얼굴을 멋지게 가리는 것도 없다." 마르틴 부버가 한 말입니다. 그런데 '멋지게'를 '기괴하게'로 바꿔야 합니다. 때로는 억지 논리와 타협 불허의 교리로, 더 자주는 종교인들의 말도 안 되는 횡설수설로 하나님의 얼굴을 가리는 일이 다반사입니다.

기적이 중요한가?

성경 본문을 살펴볼까요? 가나에서 혼인 잔치가 있었습니다. 당시 혼인 잔치는 동네 사람들을 모두 초대합니다. 예수님과 제자들도 참석했

습니다. 가난하던 그 시절, 그렇게 온 동네 사람들이 배불리 먹으며 즐거운 시간을 갖습니다. 그런데 포도주가 동이 났습니다. 잔칫집 일손을 보태고 있던 마리아가 아들 예수에게 포도주가 떨어졌다고 말했습니다. 그러자 예수님이 "여자여, 나와 무슨 상관이 있나이까. 내 때가 아직 이르지 아니하였나이다"(요 2:4)라고 대답하셨습니다.

대단히 불량스러워 보이는 대답입니다. 어머니를 '여자여'라고 부르질 않나, '무슨 상관이 있냐?'고 대꾸하질 않나, 우리가 아는 예수님의 모습과는 상당한 거리가 있습니다. 그런데 이는 번역상의 문제입니다.

'여자여'에 해당되는 '귀나이'라는 헬라어는 왕비를 부를 때나 자기 아내를 다정스레 부를 때 사용하는 존칭어입니다. '무슨 상관이 있나이까'라는 말도, '무슨 일이십니까'라는 의미로 사용하는 평상어(平常語)입니다.

마리아는 아들 예수의 대답에 아랑곳하지 않고 하인들에게 명령합니다. "너희에게 무슨 말씀을 하시든지 그대로 하라." 이에 예수님은 하인들에게 빈 항아리에 물을 채우라 하시고 하인들이 물을 채우자, "이제는 떠서 연회장에게 갖다주라"고 하셨습니다. 하인들은 예수님의 말씀대로 하였고 포도주를 마셨던 손님들이 이구동성으로 말했습니다. "먼저 좋은 포도주를 내고 취한 후에 낮은 것을 내거늘 그대는 지금까지 좋은 포도주를 두었도다."

이것이 사건의 전말입니다. 여러분 어떻습니까? 죽은 사람도 살리시는 예수님의 능력에 비춰보면 그리 대단한 기적이 아닙니다. 물론 가나에서의 표적을 통해 제자들이 예수님을 믿게 된 것은 사실입니다. 그래서 본문의 사건은 "예수께서 이 첫 표적을 갈릴리 가나에서 행하여 그의 영광을 나타내시매 제자들이 그를 믿으니라"(요 2:11)로 끝납니다.

그러나 기적이 사람들의 믿음을 촉발하는 데 다소 기여할지는 몰라도, 기적에 집착하는 믿음은 참 믿음이 아닙니다.

사람들은 기적을 바랍니다. 로또가 맞아서 수십억이 생기기를 바라고, 불치병이 낫기를 바라고, 지지부진하던 사업이 갑자기 번창하기를 바랍니다. 또한 기독교에는 그런 식의 이야기들이 넘쳐납니다. "기도와 전도, 봉사를 열심히 하였더니 기적이 일어났다"며, 교회마다 복 받는 비결에 대하여 열심히 설교합니다.

그런데 기적만을 바랄 때의 폐해에 대해 반드시 알아야 합니다. 성인들의 뼈 해체 분배가 실례 중 하나입니다.

하나님과 나 사이에 끼어들 자 없다!

가톨릭에서는 마리아를 '성모'라 부르며 숭배합니다. 마리아는 하나님 다음으로 신적인 존재입니다. 마리아가 하나님의 아들 예수님을 낳은 공적을 쌓았고, 또한 마리아가 예수님께 부탁하여 기적이 일어났다는 본문의 내용을 근거로 마리아를 통해서 기도하면 예수님이 반드시 그 기도를 들어주신다고 가르칩니다.

다음은 가톨릭에서 사용하는 〈특별한 은총을 얻기 위한 기도문〉에서 발췌한 내용입니다.

우리의 어머니 성모님 마리아께 대한 신심 없이 사는 것은 부모 없이 자라는 고아 신세와 같습니다. 선하고 거룩한 어머니를 모신 것은 얼마나 큰 은혜입니까! 죄인들이여, 성모님께로 가십시오. 그분은 우리로 하여금 깊은 통회의 마음으로 고백하게 하시고 회심에로 이끌어주십니다. 두려워 마십시오! 그분께 빌면 틀림없이 들어주실 것입니다. 예수님께로 나아가는 것은 마리아를 통해서입니다.

그러나 성경 어디에도 마리아를 통해서 예수님께로 간다는 말씀은 없습니다. 엉터리 교리입니다. 오직 예수님을 통해서만 성부 하나님께로 갈 수 있다고, "내가 곧 길이요 진리요 생명이니 나로 말미암지 않고는 아버지께로 올 자가 없느니라"(요 14:6)고 하셨을 뿐입니다.

성모 마리아 숭배는 삼위일체 하나님을 여러 신들 중 하나, 기껏해야 가장 강력한 존재로 인정하고, 그 하나님으로부터 복이나 받아보자는 것입니다. 그 결과 하나님을 섬기는 방법이 다른 종교와 다를 것이 없어집니다.

무당을 생각해봅시다. 무당에게는 그가 섬기는 귀신이 첫 번째, 무당은 두 번째, 찾아온 손님은 세 번째입니다.

하나님께서 자신을 성경을 통해 나타내시고 전혀 새로운 차원의 종교를 이스라엘에게 주셨습니다. 그런데 그들은 이 새로운 종교를 개편하였습니다. 하나님이 첫 번째고 대제사장이 두 번째고 제사장이 세 번째고 레위인이 네 번째고 남자가 다섯 번째고 여자가 여섯 번째고, 이방인이 일곱 번째입니다.

하나님이 십계명을 주셨습니다. 하나님의 뜻을 알리시고 하나님과 가장 가까워지는 길을 열어주신 것입니다. 그런데 이것을 제사장들과 바리새인들이 무려 2,134개로 만들었습니다. 사람들을 하나님과 점점 멀어지게 만들었고, 자신들이 하나님과 사람들 사이에 중재자로 섰습니다. 하나님께서 무엇을 원하는지 전혀 모르기 때문입니다.

예수님께서 오셔서 2,134개의 율법을 2개로 줄여주셨습니다. "네 마음을 다하고 목숨을 다하고 뜻을 다하고 힘을 다하여 주 너의 하나님을 사랑하라. … 네 이웃을 네 자신과 같이 사랑하라"(막 12:29, 30). 하나님과 나 사이에 끼워놓거나 끼어든 잡다한 존재들을 치워버리고 하나님의 자녀인 내가 하나님 아버지와 직접 접속하라는 것입니다.

그런데 사람들은 또다시 복잡하게 만듭니다. 하나님이 첫 번째, 성모 마리아는 두 번째, 성인들은 세 번째, 교황은 네 번째, 신부가 다섯 번째, 수녀가 여섯 번째, 평신도는 일곱 번째입니다. 하나님의 뜻이 무엇인지 전혀 모르기 때문입니다.

그래서 종교개혁이 일어났습니다. 종교개혁의 핵심 모토는, '오직 성경, 오직 믿음, 오직 은혜'입니다. 거기에 '모든 성도는 곧 제사장'이라는 '만인제사장직'이 덧붙여졌습니다. 하나님과 나 사이에 그 누구도 끼어들지 못한다는 것을 알았기 때문입니다.

그런데 개신교회도 세월과 함께 변질됩니다. 하나님이 첫 번째, 목사가 두 번째, 장로가 세 번째, 안수집사가 네 번째, 서리집사가 다섯 번째, 그리고 일반 교인들이 여섯 번째입니다. 여전히 하나님의 뜻과 의도를 전혀 모르기 때문입니다.

하나님은 아브라함과 모세를 친구라고 부르셨습니다. 이스라엘을 하나님의 자녀, 신부라고 부르셨습니다. 예수님은 바보 제자들을 친구라 부르셨습니다. 하나님과 가장 가까운 존재라는 것이고, 우리더러 하나님과 가장 친밀한 존재가 되라는 것입니다. 이것이 하나님의 뜻입니다.

하나님의 뜻을 올바로 알고 살아가면 하나님의 복은 자연히 주어집니다. 너무나 당연합니다. 자녀들이 부모의 뜻대로 열심히 살면 부모님은 신이 나서 자녀를 힘껏 돕습니다. 내가 하나님의 자녀가 되고 예수님의 친구와 신부가 되면 하나님의 것이 모두 내 것이 됩니다.

예수, 하나님의 아들

가나의 혼인 잔치 사건이 조용히 드러내는 중요한 사실이 하나 있습니다. 예수님께서 정말 하나님의 아들이라는 사실을 마리아를 통해서 증언하는 것입니다.

세상 사람들은 동정녀 탄생이 조작된 것이라 주장합니다. 그런데 예수님께서 어떻게 출생하셨는지 어머니 마리아가 누구보다 잘 알고 있습니다. 누가복음에 이런 기록이 있습니다. "그 어머니는 이 모든 말을 마음에 두니라"(눅 2:51).

마리아가 처녀 시절, 천사 가브리엘이 나타나 하나님의 말씀을 전했습니다. "성령이 네게 임하시고 지극히 높으신 이의 능력이 너를 덮으시리니 이러므로 나실 바 거룩한 이는 하나님의 아들이라 일컬어지리라"(눅 1:35).

마리아는 예수님의 남다른 언행을 볼 때마다 천사의 말과 연결시켰고, 그 말이 사실임을 알았습니다. '정말 하나님의 아들이구나.' 그래서 하인들에게 그 어떤 명령이든 순종하라고 부탁하였던 것입니다.

예수님은 참으로 동정녀의 몸에서 태어나 죄로부터 자유로운 유일하신 하나님의 아들이요 구세주이십니다.

예수님의 때, 우리의 때

그런데 가장 중요한 포인트는, 예수님께서 하신, "내 때가 아직 이르지 아니하였나이다"(요 2:4)라는 말씀입니다.

예수님의 때란 언제일까요?

요한복음 17장 1절 말씀입니다. "아버지여 때가 이르렀사오니 아들을 영화롭게 하사 아들로 아버지를 영화롭게 하게 하옵소서." 이 기도는 십자가 죽음을 앞두고 하신 예수님의 마지막 기도입니다. 예수님의 때는 바로 십자가였습니다. 십자가는 하나님 아버지를 영화롭게 하는 유일한 길입니다. 내가 출세하고 높아지는 것이 아닙니다. 하나님을 영화롭게 하는 것입니다. 내가 하나님을 영화롭게 하면 하나님께서도 나를 영화롭게 하십니다.

아직 자신의 때가 이르지 아니하였다는 예수님의 말씀에는 아주 중요한 뜻이 담겨 있습니다. 공생애 기간 중에 예수님께서는, 물을 포도주로 바꾼 이 사건은 기적 축에 들지 못할 정도로 수많은 기적을 행하셨습니다. 그렇다면 엄청난 기적들 역시 때가 이르기 전에 행한 일들로서 큰 의미가 없다는 뜻입니다.

예수님의 기적을 바라지 마십시오. 예수님을 바라십시오. 그분을 배우고 따르고 닮고 살아가십시오.

아브라함 헤셸이 말합니다. "종교는 그것이 멍에로, 교리(도그마)로, 두려움으로 군림할 경우 인간의 정신을 기르기는커녕 오히려 능욕하게 된다. 종교는 마땅히 그 위에서 영혼의 불이 거룩하게 타오르는 제단이어야 한다."

달라스 윌라드가 말합니다. "예수님의 가르침을 실천만 하면 금세 우리의 삶에 진실, 선, 힘, 아름다움이 나타나기 시작합니다."

예수님께서 의미심장한 말씀을 하셨습니다. "내 때는 아직 이르지 아니하였거니와 너희 때는 늘 준비되어 있느니라"(요 7:6).

이 세상은 우리를 위해 하나님께서 마련하신 신나는 놀이터입니다. 종교에 얽매이며 교리를 따지느라 머뭇거리고 쪼그라들지 마십시오. 항아리에 물을 가득 채우라, 연회장에게 가져가라는 예수님의 명령에 따랐던 하인들처럼 예수님의 가르침에 따라 열심히 살면, 세상은 하나님께 영광을 돌리고 이웃을 살리는 거룩한 제단이 되고 나는 하나님의 제사장이 되어 내게서 진실과 선과 힘과 아름다움이 나타나기 시작합니다.

08
만민이 기도하는 집, 강도의 소굴

요 2:13-22

주후 70년, 로마가 식민지 이스라엘을 아예 멸절시키려고 예루살렘 성을 포위했습니다. 한민족이 제국주의 일본으로부터 독립하기 위해 삼일만세운동을 전개한 것처럼 이스라엘도 로마로부터 독립하려 했기 때문입니다. 그러나 세계 최강 로마를 이긴다는 것은 불가능했고, 당시 지도자 중 한 사람인 랍비 요하난 벤 자카이는 민족을 보존할 방도를 찾아 골몰했습니다.

드디어 그는 한 가지 방안을 짜내고 실행에 들어갔습니다. 제자들에게 자신이 병들어 죽었다는 소문을 퍼뜨렸습니다. 그렇게 운구되어 성 밖으로 빠져나와 로마 장군 베스파시아누스를 만나 담판을 합니다. 그는 베스파시아누스가 장차 로마 황제가 될 것이라고 예언하면서 한 가지 청을 했습니다. 베스파시아누스 장군은 그 청을 수락했고, 다시 성으로 돌아온 요하난은 예루살렘 성문을 열어주었습니다. 이어서 엄청난 살육과 파괴가 이어졌습니다.

하나님의 성전마저도, 예수님의 말씀대로 돌 위에 돌 하나가 얹혀 있지 않을 정도로 철저히 파괴되었습니다. 그러나 베스파시아누스 장군은 랍비 요하난과의 약속을 지켰습니다. 그 약속이란 예루살렘과 이스라엘을 파괴하더라도 랍비 학교만은 파괴하지 않겠다는 것입니다. 그렇게 이스라엘은 지구상에서 사라졌습니다.

랍비 요하난 벤 자카이는 로마군에게 예루살렘 성문을 열어주고, 하나님의 법궤가 모셔진 지고한 하나님의 성전을 10여 명의 랍비가 모여 있는 초라한 회당과 맞바꾼 민족의 반역자라고 할 수 있습니다. 그러나 그는 이스라엘의 아버지로 추앙받고 있습니다. 거기에는 이유가 있습니다.

그로부터 1878년이 지난 1948년 중동 팔레스타인 지역에 한 국가가 세워집니다. 이스라엘입니다. 2천 년 가까운 세월 동안 지구상에서 사라진 나라와 민족은 셀 수 없이 많고, 유대인만큼 박해를 받은 민족이 없는데, 오직 이스라엘만 다시 세워졌습니다. 그뿐만이 아닙니다. 전 세계 인구의 0.2퍼센트에 불과한 그들이 노벨상 수상자의 30퍼센트를 배출하고 여러 분야에서 막강한 영향력을 행사하고 있습니다. 그 힘은 어디서 나온 것일까요?

전 세계로 흩어진 디아스포라 유대인들은 어디를 가나 회당을 세웠습니다. 그리고 그때 살아남은 랍비들과 그 제자들에 의해 여호와 하나님과 그분의 구원 역사와 신앙심이 자녀들에게 철저히 전수되어 오늘에 이른 것입니다.

오늘날 유대인들이 많은 문제를 일으키는 것도 사실이지만, 그들의 철저한 신앙 교육과 여호와 하나님과의 관계에서 정립된 확고한 자기 정체성은 우리들이 반드시 가르치고 배워야 합니다. 이것이 주님의 몸 된 교회의 핵심 사명입니다. 우리는 세상에 휘둘리지 않는 당당한 하나님의 자녀들이 되어야 할 것입니다.

예수님의 성전 정화

본문은 예수님께서 하나님 성전을 정화하신 내용입니다. 예수님의 성전 정화의 발단은 다음과 같이 기록되어 있습니다. "성전 안에서 소와 양과 비둘기 파는 사람들과 돈 바꾸는 사람들이 앉아 있는 것을 보시고"(요 2:14).

왜 성전 안에 동물을 파는 사람들과 돈 바꾸는 사람들이 있는 것일까요? 성전에서 하나님께 제사를 드려야 하기 때문입니다. 구약 제사는 대부분 동물을 태워서 드려야 했습니다. 그런데 먼 곳에서 오는 경우, 동물들을 데리고 오기가 여간 불편한 것이 아닙니다. 그래서 성전에 와서 동물을 사서 제사를 드렸습니다. 또한 이스라엘 성인이라면 매년 5세겔의 성전세를 내야 했는데 성전에서만 통용되는 돈을 따로 만들었습니다. 세상 돈은 더럽게 생각했기 때문입니다. 그래서 성전에 와서 성전 세겔로 환전해야 했습니다. 사람들의 편의를 위한 이 같은 일들은 전혀 이상할 것이 없습니다.

그럼에도 예수님은 채찍을 만들어 환전상의 테이블을 뒤집어엎고 동물들을 내쫓아버리며 외치셨습니다. "이곳은 만민이 기도하는 집이다. 내 아버지의 집을 장사하는 집으로 만들지 마라!" 더 심한 말씀도 하셨습니다. "강도의 소굴로 만들지 마라!" 이때처럼 예수님께서 화를 내신 적이 없습니다.

예수님께 결벽증이 있는 것일까요? 아닙니다. 예수님은 당시의 공공연한 비밀에 분노하신 것입니다.

하나님께 제사를 드리러 오는 사람들 중에는 집에서 기르던 동물을 가지고 오는 경우도 있었는데, 그때 제사장들은 여러 트집을 잡아 퇴짜를 놓았습니다. 그래서 어쩔 수 없이 성전에서 동물을 사야 했습니다. 그렇게 제사장들에게 가져다주면 그 동물을 다 죽이지 않고 뒤로 빼돌려 상인들에게 되팔아서 그 돈을 착복했습니다. 또한 성전 세겔로 환전할 때도 폭리를 취했습니다. 이것은 큰 이권이 되었고, 그 권리를 유지하기 위해 상인들은 제사장들에게 뇌물을 주었습니다. 그 사실을 누구나 다 알고 있지만 누구도 감히 예수님처럼 할 수 없었습니다.

예수님의 성전 정화 모습에 대해 성경은 이렇게 말합니다. "제자들이 성경 말씀에 주의 전을 사모하는 열심이 나를 삼키리라 한 것을 기억하더라"(요 2:17).

이 말씀은 시편 말씀을 인용한 것입니다. "내가 나의 형제에게는 객이 되고 나의 어머니의 자녀에게는 낯선 사람이 되었나이다. 주의 집을 위하는 열성이 나를 삼키고 주를 비방하는 비방이 내게 미쳤나이다"(시 69:8-9).

하나님을 너무나 사랑하고, 그래서 하나님의 성전을 너무나 아껴서, 가족들로부터는 왕따를 당하고 하나님에 대한 훼방은 자신이 대신 당하셨다는 것입니다. 하나님에 대한 예수님의 깊고 깊은 몰입, 하나님과 그분의 임재에 대한 간절한 열망을 말합니다.

우리는 왜 힘이 없는 것일까?

우리는 왜 흔들리는 것일까?

우리는 왜 외롭고 두려운 것일까?

우리는 왜 사악해지고 시시해지고 어리석어지는 것일까?

우리는 왜 분노하고 억울해하고 복수하려는 것일까?

우리는 왜 죄를 짓고 부패하는 것일까?

이 모든 것의 원인과 이유는 한 가지, 하나님을 향한 간절함과 열정이 나를 삼키지 못하기 때문입니다.

하나님의 사랑과 은혜, 하나님의 임재, 하나님과의 동행보다 더 소중한 것은 없습니다. 하나님의 성전을 주신 것도, 예수님께서 이 땅에 오신 것도, 교회를 주신 것도 모두 그 소중함을 회복하고 일깨우시기 위해서입니다.

하나님과 만나는 곳

예수님은 하나님의 성전을 '만민이 기도하는 집'이라 규정하셨습니다. 그래서 목사들은 웅장한 건물을 짓고 사람들을 밤낮으로 모아 부르짖어 기도하게 하면서, 하나님 보좌를 움직이라, 내 뜻을 관철시키라 독려합니다. 하지만 그 기도의 내용들은 대부분 자신의 이익 도모와 세력 확장에 관한 것입니다.

기도는 하나님과 연결되는 통로입니다. 그분과 교제하고 그분의 뜻을 묻고 내 뜻이 아닌 그분의 뜻을 이루기 위해 하나님께 위로와 능력과 지혜를 얻는 통로가 곧 기도입니다. 기도는 곧 하나님과의 동행입니다. 예수님께서 가르치신 주기도문을 상고하면 무엇을 구해야 하는지 금방 답이 나옵니다.

랍비 요하난 벤 자카이가 왜 화려한 하나님의 성전과 예루살렘 성을 내주고 한 줌의 랍비들과 허름한 회당을 지켜달라고 했는지 곰곰이 생각해보십시오.

회당은 유대인들이 모여 예배드리고 하나님의 말씀을 공부하고 자녀들을 신앙으로 교육하는 곳입니다. 그들의 신앙교육은 일방적 강의가 아니라 상호 토론 방식으로 이루어집니다.

하나님의 성전에는 대제사장과 제사장, 레위인, 율법사, 남자와 여자, 그리고 이방인들이 밟을 수 있는 장소가 엄격히 구별되어 있었습니다. 그러나 회당에서는 '누구나' 하나님의 말씀을 읽고, 받은바 하나님의 은혜를 나누고 공유하면서 예배드립니다. 여기에는 차별이 없습니다.

종교 지도자들은 하나님과 사람들의 사이를 자꾸 벌려놓지만, 예수님은 하나님과 사람들 사이를 가장 가깝게 만드셨습니다.

하나님과 직접 접속하라는 것입니다. 그분으로부터 은혜와 사랑과 능력을 받고 그분의 뜻대로 사는, 당당한 하나님의 자녀로 살라는 것입니다.

예수님께서 예루살렘 성전을 정화하신 이야기는 사복음서에 모두 기록되어 있는데, 사복음서를 서로 비교해보면, 마태·마가·누가복음과 요한복음이 차이가 있습니다.

이 요한복음 본문의 기록은 공생애를 시작하시면서 하신 것으로, 오직 요한복음에만 기록되어 있습니다. 다른 한 번은 공생애를 마치시면서, 십자가에 못 박히시기 불과 5일 전에 하셨습니다. 마태·마가·누가복음서에는 마지막 성전 정화 내용만 기록되어 있습니다. 이 사실은 너무나 중요합니다. 예수님은 하나님의 성전을 바로 세우기 위해서 이 땅에 오셨다는 뜻입니다.

이스라엘 백성들이 40년간 광야에서 생활할 때, 언제나 성막을 중심으로 열두 지파가 동서남북에 각 세 지파씩 진을 쳤습니다. 이 성막을 짓게 하신 하나님의 목적을 하나님께서 분명히 말씀하십니다. "거기서 내가 너와 만나고 … 내가 이스라엘 자손을 위하여 네게 명령할 모든 일을 네게 이르리라"(출 25:22). 성막의 가장 주된 목적은 '하나님의 임재와 인도하심'입니다. 즉, '하나님과의 동행'입니다.

광야에서의 이스라엘 백성은 성막에서 피어오른 구름이 떠나면 출발하고, 구름이 머물면 한 달이고 일 년이고 머물렀습니다. 그것이 광야에서의 삶이었습니다. 그들이 아침에 일어나 가장 먼저 하는 일은 성막을 바라보는 일입니다.

그것을 무시하고 "난 싫어. 여기에 머무를 거야. 이제 구름을 따라 움직이는 일에 지쳤어. 내 마음대로 할 거야" 하는 사람이 있다고 합시다. 이것은 하나님의 인도함을 거부한다는 말입니다. 그때부터 그 사람은 광야에서 홀로 악전고투하다가 죽는 수밖에 없습니다.

성막은 훗날 가나안 땅 정착 후 하나님의 성전이 되었습니다. 그런데 사람들은 하나님의 성전을, 하나님의 뜻을 묻고 하나님의 인도함을 구하는 대신 하나님의 복을 팔고 사는 쇼핑몰로 만들어버렸습니다.

3년 전 예수님께서 공생애를 시작하시면서 그런 하나님의 성전을 정화하셨건만, 그들은 전혀 변하지 않았습니다. 종교 지도자들은 군림하고 백성들은 맹종하며, 목자 잃은 양처럼 세상에 휘둘리며 살아갑니다. 오늘날도 별반 다르지 않습니다.

성전과 교회

예수님께서 말씀하십니다. "이 성전을 헐라. 내가 사흘 동안에 일으키리라." 사람들이 그 말에 이렇게 대답합니다. "이 성전은 사십육 년 동안에 지었거늘 네가 삼 일 동안에 일으키겠느냐?"

종교 장사꾼들은 예수님을 십자가에 달아버렸습니다. 그러나 예수님은 3일 만에 부활하셨고, 하나님의 성전은 로마군에 의해 파괴되었습니다.

그렇게 파괴된 하나님의 성전은 그 자리에 다시 건설할 수가 없습니다. 돈이 없어서가 아닙니다. 그 터에는 현재 이슬람 사원이 서 있기 때문입니다. 만약 그 자리에 하나님의 성전을 재건하려 한다면 10억 이슬람과 전쟁을 해야 합니다. 그렇게 되면 지구는 끝장입니다.

왜 하나님께서는 다시는 하나님의 성전을 재건하지 못하게 하셨을까요? 재건해봤자 악한 인간들은 다시 자신의 이득을 챙기는 '강도의 소굴'로 변질시키기 때문입니다.

예수님께서 하나님의 성전을 보시며 우셨습니다. 돈으로 살 수 없는 하나님의 은혜를 돈으로 바꾸는 세태를 탄식하신 것입니다. 어떤 경우에도 교회를 이득을 챙기는 곳으로 여겨서는 안 됩니다. 하나님의 성전마저도 무너지듯이 그 교회나 사람들도 무너집니다.

"내가 사흘 동안에 일으키리라"는 말씀은, 부활하신 예수님 자신이 하나님의 진정한 성전이라는 뜻입니다.

'하나님의 성전'을 승계한 것이 곧 '교회'입니다. 그래서 '주님의 몸' 된 교회라고 말합니다. 그런데 다시 건물을 세우고 세력을 확장하는 데 힘을 낭비하겠습니까? 아닙니다. 주님의 가르침과 마음과 정신과 영혼을 이어받고 살게 하는 곳, 예수님의 일을 하는 곳이 교회입니다.

그래서 사도 바울이 말합니다. "우리가 다 하나님의 아들을 믿는 것과 아는 일에 하나가 되어 온전한 사람을 이루어 그리스도의 장성한 분량이 충만한 데까지 이르리니 이는 우리가 이제부터 어린아이가 되지 아니하여 사람의 속임수와 간사한 유혹에 빠져 온갖 교훈의 풍조에 밀려 요동하지 않게 하려 함이라"(엡 4:13-14).

이어서 교회의 목표를 천명합니다. "오직 사랑 안에서 참된 것을 하여 범사에 그에게까지 자랄지라. 그는 머리니 곧 그리스도라"(엡 4:15).

예수님께서 말씀하십니다. "볼지어다. 내가 네 앞에 열린 문을 두었으되 능히 닫을 사람이 없으리라. 내가 네 행위를 아노니 네가 작은 능력을 가지고서도 내 말을 지키며 내 이름을 배반하지 아니하였도다"(계 3:8). 엄청난 말씀입니다.

하나님께서 모든 사람들 앞에 문을 활짝 열어두셨습니다. 그 문은 누구도 닫을 수 없습니다. 그 생명의 문으로 누가 들어갑니까? 능력이 큰 사람이 아닙니다. 보잘것없는 능력일지라도 하나님의 말씀을 지키며, 하나님의 이름을 배반하지 않는 사람입니다.

주를 향한 사랑이 나를 삼키는 사람이 되고, 우리 자녀들을 그렇게 가르쳐, 이 아름다운 세상 신나게 베풀며 살기를 바랍니다.

09
성령으로
거듭나지 아니하면

요 3:1-8

얼마 전 세 모녀가 스스로 목숨을 끊었다는 소식이 많은 사람들의 마음을 안타깝게 했습니다. 이웃에 무관심한 우리 자신의 냉담함에 놀라면서, 동시에 교회와 그리스도인으로서의 책임을 더더욱 느끼지 않을 수 없습니다. 눈을 더욱 크게 뜨고 주변의 어려운 사람들을 살펴보아야 합니다.

하지만 어려운 이들을 돕는 일을 할 때마다, 가난은 나라도 구할 수 없다고 하는데 우리가 그렇게 한다고 세상이 바뀌겠는가 하는 회의감을 떨칠 수 없는 것도 사실입니다. 그러나 하나님께서 우리더러 나라를 구하고 세상을 해방시키라고 하시는 것이 아닙니다.

예수님을 생각해보십시오. 사람대접도 못 받던 나사렛 출신 가난한 목수 청년으로서, 엄청난 난제가 산적한 시대 한가운데서, 자신이 해야 하고 또 할 수 있는 일을 해나갔을 뿐입니다. 묵묵히 자기 길을 가셨던 '뚜벅이' 예수님. 그분처럼 우리도 그렇게 하면 됩니다. 내가 먼저 하나님나라와 의를 구할 때 그 모든 것을 더하시는(마 6:33) 하나님께서 나와 세상을 완성하십니다.

그러기 위해서 우리가 해야 할 중요한 일이 있습니다. 그것은 내 삶을 규정하는 것이 무엇인지 찾아내는 일입니다. 나 자신과 주변 사람들을 보십시오. 자신이 처한 상황과 불행에 의해 자신의 삶이 규정되고, 거기서 벗어나지 못하는 경우가 너무나 많습니다.

사랑하는 가족들을 잃고 그 슬픔에 의해서 자신의 삶이 규정되고 평생을 '슬픈 사람'으로 살아갑니다. 가난에 의해 자신의 삶이 규정되고, 평생을 '가난한 사람'으로 살아갑니다. 과거의 아픔이 내 삶을 규정하고, 나는 평생을 '머뭇거리는 사람'으로 살아갑니다.

또한 그날그날 당한 일과 그 기분에 따라 하루가 규정되기도 합니다. 우울한 하루, 슬픈 하루, 억울한 하루, 지루한 하루 등등, 그렇게 규정된 나의 하루는 주변 사람들에게도 나쁜 영향을 끼치고 내 삶은 그렇게 흘러갑니다.

시편 기자가 묻습니다. "어찌하여 이방 나라들이 분노하며 민족들이 헛된 일을 꾸미는가"(시 2:1). 우리 모두는 이에 대답해야 합니다. 내가 무엇을 슬퍼하며 무엇에 낙담하며 무엇을 도모하고 있는가? 현재 행하고 있는 일로 그저 몇 푼의 돈을 추구하고 있는 것이 아닌가? 거울을 보듯 내 속내와 정직하게 마주보아야 합니다.

어떻게 해야 제대로 사는 것일까요? 그 해답을 시편 기자가 이어서 말합니다. "여호와를 경외함으로 섬기고 떨며 즐거워할지어다. … 여호와께 피하는 모든 사람은 다 복이 있도다"(시 2:11, 12).

여호와를 경외함이란, 여호와를 가장 사랑하면서 동시에 가장 두려워하는 마음입니다. 그 마음으로 자신의 삶을 규정하라는 것입니다. 내가 현재 이러고 있는 것을 하나님께서는 기뻐하실까 자문해보십시오. 금방 답이 나옵니다.

여호와께 피한다는 것은 여호와를 전적으로 믿고 그분께 모든 것을 맡기고 그분의 뜻을 행하는 것으로, 하나님에 의해 내 삶이 규정되도록 하겠다는 뜻입니다. 그렇게 하지 않는 사람은 시편의 경고처럼 '길에서 망하지만', 그렇게 하는 사람은 어떤 상황에서도 하나님의 복을 누립니다. 오직 여호와를 경외하며 그분께 맡기는 사람이 되십시오.

한밤중에 찾아온 남자

어느 날 밤 한 남자가 조용히 예수님을 찾아왔습니다. 그는 존경받는 바리새인이었으며, 요즈음의 국회의원에 해당되는 산헤드린 공회 의원이며, 귀족이자 부자였습니다.

그가 예수님께 인사를 드립니다. "랍비여, 우리가 당신은 하나님께로부터 오신 선생인 줄 아나이다"(요 3:2). 높은 신분이지만 나사렛 목수 출신 예수님께 진심으로 존경을 표했습니다.

그를 객관적으로 평가해봅시다. 니고데모는 어느 모로 보나 부족함이 없는 사람입니다. 그럼에도 예수님을 찾아 참 진리를 구한다는 것은, 달리 말하면 그는 자신의 지위와 신분, 학벌이나 부와 명예로 자신의 삶을 규정하지 않았다는 뜻이기도 합니다.

깊이 생각해보십시오. 허덕이며 사는 이유는 돈이 없기 때문이 아닙니다. 돈으로 자신의 삶을 규정하는 사람들은, 돈이 없으면 비참해지고 많으면 목에 힘이 들어갑니다. 누구를 만나도 이용 대상으로 보고 복음조차도 하나님의 복으로 포장해서 팔고 삽니다. 그 자체가 허덕이며 사는 것입니다.

니고데모는 그런 사람이 아닙니다. 예수님께서도 그의 진지한 중심을 보셨습니다. 예수님께서 말씀하셨습니다. "진실로 진실로 네게 이르노니 사람이 거듭나지 아니하면 하나님의 나라를 볼 수 없느니라"(요 3:3).

이런 대화를 나눌 수 있는 예수님이 계시다는 것 자체가 은혜 중의 은혜입니다.

'거듭난다'라는 말은 요즈음은 흔하지만, 예수님께서 이 말을 새로운 차원에서 처음으로 쓰셨습니다. 그래서 니고데모는 그 말뜻을 이해하지 못했습니다. "어른인 내가 다시 태어나야 한다고?" 다른 바리새인들은 말꼬투리를 잡거나 일고의 가치도 없다며 돌아섰을 것입니다. 그러나 니고데모는 달랐습니다. 그래서 다시 묻습니다. "사람이 늙으면 어떻게 날 수 있사옵나이까?"

그러자 예수님께서 말씀하십니다. "진실로 진실로 네게 이르노니 사람이 물과 성령으로 나지 아니하면 하나님의 나라에 들어갈 수 없느니라"(요 3:5). 이 대화는 그 어느 대화보다도 중요한 것입니다. 왜냐하면 하나님나라에 참예하는 길을 가르치시는 것이기 때문입니다.

그리스도인이라면 당연히 '물과 성령으로 거듭나야 하나님나라에 들어갈 수 있다'는 이 말씀을 심혈을 기울여 연구합니다. 그래서 "물로 거듭난다는 것은 세례를 받는 것이고, 성령을 받은 증거 중 가장 눈에 띄는 것은 '방언'이다. 이처럼 간단하고 확실한 구원 방법은 없다"는 결론을 내리고, 그렇게 열심히 훈련시키고 행합니다. 그리하여 세례 받고 방언이 터진 사람들은 '믿음의 종결자'인 양 행동하고, 방언을 받지 못한 사람들은 하나님으로부터 버림받았다고 낙담합니다.

여러분은 방언을 하십니까? 저는 못합니다. 그렇다면 하나님나라에 들어가지 못하는 것일까요? 절대로 그렇지 않습니다.

'거듭난다'는 예수님의 말씀에 무슨 심오한 종교적 의미가 있는 것이 아닙니다. 한마디로 말하면, '내가 원래부터 하나님의 자녀'라는 사실을 알라는 것입니다.

사도 바울이 말합니다. "성령이 친히 우리의 영과 더불어 우리가 하나님의 자녀인 것을 증언하시나니"(롬 8:16).

성령께서 태초부터 모든 사람들은 하나님의 자녀라는 메시지를 줄기차게 보내십니다. 이 영적 메시지를 받으셨습니까? 내가 하나님의 자녀라는 사실이 믿어지십니까? 믿어지면 이미 '성령세례'를 받으신 것입니다. '물세례'는 하나님의 자녀인 줄 모르고 살던 과거의 죄를 씻어주는 의식입니다. 이것이 바로 '물과 성령으로 거듭난다'는 것입니다.

예수님께서 말씀하십니다. "내가 땅의 일을 말하여도 너희가 믿지 아니하거든 하물며 하늘의 일을 말하면 어떻게 믿겠느냐"(요 3:12).

물과 성령으로 거듭난 하나님의 자녀들은 하늘의 일을 알아듣고 이해하며 땅의 일과 하늘의 일이 서로 연결되어 있음을 압니다. 그러므로 땅의 일에 일희일비하지 않습니다.

내 작은 이야기들은 하나님의 큰 이야기와 연결되어 있습니다. 내가 땅에서 겪고 있는 수많은 일들은, 어떻게 해야 할지 몰라 당황스러울지라도, 하늘 이야기와 연결되어 있습니다. 그러므로 가장 중요한 것은 내가 하나님의 자녀이며 하나님 아버지께서 합력하여 선을 이루신다는 믿음입니다.

마일스 스탠퍼드 박사는 그의 책《그리스도의 장성한 분량까지》(생명의말씀사, 1995)에서 '여김'의 중요성을 강조합니다. '여김'이란 '실제로 그렇게 생각하고 사실로 간주하는 것'을 말합니다. 사도 바울이 말합니다. "너희 자신을 죄에 대하여는 죽은 자요 그리스도 예수 안에서 하나님께 대하여는 살아 있는 자로 여길지어다"(롬 6:11).

우리들은 어떤 상황에 처해 있어도 언제나 '하나님께 대하여 살아 있는 자'들입니다. 그러므로 죽을 것 같지만 스스로를 산 자로 '여겨야' 합니다. 사는 것을 포기해서는 안 됩니다.

부모도 자식을 살리기 위해 최선을 다합니다. 하나님 아버지는 자녀인 우리들을 절대로 포기하지 않으십니다. 이 새로운 인식으로 내 삶을 다시 규정하라는 것입니다. 너무나 힘들어 포기하고 싶지만, 그렇게 '여겨보라는 것'입니다. 이것이 '거듭남'의 출발점입니다.

자라남

그렇게 하나님의 자녀로서의 삶을 시작했습니다. 그런데 하나님으로부터 속 시원한 도우심이 별로 없습니다. 그래서 하나님의 자녀라면서 하나님은 왜 도와주지 않느냐고 항의할 수 있습니다. 그러나 여기에 커다란 나의 문제가 도사리고 있습니다.

사도 베드로가 말합니다. "갓난아기들같이 순전하고 신령한 젖을 사모하라. 이는 그로 말미암아 너희로 구원에 이르도록 자라게 하려 함이라"(벧전 2:2). 이것은 신앙생활의 유아기를 말합니다. 그런데 언제나 젖만 먹어서는 안 됩니다. 빨리 유아기를 벗어나야 합니다.

히브리서 기자가 말합니다. "이는 젖을 먹는 자마다 어린아이니 의의 말씀을 경험하지 못한 자요 단단한 음식은 장성한 자의 것이니 그들은 지각을 사용함으로 연단을 받아 선악을 분별하는 자들이니라"(히 5:13-14).

자라나라는 것입니다. 아기 염소들처럼 젖만 달라고 찡찡대서는 안 되며, 그래서는 결코 의의 말씀을 경험하지 못합니다. '의의 말씀을 경험하지 못한다'는 것은 하나님의 능력을 체험하지 못하며 무한한 하나님의 신비 속으로 들어가지 못한다는 것입니다. 본토 친척 아비 집의 안녕만을 구하다가 하나님께서 지시하는 곳으로 가지 못한다는 것입니다.

단단한 식물이란 내가 당하고 있는 역경과 고난을 말합니다. 예수님께서 "자기 십자가를 지고 나를 따르라"고 하셨습니다. 이 단단한 식물이 곧 '내가 져야 할 십자가'입니다. 이 단단한 고난을 내가 씹어 삼켜 소화시키리라 결심하고 예수님을 따라나서야 합니다. 그렇게 가다 보면 고난이라는 단단한 음식이 먹을 수 있으며, 먹을 만하며, 마침내 내게 둘도 없는 보약임을 알게 됩니다.

니고데모는 이날 이후 달라집니다. 훗날 모든 불이익을 감내하며 대제사장과 바리새인들 앞에서 예수님을 변호하였고, 예수님께서 십자가에서 운명하신 후에는 아리마대 요셉과 함께 예수님을 장사지냈습니다. 그는 몰약과 침향을 섞은 것 100근을 가지고 왔는데, 이는 황제의 장례 때나 사용하는 양입니다. 그에게 예수님은 영원한 주인이시며, 구원의 왕이셨습니다.

지극히 사적인 이런 이야기가 요한복음에 기록된 것은, 니고데모가 초대교회의 일원이었다는 증거입니다. 당시 유대교를 버린다는 것은 모든 기득권을 포기하고 목숨을 담보해야 하는 일입니다. 그 일을 감수한 니고데모는 당연히 예수님의 부활과 하나님의 영광에 참여하였습니다.

힘겨운 노동에 하루 두 끼로 연명하던 사람들도 "그러므로 염려하여 이르기를 무엇을 먹을까 무엇을 마실까 무엇을 입을까 하지 말라. 이는 다 이방인들이 구하는 것이라. 너희 하늘 아버지께서 이 모든 것이 너희에게 있어야 할 줄을 아시느니라"(마 6:31-32)라는 예수님의 말씀을 듣고 믿었습니다. 그리고 하나님의 신비와 은혜를 누리고 베풀며 살았습니다.

어떤 경우에도 낙담하지 마십시오. 절대로 죽지 마십시오. 우리들은 태초부터 하나님의 자녀들입니다. 하나님을 믿고 푯대를 향하여 줄기차게 나아가십시오. 우리를 위해 하나님께서 길을 활짝 열어놓으셨습니다.

맘몬 신에 의해 휘둘리는 피곤한 삶을 청산하십시오. 가난으로도 기꺼이 들어갈 수 있는 당당한 하나님의 자녀가 되십시오.

10
빛을 향해 가는 사람들

요 3:16-21

1961년에 태어난 지현곤 씨는, 경남 창원시 월영동 옥탑방에서 50년째 누워서 살고 있습니다. 초등학교 1학년 때 척추 결핵을 앓아, 하체의 뼈와 살이 말라붙어 마치 고치 속에 갇힌 듯 이불 속에서 그 긴 세월을 산 것입니다. 지현곤 씨의 세상 구경과 학교 공부는 초등학교 1학년 때 당시 마산 결핵병원을 퇴원하면서 마산 시내를 한 바퀴 돈 것으로 끝이 났습니다.

  동생이 빌려 온 만화책으로 한글을 깨우친 그는, 만화를 베껴서 그리다가 스스로 만화를 그리게 되었습니다. 수많은 점들과 짧은 선들을 꼼꼼하게 찍고 그으며 그린 그의 만화에는 깊은 통찰과 풍부한 유머, 무엇보다도 소망의 메시지가 담겨 있는데, 그는 만화의 많은 소재를 성경에서 찾습니다.

  첫 전시회가 열렸을 때, 전문가들마저 찬사와 감탄을 그치지 못했고, 그의 작품들은 뉴욕 아트게이트 갤러리의 초청을 받았습니다. 한국 만화가로서는 처음입니다.

50년을 애벌레처럼 기고 번데기처럼 살던 그가 나비가 되어 날아오른 것입니다. 그가 말합니다. "운명에 대한 분노도 힘 있는 사람들이 하는 거라 생각해요. 그리고 분노를 표출하는 것도 결국 성숙하지 못하기 때문이라고 생각해요."

하늘의 것을 땅의 것으로 만드는 재주

우리는 너무 많이 가져서 인생에 분노하는 것일까요? 너무 많은 가능성으로 인해 삶을 원망하는 것일까요?

이 설교의 제목이 '빛을 향해 가는 사람들'입니다. 그런데 빛을 보아야 빛을 향해 갈 수 있습니다. 사도 요한은 그 빛은 예수님이며, 예수님 안에 생명이 있다고 강조합니다. 그런데 그 빛을 차단하는 것들이 내 안에 너무나 많습니다. 먼저 그 빛을 차단하는 것들이 무엇인지 분명히 알아야 합니다.

예수님께서 니고데모에게 이런 말씀을 하십니다. "내가 땅의 일을 말하여도 너희가 믿지 아니하거든 하물며 하늘 일을 말하면 어떻게 믿겠느냐?"(요 3:12)

이 말씀은 우리 모두에게 하시는 말씀이기도 합니다. 우리 사람들에게는 비상한 재주가 하나 있습니다. 하늘의 것을 땅의 것으로 만드는 재주입니다.

영국의 일간신문 〈텔레그래프〉가 너무나 기가 막힌 사실을 보도했습니다. 23세의 수피아 유소프는 생후 14개월에 알파벳을 깨치고 3세 때 영어로 읽고 쓰고 4세 때 그 어려운 히브리어를 마스터하고 13세에 세계적인 명문 옥스퍼드 대학에 진학했습니다. 그런 그녀가 맨체스터 샐퍼드의 한 아파트에서 발견되었는데, 그녀의 직업은 어처구니없게도 거리의 여자였습니다. 도대체 어떻게 그런 일이 생겼을까요?

그녀가 가족들에게 보낸 이메일에서 그 원인을 알 수 있습니다. 성공에 대해 병적으로 집착한 아버지가 자신의 삶을 지옥으로 만들었다며 "15년 동안 정신적으로 육체적으로 괴롭혔다"고 주장했습니다. 누구에게 책임이 있느냐는 중요하지 않습니다. 하나님께서 주신 최고의 재능을 가장 누추한 땅의 것으로 만들었습니다.

성경은 하늘 이야기를 우리가 읽을 수 있는 땅의 글씨로 기록한 것입니다. 이것이 은혜 중의 은혜입니다. 특별히 요한복음은 깊은 하늘 이야기를 담고 있습니다. 그런데 요한복음을 읽다 보면, 예수님께서는 하늘의 이야기를 하시고, 사람들은 땅의 이야기로 받아들이는 것을 볼 수 있습니다.

자본주의를 사는 오늘날에는 더 심해졌습니다. 사람들은 하나님의 복을 찾아 교회로 모여들고, 목사들은 열심히 하늘 이야기 성경을 읽으며 땅에서 복 받는 비결을 찾아냅니다. 그리고 그 비결대로 하면 땅의 복을 누리며 잘 먹고 잘산다고 외칩니다. 그러나 그 결과는 참담합니다. 애벌레 같던 지현곤 씨는 아름다운 나비가 되어 세상에 웃음과 소망을 나누어주는데, 아름다운 나비가 되어야 할 하나님의 자녀들이 땅의 성공을 찾아 헤매는 애벌레로 땅을 열심히 기고 있습니다.

예수님을 찾아온 부자

기복신앙은 생명의 빛을 차단하는 가장 나쁜 것 중 하나입니다.

예수님을 찾았던 부자가 니고데모 외에도 한 사람이 더 있었습니다. 이 청년 역시 십계명을 잘 지키며 열심히 신앙생활을 했는데, 소유를 팔아 가난한 자들에게 주고 나를 좇으라는 예수님의 말씀에 돌아서고 말았습니다. 청년에 대해 성경은, "그 청년이 재물이 많으므로 이 말씀을 듣고 근심하며 가니라"(마 19:22)라고 하였습니다.

솔로몬이 잠언을 통해 말합니다. "부자 되기에 애쓰지 말고 네 사사로운 지혜를 버릴지어다. 네가 어찌 허무한 것에 주목하겠느냐. 정녕히 재물은 스스로 날개를 내어 하늘을 나는 독수리처럼 날아가리라"(잠 23:4-5).

가난하게 살라는 뜻이 아닙니다. 돈은 허무한 것이며, 이 허무한 것들은 좇는다고 얻을 수 있는 것이 아니라는 뜻입니다. 돈과 같은 허무한 것이 아닌, 진짜 빛을 좇으라는 것입니다.

하나님의 복을 바라며 율법을 열심히 지키는 바리새인들은 한마디로 '돈을 좋아하는 자'(눅 16:14)들로 묘사되며, 예수님은 이들이 '그 안에는 탐욕과 방탕으로 가득'(마 23:25)하다고 하셨습니다. 종교생활을 열심히 하여 하나님의 복을 듬뿍 받겠다는 기복신앙을 통렬히 질타하신 것입니다.

성공에 대한 강박증과 보상심리 또한 생명의 빛을 차단하는 정말 나쁜 것입니다. 그것이 하늘 이야기를 땅의 이야기로, 기독교를 천박한 무당종교로, 하나님의 자녀를 맘몬의 노예로 만들었음을 잊어서는 안 됩니다.

삼위일체 하나님이신 예수님께서 하늘 이야기를 들려주시는 것 자체가 은혜 중의 은혜입니다. 참 진리를 구하는 니고데모에게 예수님께서 최고의 하늘 이야기를 들려주십니다. "하나님이 세상을 이처럼 사랑하사 독생자를 주셨으니 이는 그를 믿는 자마다 멸망하지 않고 영생을 얻게 하려 하심이라"(요 3:16).

하나님이 살아 계십니다. 그분은 온 우주만물을 창조하시고 운행하십니다. 비가 오든 바람이 불든, 모두 하나님께서 행하시는 것입니다. 우리가 숨을 쉬는 것, 겨울이 가고 봄이 오는 것, 이 모든 것이 '사랑의 하나님이 우리를 위해 행하시는 하늘의 일'입니다.

앞에서도 말씀드렸지만, 내가 겪고 있는 땅의 일은 하늘 이야기와 연결되어 있습니다. 사랑의 하나님께서 나를 위해 왜 이런 일을 하셨는지 헤아릴 때 사랑의 하나님께서 생명의 빛을 비춰주십니다.

세상 사람들은 하늘 일을 땅의 일로 전락시키지만, 하나님의 자녀들은 땅의 일을 하늘 일로 승화시킵니다.

하늘의 일로 바라보기

이스라엘이 바벨론에 포로로 붙잡혀 갔을 때 일입니다. 에스더가 바벨론의 왕비가 되었습니다. 땅의 일로 보면 에스더는 더 바랄 것이 없습니다. 그런데 모르드개가 바벨론의 왕비가 된 조카 에스더에게 말합니다. "네가 왕후의 자리를 얻은 것이 이때를 위함이 아닌지 누가 알겠느냐?"(에 4:14) 왕궁에서 호사를 누리던 에스더가 그 말에 정신이 번쩍 들었습니다. 눈을 들어 하늘의 일을 본 것입니다.

다윗이 충신 우리아의 아내 밧세바를 취하고, 우리아를 사지로 몰아 죽게 합니다. 땅의 일 가운데 가장 추악한 일입니다. 그러자 나단 선지자가 다윗의 죄를 고발합니다. 다윗은 즉시 자신의 죄를 인지하고 회개하고, 하나님을 향해 전심을 다해 섰습니다. 눈을 들어 하늘의 일을 본 것입니다. 훗날 그들 사이에 지혜의 왕 솔로몬이 태어납니다.

가장 추악한 땅에서도 하나님을 향해 섰을 때 다윗이 살았는데, 가장 크고 중요한 일, 사랑의 하나님께서 보내주신 예수님을 본다면 당연히 그 사람은 살아납니다.

내 뜻대로 살았습니다. 그러다가 인생의 브레이크가 강하게 걸렸습니다. 병일 수도 있고 불의의 사고일 수도 있습니다. 재수가 없어서가 아닙니다. 하나님께서 사랑하는 우리의 발걸음을 멈추게 하시고 하늘 일을 보게 하시려는 것입니다.

내게 일어나는 모든 일들을 하늘의 일로, 하나님의 사건으로 전환시켜야 합니다. 구약 시대에는 솔로몬이 그 방법을 가르쳐줍니다. "형통한 날에는 기뻐하고 곤고한 날에는 되돌아보아라"(전 7:14).

삶이 형통합니다. 기뻐하라는 것은 하나님께 감사하라는 것입니다. 삶이 어렵습니다. '되돌아보라'로 번역된 히브리어 '라아'는 잘 살펴서 판단하라는 뜻입니다. 하나님께서 고난을 통하여 내게 무엇을 말씀하시는지 살피라는 뜻입니다. 고난을 하늘 일로 알아듣는 것입니다. 이것이 사랑의 하나님께 대한 올바른 반응입니다.

내게 일어나는 모든 일을 하늘의 일로, 하나님 사건으로 전환시키는 길을 예수님께서 온몸으로 가르쳐주십니다. '그를 믿는 자마다 멸망하지 않고 영생을 얻게 하려 하심'입니다. 예수님을 믿을 때 어떤 상황에서도 멸망하지 않습니다.

믿음은 '동의한다'는 뜻입니다. 예수님께서 중요하게 여기시는 것을 나 또한 중요하게 여기는 것이 바로 믿음입니다. 예수님께서 그렇다고 하시면 나도 그렇게 생각합니다. 돈이 일만 악의 근원이라 하시면 나도 그렇게 여기고, 악을 악으로 갚지 말라 하시면 나도 이를 악물고 그렇게 하지 않으려고 애를 씁니다. 교만하지 말라 하시면 교만하지 않으려 애를 쓰고, 사람으로부터 영광을 구하지 말라 하시면, 사람에게서 영광을 구해온 나의 잘못을 인정하고 그렇게 하려고 애를 쓰는 것이 바로 믿음입니다.

어둠에서 빛으로

사도 요한이 너무나 중요한 말을 합니다. "그를 믿는 자는 심판을 받지 아니하는 것이요 믿지 아니하는 자는 하나님의 독생자의 이름을 믿지 아니하므로 벌써 심판을 받은 것이니라"(요 3:18).

그렇게 생각하지 않는 것, 예수님의 가르침에 동의하지 않는 것 자체가 바로 심판입니다. 심판에는 정죄가 따릅니다. 그 정죄가 19절에 기록되어 있습니다. "그 정죄는 이것이니 곧 빛이 세상에 왔으되 사람들이 자기 행위가 악하므로 빛보다 어둠을 더 사랑한 것이니라."

사람들은 어려운 일을 당하면 정죄를 받는다고 생각합니다. 그러나 아닙니다. 아무리 형통한 것처럼 보여도, 그 마음에 예수님이 없다면 이미 심판을 받고 벌을 받고 있다는 것입니다. 반대로 고난 가운데서도 내 안에 예수님이 계시다면, 그래서 그분이라면 어떻게 하실까 기도하고 묵상한다면 반드시 살길이 보입니다.

요즈음 세상 살기 어렵다고 어둠 속으로 숨는 사람들이 점점 많아지고 있습니다. 우울한 어둠에 자신을 방치하는 사람들입니다. 어둠에 은둔하는 사람들은 남들에게 해를 끼치지도 않고, 감옥에 가지도 않습니다. 그러나 그것은 스스로를 저주 가운데 방치하는 것임을 명심해야 합니다.

심방은 하나님 대신 찾아가서 그 사람의 이야기를 듣는 것입니다. 심방 중에 그런 사람들을 만나면 마음이 미어집니다. 사랑하는 자녀가 어둠 속에 은둔하고 있다면 부모의 마음은 미어집니다. 새까맣게 타는 하나님의 심정을 헤아려보십시오.

C. S. 루이스가 말합니다. "천국은 하나님께서 주신 인간의 가능성이 점점 극대화되는 곳이며, 지옥은 그 가능성이 점점 고갈되는 곳입니다." 이 말은, "양으로 생명을 얻게 하고 더 풍성히 얻게 하려는 것이라"(요 10:10)는 예수님의 말씀의 다른 표현입니다. 그러므로 나의 생각과 내가 행하는 일들이 내 가능성을 확대시키는지 여부를 늘 살펴야 합니다. 만약 고갈시킨다면 그 일을 즉각 멈춰야 합니다.

사탄은 어둠의 영입니다. 스스로 어둠으로 숨어드는 은둔도 사탄의 속삭임에 따른 것입니다. 욕심이 자라나 나로 하여금 죄를 짓게 만들고, 자신의 행위가 드러날까 어둠 속으로 숨게 만드는 것만큼이나 나쁜 것입니다. 어둠 속으로 숨어들수록 하나님께서 주신 내 가능성이 점점 고갈되기 때문입니다. 그런 동일한 현상이 자신과 사람들을 율법의 감옥에 가두었던 바리새인들과 기복신앙을 조장하며 하나님의 자녀들을 교회와 목사의 하수로 전락시키는 종교 지도자들 가운데 현저히 나타납니다.

어둠의 세력을 물리치는 유일한 길은 오직 삼위일체 하나님을 가장 사랑하는 것입니다. 눈으로 볼 수 없는 하나님을 사랑할 수 없습니까?

간절한 마음으로 기도하십시오. 하나님을 가장 사랑하는 마음을 간구하십시오. 사랑의 시작은 내 마음을 그 대상에게 주는 것입니다. 집중시키는 것입니다.

말라기 선지자가 외칩니다. "내 이름을 경외하는 너희에게는 공의로운 해가 떠올라서 치료하는 광선을 비추리니 너희가 나가서 외양간에서 나온 송아지같이 뛰리라"(말 4:2).

11
예수는 흥하고 나는 쇠하고

요 3:22-30

세례 요한은 당시 최고의 선지자였습니다. 그의 말씀을 들으려고 사람들이 구름처럼 몰려들었고, 수많은 제자들이 그를 따랐습니다. 헤롯 왕조차도 두려워할 정도로 세례 요한의 영향력은 대단했습니다.

어느 날, 제자들이 스승 세례 요한에게 아룁니다. "랍비여, 선생님과 함께 요단 강 저편에 있던 이, 곧 선생님이 증언하시던 이가 세례를 베풀매 사람이 다 그에게로 가더이다." 세례 요한을 찾던 그 많은 사람들이 예수님께로 간다는 말입니다.

그러자 세례 요한이 말합니다. "만일 하늘에서 주신 바 아니면 사람이 아무것도 받을 수 없느니라." 다 하나님께서 하시는 일이라는 것입니다. 이어서 말합니다. "내가 말한 바, 그리스도가 아니요 그의 앞에 보내심을 받은 자라고 한 것을 증언할 자는 너희니라." 자기 제자들더러, 자신이 아니라 그분이 참 구원자임을 증언하라는 것입니다.

예를 들어, 설교가 좋다고 어떤 목사님에게 많은 사람들이 몰려들었다고 해봅시다. 그러다가 그 사람들이 다른 목사님에게 몰려갑니다. 그러자 그 목사님이 "저 목사님이 정말 훌륭한 분이니 모두 그분에게 가시오" 하고 자기 교회 교인들을 보내는 것과 같습니다.

세례 요한은 한발 더 나갑니다. "신부를 취하는 자는 신랑이나 서서 신랑의 음성을 듣는 친구가 크게 기뻐하나니 나는 이러한 기쁨으로 충만하였노라"(요 3:29). 진짜를 알아보는 사람들이 자신을 떠나 예수님께로 몰려가는 것을 보고 자신은 오히려 기쁘다는 것입니다.

세례 요한의 발걸음은 여기서도 멈출 기미가 없습니다. 결정적 선언을 합니다. "그는 흥하여야 하겠고, 나는 쇠하여야 하리라"(요 3:30). 이 말에 벌어진 입을 다물 수가 없습니다. 어떻게 이럴 수 있는 것일까요? 세례 요한은 정말 예수님의 말씀대로 여자의 몸에서 난 자 중에 가장 큰 사람입니다.

그런데 깊이 생각해보면 진짜를 알아보는 세례 요한의 안목과 '그는 흥하여야 하겠고 나는 쇠하여야 하리라' 하는 태도가 진정한 생명의 길, 살길입니다.

그러나 모든 사람들은 그 반대로 생각합니다. "나는 살아야 하고 너는 죽어야 한다." 남이야 죽든 말든 나만 살면 됩니다. 그런 생각이 만연한 세상에서 우리가 수많은 분쟁과 불행과 슬픔과 억울함에 둘러싸여 있는 것은 당연한 것일지 모릅니다. 그 결과는 모두의 공멸입니다.

이웃을 살리는 일

세계적인 기업 듀폰이나 제너럴일렉트릭에서 임원들을 뽑을 때 가장 먼저 보는 것이 있습니다. 그 사람으로 인하여 부하들이 발전하였는가 하는 점입니다. 아무리 능력이 뛰어나더라도 남을 짓밟는 사람은 절대로 임원으로 승진할 수 없습니다. 부하를 발전시키는 사람들이 회사를 움직이자 회사가 일취월장하였고, 이제는 다른 여러 기업에서도 이 점을 반드시 체크하게 되었습니다.

하나님께서 우리를 하나님의 형상으로 지으시고 복을 주시며 하신 말씀, "생육하고 번성하여 땅에 충만하라. … 모든 생물을 다스리라"(창 1:28)에서 '다스리다'에 해당하는 히브리어 '라다'의 뜻은 '돌보다', '살게 하다'입니다. 생육과 번성에 초점을 맞춘 말씀이 아닙니다. 남들을 돌보고 살게 할 때 자연히 생육하고 번성하게 된다는 말씀입니다.

마음에 새깁시다. 남을 살리는 것이 가장 기본적인 삶의 목적이며, 여기에 인생의 포커스를 맞추면 자연히 하나님의 복이 임합니다. 그럴 여유가 없습니까? 아니, 큰맘 먹고 하나님의 약속을 믿고 한번 해보기로 합시다. 놀랍고 신기한 일들이 일어납니다.

스물아홉 살의 영국 청년 던컨 구스는 1998년 직장을 그만두고 더 넓은 세상을 보기 위해 2년 동안 모터사이클을 타고 전 세계를 여행했습니다. 많은 가난한 사람들을 만나면서 마음이 아팠습니다. 특히 1년에 1억 명 이상이, 마실 깨끗한 물이 없어서 죽는다는 것을 알게 되었고, 세상 사람 모두 깨끗한 물을 마시면 좋겠다는 생각 하나로 귀국 후 생수 사업을 시작하였습니다. '원 워터(One Water)'는 그렇게 탄생하였습니다. 아이디어는 간단합니다. 선진국 사람들에게 원 워터라는 생수를 팔아 얻은 이익금을 아프리카 식수 사업에 쓰는 것입니다. 단순하지만 강렬한 메시지에 많은 사람들이 동참했고, 수익금이 매년 증가해 2008년에는 아프리카에 900개가 넘는 펌프를 설치했습니다. 이 사업은 계속 확장되었습니다. '원 에그(One Egg)' 계란을 팔아 그 수익금으로

농장을 만들어주고, '원 티슈(One Tissue)' 휴지를 팔아 화장실을 지어주고, 반창고 밴드 수익금으로 병원과 구급차를 마련해주었습니다. 그렇게 던컨은 영국의 착한 자본주의를 대변하는 인물이 되었습니다.

남들을 어떻게 도우며 살릴까 하는 그 마음이 하나님 아버지의 마음과 합한 사람이 되게 합니다. 그리고 그 마음에 하나님의 섭리와 지혜와 능력이 임해 그 사람의 삶이 복된 것이 됩니다.

자신의 이득만을 챙기는 세상을 사느라 너나없이 지쳐버렸습니다. 만물을 새롭게 하시는 하나님께서 하나님을 목숨처럼 사랑하고 이웃을 내 몸과 같이 사랑하는 사람들의 시대를 열고 계십니다. 20세기의 멘토로 칭송받는 피터 드러커가 앞으로의 기업은 NGO처럼 운영되리라 예언하였습니다. 1퍼센트를 위했던 과거는 저물고 바야흐로 99퍼센트를 위한 세상이 열리고 있습니다. 동트기 직전이 가장 어둡습니다. 요즈음의 불행들이 어둠의 마지막 몸부림입니다.

특히 청년들에게 당부합니다. 마음을 크게, 생각을 원대하게 가져서, 하나님께 영감과 지혜와 능력을 구하고 이웃을 살리는 일에 집중하십시오.

나를 섬기려면 나를 따르라

'나는 죽고 예수님이 살아야 한다'는 세례 요한의 생각은 오늘날 교회에서도 많이 강조하는 것입니다. 그런데 여기에서 많은 사람들이 그것이 잘못인지도 모른 채 큰 잘못을 행하고 있습니다. 예수님을 그저 경배의 대상으로 만들어 십자가 앞에 모여 예배와 찬양을 올리는 것이 나

죽고 예수님을 살리는 것이라 생각하는 것입니다. 심하게 말하자면, "존 귀하신 예수님 당신께 예배합니다!" "왕이신 예수님 여기 이곳에 임하소서!" 소리 높여 찬양하고는, "이제 제가 할 일은 다 했으니 나머지는 예수님이 알아서 하세요" 하고 돌아섭니다. 다음에도, 다음에도 그렇게 하고는 끝냅니다. 그러나 그래서는 절대로 안 됩니다.

예수님께서 친히 말씀하셨습니다. "나를 섬기려면 나를 따르라"(요 12:26). 너무나 간결하고 강렬한 명령입니다.

예수님은 눈에 보이지 않는 하나님 아버지를 어떻게 섬겨야 하는지 가르치러 이 땅에 오셨습니다. 그러므로 예수님을 경배와 섬김의 대상으로만 생각하는 것처럼 큰 오해는 없습니다. 예수님께서 분명히 말씀하셨습니다. "인자가 온 것은 섬김을 받으려 함이 아니라 도리어 섬기려 하고 자기 목숨을 많은 사람의 대속물로 주려 함이니라"(마 20:28). 그리고 말씀하십니다. "나를 따르라!"

예수님을 따른다는 것은, 예수님을 믿고 신뢰하여 자신의 모든 것을 맡기고 그분을 배우고 그분처럼 생각하고, 행동하고 그분처럼 사는 것입니다. 그래서 사도 바울이 단호히 선언합니다. "내가 그리스도와 함께 십자가에 못 박혔나니 그런즉 이제는 내가 사는 것이 아니요 오직 내 안에 그리스도께서 사시는 것이라. 이제 내가 육체 가운데 사는 것은 나를 사랑하사 나를 위하여 자기 자신을 버리신 하나님의 아들을 믿는 믿음 안에서 사는 것이라"(갈 2:20).

나는 쇠하고 예수님은 흥하여야 한다는 것은, 나를 그리스도와 함께 십자가에서 죽이고 내 안에서 그리스도께서 살게 하는 것입니다. 내가 작은 예수가 되는 것입니다.

"좋은 책이란, 우리에게 무엇을 주는 것이 아니라, 무엇을 앗아 가야 한다. 우리가 확신하는 어떤 것을." 얀 그레스호프라는 사람이 한 말입니다.

독서를 하는 이유는 무엇인가 얻기 위해서입니다. 그런데 정말 좋은 책은 평소 생각해왔던 것들을 무너뜨리고 새로운 세계로 인도하는 책입니다. 성경이 그런 책이며, 예수님의 가르침이 바로 그런 것입니다. 내 생각, 내 가치관, 내 인생관을 무너뜨리고 예수님의 생각, 예수님의 인생관으로 바꾸는 것입니다. 내가 작은 예수로 살도록 하는 것입니다.

어렵습니까? 어려울 수도 있지만 한번 시도해봅시다. 어떤 문제에 부딪혔다면, 당황하지 말고 마음을 가라앉히고 예수님이라면 어떻게 하셨을까 생각해보는 것입니다. 걱정 근심을 일단 내려놓고 진지하게 생각해보십시오. 반드시 옳은 결정을 내릴 수 있습니다. 그러고는 어렵더라도 그렇게 해보는 것입니다. 놀랍게도 길이 열리기 시작하는 것을 보게 될 것입니다.

하나님의 리더 육성 6단계

어떤 분이 물었습니다. "하나님이 목적이고 자신의 꿈이 수단이 되어야 하는데, 그것을 청년들에게 어떻게 가르치죠?"

풀러 신학교 교수인 로버트 클린턴은 《영적 지도자 만들기》(베다니출판사, 2014)라는 책에서, 하나님께서 리더를 키우는 과정을 6단계 모델로 설명하는데, 이것이 답이 될 수 있을 것입니다.

첫 번째 단계는 '주권적 기초 단계'입니다. 여기에는 태어나면서 결정되는 것들이 들어갑니다. 출생 순서, 부모의 사랑과 관심 정도, 빈부 조건, 건강상태 등, 자신이 통제할 수 없는 요인들입니다. 그런데 대부분의 사람들의 인생은 이런 것에 좌우됩니다. "나는 가난한 집안 출신이야." "우리 부모는 별로 좋은 분들이 아니었어." "나는 어릴 때부터 몸이 약하고, 머리가 좋지 않았어." 이렇게 한탄하면서 살아갈 뿐입니다. 그러나 여기서 벗어나 다음 단계로 진입해야만 합니다.

두 번째 단계는 '내면생활 성장 단계'입니다. 영적 생활과 성품이 계발되는 이 두 번째 단계는, 예수 그리스도를 나의 주인으로 모시는 시기, 성령께서 이루시는 시기입니다. 성령의 이끌림을 받아 예수 그리스도를 닮아가기 시작하고, 운명의 장난에 끌려 다니는 것을 비로소 청산하게 됩니다.

세 번째 단계는 '사역의 성숙 단계'입니다. 영적 리더십을 위해 여러 가지 시도를 하는 단계입니다. 예를 들어, 사업하는 사람이라면 경험에 의존하여 운영하던 그동안의 방식을 청산하고 예수님의 방법으로 사업을 운영해나갑니다. 처음에는 많은 실패와 좌절을 겪습니다. 그러는 동안 자신의 특성과 장단점을 구체적으로 파악하기 시작하고, 자기 자신을 정확히 이해하게 됩니다.

네 번째 단계는 '삶의 성숙 단계'로, 자신의 장점에 주력하면서 최고의 역량을 발휘할 수 있는 기회를 찾는 시기입니다. 그동안은 하나님께서 '그 사람 안에서' 역사하셨다면, 이제 '그 사람을 통하여' 일하기 시작하십니다.

다섯 번째 단계는 '수렴 단계'입니다. 하나님께서 키워주신 역량을 최고로, 제대로 발휘하는 단계입니다. 가장 활발하게 일하며, 인생이 꽃피는 시기입니다.

마지막 단계는 '축하 단계'입니다. 하나님께서 자기 안에, 또 자신을 통하여 이루신 일을 축하하면서, 하나님의 영광을 보고 사람들의 존경을 받으며 사는 인생의 마무리 시기입니다.

진정한 하나님의 리더로 키우시기 위해 하나님께서는 여러 가지로 나를 연단하십니다. 역경과 고난은 하나님의 연단의 과정입니다. 그 과정이 없이는 제대로 인생을 살 수 없습니다. 서로 격려하며 기쁘게 감당하기로 합시다.

하나님께서 말씀하십니다. "보라, 내가 너를 연단하였으나 은처럼 하지 아니하고 너를 고난의 풀무 불에서 택하였노라. 나는 나를 위하며 나를 위하여 이를 이룰 것이라. 어찌 내 이름을 욕되게 하리요. 내 영광을 다른 자에게 주지 아니하리라"(사 48:10-11).

하나님은 우리를 하나님의 자랑스러운 자녀, 당당한 리더로 세우시기 위해 연단하십니다. 하나님의 영광을 위하여 그 일을 하시겠다고 그분의 이름을 걸고 맹세하십니다.

12
수가 성 우물가에서

요 4:5-24

"버려진 섬마다 꽃이 피었다."

작가 김훈이 이순신 장군의 말년을 그린 《칼의 노래》(문학동네, 2012)의 첫 구절입니다. 무심히 넘길 수 있는 이 구절이 몇 주 동안이나 제 뇌리를 떠나지 않고 맴돌았습니다.

일제의 암울한 시대를 아파했던 시인 이상화는 "빼앗긴 들에도 봄은 오는가?"라는 절망적인 질문을 던졌습니다. 요즈음 온 국민들의 마음에 깊은 슬픔과 절망감과 무기력이 깊게 드리워 있습니다. 그래서 저마다 고개를 떨군 채 어느 해보다 아름다웠던 봄을 보지 못했습니다. 그랬습니다. 그래서 "버려진 섬마다 꽃이 피었다"라는 구절이 자꾸 되뇌어졌던 것입니다. 그러나 아무리 참담한 상태에서도 하나님께서는 우리들에게 봄을 보내시고 꽃을 피우십니다.

버림받은 여인

본문에서 우리는 참담을 넘은 체념 상태에서 어쩌지 못하는 삶을 이어가는 한 여인을 만납니다. 남편이 다섯이나 있었으나 지금은 남편 아닌 사람과 살고 있다는 말은, 흔히 말하듯 남편을 다섯이나 잡아먹었건 다섯 남편에게 버림을 받았건, 그 여인의 삶이 얼마나 기구한 것인지 웅변합니다.

이 여인은 사마리아 땅에서 살았습니다. 사마리아는 버림받은 저주의 땅입니다. 이스라엘은 하나님의 선민으로서 혈통을 목숨처럼 지키는 민족입니다. 그런데 이스라엘이 남북으로 분단되고, 북왕국 이스라엘이 역사상 가장 포악한 족속 앗수르에게 무참히 유린당하면서 이방인의 피가 섞이자 남왕국 유다로부터 개 취급을 당하였습니다. 자신의 몸속에 흐르는 이방인의 피가 무엇을 의미하는지 너무나 잘 아는 북왕국 이스라엘도 그 차별과 수모를 고스란히 받아들였습니다. 그것은 곧 하나님의 폐기임을 자타가 공인하는 것이기 때문입니다. 사마리아는 그렇게 하나님으로부터도 버림받았다고 자인하는 땅입니다.

그래서 여인은 물을 달라는 예수님에게 "당신은 유대인으로서 어찌하여 사마리아 여자인 나에게 물을 달라 하나이까?" 하고 반문한 것입니다.

그런데 이 여인은 버림받은 땅 사마리아 사람들에게조차 버림받았습니다. 이 여인이 예수님을 만난 시각을 본문은 이렇게 기록합니다. "때가 여섯 시쯤 되었더라." 유대인의 여섯 시는 한낮 정오를 말합니다. 당시 여인들이 우물에 물 뜨러 나오는 때는 뜨거운 태양이 지고 난 저녁 무렵입니다. 정오 무렵 아무도 우물에 나오질 않는 때를 틈타 이 여인은 물을 길으러 나온 것입니다. 동네 사람들조차 상대하지 않는 천한 여자였습니다. 이 여자로 인하여 여러 가정이 시끄러웠고, 또 깨지기까지 했을 것입니다. 당시 그런 여자는 사람들의 돌에 맞아 죽는 벌을 받아야 했습니다.

또한 이 여인은 많은 남자에게 버림받았습니다. 다섯 번이나 결혼하였고, 이제는 남편이 아닌 한 남자에게 자신을 의탁하고 살고 있습니다. 이 여인은 어디서나 돌팔매를 당해야 하는 한 마리의 상처받은 개 신세였습니다.

이 기구하고 가련한 여인을 예수님께서 만나신 것입니다. 예수님과 이 여인의 대화에 귀를 기울여봅시다.

예수님께서 시작하십니다.

"물을 좀 달라."

"당신은 유대인으로서 어찌하여 사마리아 여자인 나에게 물을 달라 하나이까?"

"네가 만일 하나님의 선물과 또 네게 물 좀 달라 하는 이가 누구인 줄 알았더라면 네가 그에게 구하였을 것이요 그가 생수를 네게 주었으리라."

"물 길을 그릇도 없고 이 우물은 깊은데 어디서 당신이 그 생수를 얻겠사옵나이까? 우리 조상 야곱이 이 우물을 우리에게 주셨고 또 여기서 자기와 자기 아들들과 짐승이 다 마셨는데 당신이 야곱보다 더 크니이까?"

예수님께서 말씀하십니다. "이 물을 마시는 자마다 다시 목마르려니와 내가 주는 물을 마시는 자는 영원히 목마르지 아니하리니 내가 주는 물은 그 속에서 영생하도록 솟아나는 샘물이 되리라."

그러자 여자가 대답합니다. "그런 물을 내게 주사 목마르지도 않고 또 여기 물 길으러 오지도 않게 하옵소서."

"가서 네 남편을 불러오라."

"나는 남편이 없나이다."

"네가 남편이 없다 하는 말이 옳도다. 너에게 남편 다섯이 있었고 지금 있는 자도 네 남편이 아니니 네 말이 참되도다."

여기까지 예수님과 이 여인의 대화는 계속 겉돌기만 하고 있습니다. 거기에는 그만한 이유가 있습니다. 예수님은 하늘 이야기를 하고, 여인은 땅의 이야기를 하기 때문입니다.

예수님은 우리들에게 하나님 이야기를 들려주시려고 이 땅에 오셨습니다. 그런데 사람들은 땅의 이야기로 듣고 있습니다. 예수님의 하늘 이야기에는 단 한 가지 목표가 있습니다. 그 대상이 누구이든 진짜 삶, 하나님의 자녀로서의 존귀한 삶을 찾아주시는 것입니다.

예수님과의 문답에서 보셔야 할 것이 있습니다. 이 여인을 향한 어떤 질책도 없다는 것입니다. 그저 불쌍히 여기시는 긍휼로 가득합니다. 모든 회복은 긍휼, 불쌍히 여기는 마음에서 시작됩니다. 가만히 생각해보십시오. 마음에 들지 않던 남편의 축 처진 뒷모습에서 어느 날 문득 애처롭다는 생각이 듭니다. 아내의 지친 표정에서 어느 날 언뜻 나보다 더 힘들었구나 하는 생각이 듭니다. 말썽쟁이 자녀들이 힘든 세상을 나름 열심히 살고 있다는 생각에 고맙다는 생각이 스칩니다. 모두 다 긍휼의 마음입니다. 이 마음이 들 때부터 회복되기 시작합니다.

하나님께서도 우리 모두를 측은한 마음으로 보고 계십니다. 이 아름다운 지구와 대한민국을 엉망으로 만든 책임을 추궁하기 이전에, 불쌍히 여기십니다. 지금은 어느 때보다도 하나님의 긍휼을 간구할 때입니다.

그 하나님의 긍휼을 먼저 우리들의 마음에 먼저 흐르게 합시다. 그래서 버려진 섬들에도 꽃이 피듯, 주변 사람들의 어두운 마음에 생기와 소망을 불어넣기로 합시다.

여인의 질문

그런데 그저 '이 모습 이대로' 받아주시는 하나님의 긍휼에 자신을 맡긴 채 '그 모습 그대로' 오늘을 어제처럼 사는 사람들이 너무 많습니다. 그래서는 안 됩니다. 하나님의 긍휼은 언제나 회복을 목표로 하기 때문입니다. 그러므로 나는 진짜 삶, 하나님의 자녀다운 삶을 찾고 살아야 합니다.

진짜 삶, 하나님의 자녀의 삶을 어떻게 찾을 수 있을까요?

가만히 생각해보십시오. 이 버림받은 여인이 아무도 없는 때를 틈타 물 길으러 옵니다. 예수님께서 영생하도록 솟아나는 샘물을 주실 수 있다고 말하자, 그런 물을 달라고 간청합니다. 그렇게 되면 목마르지도 않고 물 길으러 오는 수고를 면할 수 있고, 사람들을 만나는 위험과 수치감과 어려움을 면할 수 있다는 것입니다. 자, 그래서 예수님께서 그 여인의 앞마당에 우물을 파주셨다면 과연 그 여인이 하나님의 자녀다운 삶을 살았을까요? 결코 아닙니다.

내 소원이 다 이루어졌다고 해도 하나님의 자녀다운 삶과 참 행복은 이루어지지 않습니다. 그것은 전혀 다른 차원에 존재하기 때문입니다. 예수님께서 하늘 이야기로 일관하시는 것도 바로 이 때문입니다. 땅의 문제는 땅의 이야기로는 해결할 수 없습니다. 예수님의 하늘 이야기를 땅의 이야기로 바꿔서는 절대로 안 됩니다.

다섯 남편이 있었고 지금은 남편 아닌 남자와 살고 있다는 예수님의 말씀에 이 여인은 정신이 번쩍 들었습니다. 그녀가 경탄하며 말합니다. "주여, 내가 보니 선지자로소이다." 이 가련한 여인의 땅 이야기와 예수님의 하늘 이야기가 교차하는 순간입니다.

여러분에게 질문을 드립니다. 내 처지를 훤히 꿰뚫고 있는 사람을 만났다고 합시다. 그러면 무엇을 물어보시겠습니까? 분명 가장 중요한 것, 가장 시급한 것을 물어볼 것입니다. 그런데 그 질문은 그 사람이 어떤 사람인지 고스란히 드러냅니다.

이 여인은 과연 무엇을 물었는지 봅시다. 20절 말씀입니다. "우리 조상들은 이 산에서 예배하였는데 당신들의 말은 예배할 곳이 예루살렘에 있다 하더이다."

너무나 놀라운 질문입니다. 이 기구한 운명의 여인은 예배에 대하여 질문하고 있습니다. 그녀에게 예배가 가장 중요하다는 것입니다.

사마리아가 앗수르에게 유린당하고 이방인의 피가 섞인 다음부터, 사마리아인은 예루살렘 성전에 출입이 금지되었습니다. 더럽다는 것입니다. 그래서 이들은 사마리아의 그리심 산에 집을 짓고 자기들끼리 하나님께 예배를 드렸습니다. 이 여인도 분명 열심히 예배를 드렸을 것입니다. 왜요? 그녀에게 가장 중요한 것이 예배이기 때문입니다. 그런데도 자신의 문제가 풀리질 않았습니다. 여기엔 하나님이 계시지 않는 것일까? 그들의 말대로, 하나님은 예루살렘 하나님의 성전에서만 만날 수 있는 것일까? 번번이 허허로운 마음, 쓰린 가슴을 안고 집으로 돌아옵니다. '어디를 가야 하나님을 만날 수 있는 것일까? 하나님만이 내 문제를 해결해줄 텐데.'

그렇습니다. 하나님을 만나면 문제가 해결됩니다. 그런데 하나님은 어떻게 만날 수 있으며, 또 하나님을 만난다는 것의 의미가 무엇일까요? 그 참뜻을 올바로 이해하기 위해서는 그녀가 만났고 그녀를 버렸던 다섯 남편이 무엇을 의미하는지 알아야 합니다.

내가 기대고 있는 것

당시 남편이란 믿고 의지하는 존재로서, 남편이 증서 한 장 써주면 이혼이 성립되는 절대적 존재였습니다. 그런데 남편이 의미하는 바가 따로 있습니다. 단순히 배우자를 말하는 것이 아닙니다.

내가 믿고 의뢰하며 사는 존재가 무엇입니까? 능력? 재능? 외모? 돈? 지위? 건강? 자녀? 가정? 사업? 젊어서는 내 능력과 외모일 수 있습니다. 시간이 지나자 나를 버리고 떠나가 버렸습니다. 출세와 돈도 세월이 지나자 나를 버리고 떠나갔습니다. "그래 뭐니 뭐니 해도 건강이야." 그래서 건강을 챙깁니다. 그러나 이마저도 나를 버리고 떠나갑니다. 모두가 떠난 후 의욕도 열정도 꺼져버리고, 파편처럼 널브러져 있는 삶의 잔해들을 뒤적이며 어쩌지 못하는 시간을 살아갑니다.

예수님께서 말씀하십니다. "지금 있는 자도 네 남편이 아니니라." 인생을 살아본 사람들이 이구동성으로 말합니다. "네, 맞아요. 그냥 사는 거예요."

우리들도 많은 남편과 아내를 만나고 헤어지며 버림받았는지도, 그리고 지금은 이 여인처럼 어쩔 수 없이 살고 있는지도 모릅니다. 또한 아직도 인생에 뭐가 있을 거라 생각하는 사람들은 예수님의 말씀을 귓등으로 듣고 나를 의탁할 존재를 찾아 헤맵니다. 그러나 나를 진심으로 의탁할 피조물은 이 세상에 없습니다. 모두 다 유한한 존재이기 때문입니다.

자신을 의탁할 남편들을 찾아 헤매던 이스라엘 백성에게 하나님께서 이사야 선지자를 통해 말씀하십니다. "보라, 주 만군의 여호와께서 예루살렘과 유다가 의뢰하며 의지하는 것을 제하여버리시되 곧 그가 의지하는 모든 양식과 그가 의지하는 모든 물과 용사와 전사와 재판관과 선지자와 복술자와 장로와 오십부장과 귀인과 모사와 정교한 장인과 능란한 요술자를 그리하실 것이며"(사 3:1-3).

없어서는 안 되는 양식과 물까지도, 만약 내가 하나님이 아닌 그것에 나를 의탁한다면, 그것을 없애버리시겠다는 것입니다. 그러므로 현재 내가 의탁하고 있는 것이 무엇인지 진지하게 물어야 합니다. 하나님이 아닌 다른 것이라면 그 누구라도 그 무엇이라도 없애버리시겠다는 것입니다. 이는 절대로 하나님의 질투 때문이 아닙니다. 그래서는 하나님의 자녀인 내가 제대로 살지 못하고 끝내는 망하기 때문입니다.

예수님께서 가장 중요한 것을 말씀하십니다. "이 산에서도 말고 예루살렘에서도 말고 너희가 아버지께 예배할 때가 이르리라."

장소와 땅에 제한되시는 하나님이 아닙니다. 형식과 내 생각에 제한되시는 하나님이 아닙니다. 종교행위에 의해 제한받지 않으시는 하나님, 살아 계신 하나님, 이 땅과 저 하늘의 주인이신 하나님, 그 하나님을 만나셔야 합니다. 그것은 예배를 통해서입니다. 예배의 형식을 말하는 것이 아닙니다. 예배란 가장 소중하고 중요한 존재에 대한 경배와 찬양입니다.

구약의 제사를 '코르반'이라 하는데 이 말은 '가까워지다', '친밀해지다'라는 의미를 담고 있습니다. 가장 중요하신 하나님을 만나 그분과 가장 친밀해지는 것이 곧 예배입니다. 예배의 본질을 상실한다면 예배는 무당굿이 되고 시간 낭비에 불과하게 됩니다.

영과 진리로

"하나님은 영이시니 예배하는 자가 영과 진리로 예배할지니라."
'영과 진리로'. '엔 프뉴마티 카이 알레테이아'. 하나님을 만나는 길을 가르쳐주신 가장 귀한 말씀입니다.

'프뉴마티'. '영으로'라는 뜻입니다. 하나님은 영이십니다. 땅의 치성으로, 복채로, 고행으로 만날 수 있는 분이 아닙니다. 오직 영으로만 만날 수 있는 분입니다. 예수님께서 이 땅에 오신 이유는 죽은 내 영을 살려 하나님과 교감하게 하기 위해서입니다. 영이 살아나면 귀가 열리며 성경에 기록된 하나님의 음성이 들려옵니다. 그분의 존재와 성품과 뜻을 알게 됩니다. 그분과의 관계가 점점 깊어져야 합니다. 그분의 뜻에 내 삶을 일치시켜야 합니다. 그럴 때 나는 어떤 처지에 있든지 살아납니다.

'알레테이아'. '진리로'라는 뜻입니다. 여기에는 두 가지 의미가 있는데, 성실하고 정직한 태도와 하나님의 계시입니다. 하나님께서는 성경에 자신을 드러내셨습니다. 그 말씀이 바로 진리입니다.

그러므로 예배는 그 형식의 문제가 아닙니다. 내 소원 성취의 여부가 아닙니다. 예배를 통하여 내가 하나님과 어떤 관계를 맺느냐가 관건입니다.

예수님께서 말씀하십니다. "곧 이때라"(요 4:23).

예수님께서 말씀하십니다. "네게 말하는 내가 그라"(요 4:26).

사람을 피하여 물을 긷던, 모든 것으로부터 버림받은 그 가련한 여인은, 예수님을 알아보고 영과 진리로 처음 예배를 드렸고, 버림받은 땅 사마리아 수가 성의 샘터는 하나님을 만나는 감격의 장소가 되었습니다.

그녀는 동네로 달려가 동네 사람들에게 외쳤습니다. "와서 보라. 이는 그리스도가 아니냐!" 그녀에게는 더 이상 무서울 것이 없었습니다.

"지금, 곧 이때라." 가련한 그 여인을 만나고 계신 예수님이 눈앞에 계십니다. 예수님께서 이 땅에 오셔서 우리의 오감으로 만날 수 있게 하심이 가장 큰 은혜입니다. 무병장수나 부귀영화가 비할 바 아닙니다.

대단치도 않은 저 사람이 그보다 못한 나를 용납하고 살아주는 것도 소중하고 고맙습니다. 하물며 내게 아무것도 해주지 않으셔도 주님이 나를 만나주심이 족하고 감사한 일이 아니겠습니까? 그렇게 주님을 사랑하십시오. 그래서 "저이는 정말 예수님을 사랑하는가 봐" 하는 소리를 듣기로 합시다.

13
내 양식은 하나님의 일

요 4:31-38

1990년 서울 왕십리 한 중국 식당 주방에서 고교를 갓 졸업한 앳된 젊은이가 땀을 뻘뻘 흘리며 일을 거들고 있었습니다. 말이 주방보조이지 청소하고 채소 다듬고 나르는 허드렛일이었습니다. 그를 지켜보던 주방장이 한마디 했습니다. "제법인데. 소질이 있구먼."

강원도 영월의 가난한 집안에서 태어난 그는 신부가 되는 게 꿈이었습니다. 하지만 독자이자 장손인 까닭에 할머니가 완강하게 반대했습니다. 고민 끝에 신부가 되기 위해 가출, 12만 원을 들고 서울에 왔고, 돈이 떨어지자 찾아간 곳이 바로 그 식당입니다. 앞뒤 꽉 막혀 어떻게 해야 할지 모르는 그에게 주방장의 그 한마디가 인생의 전환점이 되었습니다.

그 청년은 한 전문학교 호텔조리학과에 들어갔고, 그렇게 출발한 '요리사의 길'을 지독한 열정과 성실로 감당했습니다. 첫 직장은 리츠칼튼 호텔. 죽을 둥 살 둥 열심히 했습니다. 새벽시간을 이용해 학원을 다니며 영어를 익혔습니다. '더 넓고 높은 세상'으로 가기 위해서였습니다.

마침내 문이 열렸습니다. 총주방장의 추천으로 샌프란시스코 리츠칼튼으로 옮겼습니다. 당시 직급은 세컨드 쿡(second cook). 하지만 3개월 만에 퍼스트 쿡(first cook)으로, 이어 이듬해 수 셰프(sous chef)로 네 계단 상승, 10년 걸릴 일을 2년 만에 해냈습니다. 2003년엔 미국요리사협회의 '젊은 요리사 톱 10'에 뽑히기도 했습니다. 그 이후 세계 최고 7성급 호텔 두바이 '버즈 알 아랍'에서 연봉 50만 달러의 수석총괄주방장으로 일하다 귀국, 현재 국내 최고의 요리사로 맹활약하고 있습니다. 당시 한국 요리사 21명을 스카우트하여 후배들의 앞날을 활짝 열어주었습니다. 그의 꿈은 한국 음식을 세계에 널리 알리고, 세계 최고의 호텔요리학교를 만드는 것입니다. 그가 '에드워드 권'으로 더 잘 알려진 권영민 씨입니다.

그의 이야기를 머리에 남겨두고 이제 성경 본문으로 돌아갑시다.

주님의 양식, 하나님의 일

현재 시점은 예수님께서 사마리아 수가 성 우물가에서 한 여인에게 예배에 대해 가르치신 직후였습니다. 먹을 것을 구하러 간 제자들이 돌아와 예수님께 음식을 드리며 말합니다. "랍비여 잡수소서." 그러자 예수님께서 "내게는 너희가 알지 못하는 먹을 양식이 있느니라"(요 4:32) 하고 말씀하셨습니다. 이에 제자들이 의아해하며 "누가 잡수실 것을 갖다드렸는가?" 말했습니다. 그 말을 들으신 예수님께서 말씀하셨습니다. "나의 양식은 나를 보내신 이의 뜻을 행하며 그의 일을 온전히 이루는 이것이니라"(요 4:34).

예수님의 대답은 동문서답처럼 들립니다. 또한 예수님의 말씀과 요리사 에드워드 권의 이야기도 전혀 관련이 없어 보입니다.

"나의 양식은 나를 보내신 이의 뜻을 행하며 그의 일을 온전히 이루는 것"이라는 예수님의 말씀을, 다음에 이어지는 추수 이야기와 연결하여 전도로 생각하는 사람이 많습니다. 전도를 열심히 하면 하나님께서 의식주 문제를, 그것도 아주 풍성하게 해결해주신다고 굳게 믿습니다. 그래서 하나님의 큰 복을 기대하며 열심히 행합니다. 그렇지 못한 사람들은 숙제를 안 한 학생처럼 주눅 들어 살고, 자신의 생업에만 열중하는 사람들은 죄책감까지 듭니다. 그런데 과연 예수님께서 단지 전도에 집중하라고 이 말씀을 하신 것일까요? 절대로 아닙니다.

직업을 의미하는 영어는 'job', 'occupation', 'calling', 'vocation' 등 여러 가지입니다. 'job'이 가장 최근에 생긴 것이고, 'vocation'이 가장 오래된 것입니다. 그런데 'vocation'의 'voc'은 '부르다'라는 뜻으로 'calling'과 같은 말입니다. 그런데 'calling'을 '소명'이라고 번역하여 '거룩한 직업'을 의미하는 것으로, 그러니까 목사직은 'calling'이고 회사원의 일은 'job'이라고 생각하는데, 크게 잘못된 것입니다. 종교개혁가 마르틴 루터는 모든 직업이, 심지어는 사형집행인의 일이라도 하나님의 부르심에 의한 'calling'이라고 역설했습니다. 맞는 말입니다.

여러분들에게 묻고 싶습니다. 교회 일과 가정을 이끌고 자녀들을 키우는 부모의 일 중 무엇이 더 중요합니까? 교회 일이 하찮다는 것이 절대로 아닙니다. 너무나 소중합니다. 그러나 각 개인에게 가정이 훨씬 더 중요합니다. 교회는 각 개인과 가정이 하나님의 뜻에 합당하게 살도록 도와주는 영적 학교이고, 목회자들은 무당이 아니라 하나님의 말씀을 가르치는 영적 교사들입니다.

깊이 생각하셔야 합니다. 하나님께서 태초에 세우셨던 아담과 이브의 에덴동산은 교회가 아니라 가정이었습니다. 하나님께서는 개별 교회보다 훨씬 더 중요한 하나님의 성전과 이스라엘 나라 자체를 무너뜨리셨습니다. 이스라엘 백성들은 전 세계로 뿔뿔이 흩어졌습니다. 그러나 그들은 각 가정에서 하나님 신앙을 굳게 세우고 자녀들에게 전수했고, 2천 년 후에 나라를 다시 세웁니다.

내가 하나님의 자녀답게 살고 내 가정을 하나님의 가정으로 만드는 것이 전도보다 훨씬 더 중요하다는 것을 잊어서는 안 됩니다. 또한 그렇게 사신 분들은 자연히 전도도 열심히 하게 됩니다. 그게 진짜 전도입니다.

요셉은 열일곱의 나이에 형들에 의해 이집트에 노예로 팔려갔습니다. 파라오의 경호대장 보디발 장군의 집에서 허드렛일을 하며 목숨을 부지합니다. 그런데 놀랍게도 성경은 요셉의 일을 '샤레트'라고 합니다. 히브리어 '샤레트'는 하나님의 거룩한 일을 말합니다.

요셉이 짬짬이 기도하고 예배드리고 다른 노예들에게 하나님을 전했고, 그래서 하나님께서 그를 어여뻐 여겨 이집트의 국무총리로 삼은 것이 아닙니다. 소년 노예 요셉에게는 그럴 짬도 없었고, 그가 하는 일은 가장 더럽고 힘든 일입니다. 그러나 그 일을 행하는 요셉의 태도가 남달랐습니다.

사도 바울이 말합니다. "무슨 일을 하든지 마음을 다하여 주께 하듯 하고 사람에게 하듯 하지 말라"(골 3:23). 바로 요셉이 그랬고, 권영민 씨가 그랬습니다.

내게 주어진 일을 주께 하듯 할 때 아무리 하찮은 일이라도 하나님의 일, '샤레트'가 되고 하나님의 'calling'이 됩니다. 그렇게 일한 요셉이나 권영민 씨는 자기 분야의 최고가 되었고 누구보다도 잘 먹고 잘삽니다.

이것이 바로, "나의 양식은 나를 보내신 이의 뜻을 행하며 그의 일을 온전히 이루는 이것이니라"라는 예수님의 말씀이 의미하는 것입니다.

자녀이자 청지기

자, 더 근원적인 곳으로 들어가봅시다.

하나님께서 왜 우리 모두를 외모도 성격도 재능도 다 다르게 만드셨을까요? 하나님의 뜻이 무엇일까요? 나는 무엇을 하며 살라는 것일까요? 왜 나는 그림은 잘 그리는데 음악에는 영 소질이 없는 것일까요? 저 사람은 어울리는 것을 좋아하는데, 나는 왜 혼자 지내는 것을 좋아할까요? 그것은 각자의 성품과 개성과 재능을 살려 서로 도우며 서로의 모자란 것을 채워주며 더불어 살라는 것입니다.

그런데 불행히도 오늘날의 많은 교회가 그렇게 가르치지 않습니다. 전도나 교회 일을 열심히 하면 하나님께서 잘 먹고 잘살게 해주신다고 가르치는데, 이는 무당 종교의 개념입니다.

성경을 깊게 이해하는 통찰력에 병든 영혼을 보며 아파하는 예수님의 심정을 더하여, 방황하는 현대인들이 가야 하는 생명의 길을 분명하게 제시한 폴 투르니에 박사는, 그의 저서 《죄책감과 은혜》(IVP, 2001)를 통해 죄책감을 가중시키는 기독교와 교회를 통렬하게 고발하고 있습니다.

많은 목사들이 설교를 통하여 수많은 종교 과제들을 부과합니다. 그 숙제를 안 하면 복을 받지 못하고 하나님의 무서운 책망을 듣게 된다며 교인들의 죄책감을 자극합니다. 이러한 죄책감이 깊어진 정신질환을 그는 '교회성 노이로제(ecclesiogenic neurosis)'라고 명명하였습니다.

기도, 전도, 봉사, 헌금 등 교회의 일이 중요하지 않다는 뜻이 절대로 아닙니다. 굉장히 중요합니다. 신앙의 진보를 위하여 필수적인 것들입니다. 그러나 이것들은 숙제가 아니라, 이를 통하여 하나님과 더욱 긴밀히 접속하여 하나님의 자녀다운 삶을 살라는 것입니다. 그리할 때 필요한 모든 것을 풍성히 공급하시겠다는 것입니다.

하나님의 자녀다운 삶이 무엇일까요?

하나님께서는 우리가 하나님의 형상을 가진 하나님의 자녀라고 창세기 1장 27절에서 말씀하셨습니다. 이것이 성경의 출발점입니다. 또한 우리는 예수님의 신부라고 요한계시록 21장 1절 이하에서 말씀하셨습니다. 이것이 성경의 종착점입니다.

자녀로서 아버지 하나님과 끊을 수 없는 관계와, 잘못해도 절대로 이혼하지 않는 예수님의 신부로서 영원한 행복을 보장하셨습니다. 이 절대불변의 지위는 내 발로 하나님을 떠나지 않는 한 보장된 것입니다.

그런데 생각해봅시다. 자녀나 며느리가 할 일 않고 빈둥거리기만 하고 뭘 달라고 떼만 쓴다면, 그 부모는 복장이 터질 것입니다. 하나님도 마찬가지입니다.

제대로 사는 구체적인 길이 바로 '청지기의 삶'입니다.

자녀와 신부가 '자격과 권리'라면, 청지기는 '책임과 의무'입니다. 하나님이 원하시는 것은, 자녀와 신부로서 특권과 행복을 마음껏 누리며 동시에 청지기의 자세로 사는 것입니다.

우리가 잘 아는 달란트 비유가 이 세상을 어떻게 살아야 하는지를 가장 명확하게 제시합니다. 달란트 비유는 이렇게 시작합니다. '각각 그 재능대로'.

주인이 먼 길을 떠나며 종들에게 돈을 나눠줍니다. 종들은 '각각 그 재능대로' 재량껏 사업을 합니다. 사업 아이템을 주인이 정해주지 않았습니다. 종들은 오직 주인의 뜻을 받들되, '마음대로' '마음껏' 일했고, 이윤을 배나 남겼습니다. 자신의 재능, 즉 달란트를 땅에 묻어둔 종은 그렇게 하지 않았고, 종래는 쫓겨나 어두운 데서 이를 갈며 슬피 울게 됩니다.

여러분들은 어떤 인생을 살고 계십니까? 세상은 변했습니다. 평생직장 시대는 끝나고 각각의 재능과 개성을 살리는 '1인 기업' 시대가 도래했습니다. 각자의 재능을 계발하며 살라는 하나님의 의도대로 세상이 변하고 있음을 잊지 마시기 바랍니다.

그런데 청지기에도 등급이 있습니다. 누가복음 12장에서 예수님께서 잘 설명해주셨습니다.

일등급 청지기. '종들을 맡아 때를 따라 양식을 나눠주는 청지기'입니다. 자신에게 맡겨진 사람들을 잘 먹이고 베풀고 돌본다는 것입니다. 예수님께서 이 사람에게 '지혜롭고 진실한 청지기'라고 칭찬하시면서 "그 종은 복이 있으리로다"(눅 12:43) 하고 약속하셨습니다.

여러분들은 수학을 좋아하십니까? 저는 세 자리 넘는 숫자만 봐도 머리에 쥐가 나기 시작합니다. '페르마의 마지막 정리'라는 것이 있습니다. 300년 동안 수많은 수학자들이 도전했지만 번번이 실패했던 그 문제를 미국 프린스턴 대학 앤드루 와일스 교수가 풀었는데, 그 과정이 200페이지가 넘는다고 합니다. 저 같은 사람은 그게 사람들에게 무슨 도움이 되겠는가 싶습니다. 그러나 그렇지 않습니다. '타원곡선 이론'이라는 그 수학 이론으로 인해 현대인에게 필수인 인터넷 상거래가 비로소 가능해졌고 인류 발전에 크나큰 기여를 했습니다.

저마다 다른 개성과 특기를 주신 이유를 스스로 찾아야 합니다. 그래야 제대로 된 인생을 삽니다. 그런데 여기에서 명심에 명심을 해야 하는 것이 있습니다.

예수님께서는 최악의 청지기를 이렇게 설명하십니다. "주인이 더디 오리라 하여 남녀 종들을 때리며 먹고 마시고 취하는"(눅 12:45) 청지기입니다.

최고의 청지기와 최악의 청지기를 가르는 기준은, 자신에게 주어진 힘을 어떻게 사용하느냐입니다. 내 재능과 능력을 '남 살리는 일'에 쓰면 최고의 청지기, '남 죽이는 일'에 쓰면 최악의 청지기가 됩니다.

최악의 청지기에게는 무서운 벌이 있습니다. "엄히 때리고 신실하지 아니한 자의 받는 벌에 처하리니"(눅 12:46). 여기서 '때린다'는 말은 그저 매를 맞는다는 것이 아닙니다. 헬라어로 '디코토메오'라고 하는데, 그 뜻이 무시무시합니다. '두 동강을 내다', '둘로 쪼개다'라는 뜻입니다. 자신만을 위하는 부자들이 삼사 대를 넘기지 못하는 것은 그 탐욕 안에 이미 '디코토메오'의 벌이 있기 때문입니다.

개인도 그럴진대 주님의 몸인 교회는 더더욱 그래야 합니다. 제가 속한 교회가 교회 건물을 짓지 않고, 헌금의 50퍼센트를 소외된 사람들을 위해 쓰는 이유도 여기에 있습니다.

예수님의 가르침대로 살기

예수님께서 말씀하십니다. "그런즉 한 사람이 심고 다른 사람이 거둔다 하는 말이 옳도다"(요 4:37). 그렇습니다. 아무리 창조적인 일이라도, 나 이전에 다른 사람들이 이미 씨를 뿌렸고, 내가 아주 조금 뭔가를 더

한 것입니다. 가만히 생각해보십시오. 창조적인 사람은 아주 드물고, 별일 하지 않는 사람들이 대다수입니다. 그럼에도 우리들은 여기까지 왔습니다.

광야 40년 동안을 회상하며 모세가 한 말, "이 사십 년 동안에 네 의복이 해어지지 아니하였고 네 발이 부르트지 아니하였느니라"(신 8:4) 하는 말이 사실입니다. 우리 하나님 아버지께서 창조하신 세계가 그런 것입니다. 그러므로 우리가 남들을 살리겠다는 마음을 먹고 조금만 애를 쓴다면 얼마나 풍성한 수확을 거두겠습니까?

예수님께서 마지막으로 하신, "하늘과 땅의 모든 권세를 내게 주셨으니 그러므로 너희는 가서 모든 민족을 제자로 삼아 아버지와 아들과 성령의 이름으로 세례를 베풀고 내가 너희에게 분부한 모든 것을 가르쳐 지키게 하라. 볼지어다, 내가 세상 끝날까지 너희와 항상 함께 있으리라"(마 28:18-20)는 말씀은 단순히 전도를 명령하신 것이 절대로 아닙니다.

이 말씀의 포커스는 예수님의 모든 것을 가르쳐 지키게 하라는 것입니다. 올바로 가르치기 위해서는 내가 먼저 예수님의 가르침대로 살아야 합니다. 그 사람을 '하나님의 증인'이라 부릅니다.

우리 모두 각자 재능을 살려 이웃에게 덕을 끼치고 하나님께 영광을 돌리는 최고의 청지기의 삶을 살기를 바랍니다. 그리하여 모든 복이 더해지는 체험을 하고, "인생은 이렇게 사는 거야" 하고 세상과 사람들을 가르치는 하나님의 증인들이 되기를 바랍니다.

14
기적을
보지 못하면

요 4:46-54

여러분은 하나님의 기적을 경험하신 적이 있습니까? 매 순간 하나님의 기적을 보시는 분도, 한 번도 체험하지 못하신 분도 계실 것입니다.

예수님께서 사마리아 수가 성을 거쳐 갈릴리 지방 가나로 가셨습니다. 가나는 예수님께서 물을 포도주로 만드신 첫 기적을 행하셨던 곳으로, 예수님께서 기적을 행하신다는 소문이 이미 퍼져 있었습니다. 그런데 왕의 신하의 아들이 병에 걸려 사경을 헤매고 있었습니다. 아버지는 백방으로 아들을 살리려 했으나 실패하고, 예수님이 오시기만을 기다리던 차였습니다.

예수님이 오셨다는 소식에 한걸음에 달려온 아버지는 예수님께 간청합니다. "내 아들의 병을 고쳐주십시오. 거의 죽게 되었습니다." 그런데 예수님의 입에서 이상한 말씀이 흘러나옵니다. "너희는 표적과 기사를 보지 못하면 도무지 믿지 아니하리라."

그러나 왕의 신하는 지금 한시가 급합니다. 그래서 재차 간청합니다. "주여, 내 아이가 죽기 전에 내려오소서." 그러자 예수님이 말씀하십니다. "가라. 네 아들이 살아 있다."

이 말씀에 담긴 예수님의 감정이 어떤 것일까 언뜻 궁금해졌습니다. 평소와는 달리 다소 건조하게 느껴졌습니다. 예수님이 피곤하신 것일까?

그런데 그 말씀을 들은 그 아버지의 반응을 성경은 이렇게 전합니다. "예수께서 하신 말씀을 믿고 가더니." 누가복음에서 이런 반응이 나왔다면 예수님께서는 칭찬을 아끼지 아니하셨을 것입니다.

기억하십니까? 종의 병을 고치기 위하여 찾아왔던 백부장의 말. "주여, 수고하시지 마옵소서. 내 집에 들어오심을 나는 감당하지 못하겠나이다. … 말씀만 하사 내 하인을 낫게 하소서"(눅 7:6-7). 그러자 예수님께서 최고의 칭찬을 하셨습니다. "이스라엘 중에서도 이만한 믿음은 만나보지 못하였노라"(눅 7:9). 그러나 이번에는 아무 말씀도 하지 않으셨습니다.

왕의 신하는 집을 향하여 발걸음을 재촉하는데, 도중에 집안의 종들을 만나 놀라운 소식을 듣습니다. 아들이 살아 있다는 것입니다. 낫기 시작한 시간을 어림해보니 예수님께서 "네 아들이 살아 있다"고 말씀하신 바로 그때였습니다. 감격한 왕의 신하와 온 가족은 예수님을 믿게 되었습니다.

신앙과 기적

그런데 이 이야기의 핵심 구절은 "너희는 표적과 기사를 보지 못하면 도무지 믿지 아니하리라"는 예수님의 지적입니다.

신앙과 기적의 상관관계를 생각해봅시다.

표적과 기적을 보고 예수님을 믿게 되면 그나마 다행입니다. 그 대표적 예가 바리새인들입니다. 예수님의 제자들을 제외하고 바리새인들이 예수님의 기적을 가장 많이 보았습니다. 그럼에도 그들의 완악함은 더욱 굳어져 마침내 예수님을 십자가에 달아버렸습니다.

기적을 봐야 믿음이 생긴다는 통념도 잘못된 것입니다. 가장 큰 기적은 하나님께서 친히 나타나시는 것입니다. 하나님께서 나타나시면 만물이 잠잠해지고 모든 문제가 해결됩니다. 이스라엘의 광야 시절 40년처럼 하나님께서 일상의 일까지 직접 챙기신 적은 없었습니다. 매일매일 어디로 가야 할지 구름기둥과 불기둥으로 인도하셨고, 만나와 메추라기와 물을 마련해주셨습니다. 일할 필요도 없었습니다. 광야는 일을 한다고 수확할 수 있는 곳이 아닙니다. 그럼에도 여호수아와 갈렙을 제외한 1세대는 광야에서 모두 죽어야 했습니다. 그들의 불신앙 때문입니다. 그들이 누구입니까? 이집트에 하나님의 권능이 고스란히 드러난 열 가지 재앙과 홍해가 갈라지고 이집트의 최정예 군단이 물에 잠기는 엄청난 기적을 경험한 자들, 시내 산에 임재하신 하나님의 음성을 친히 들었던 사람들입니다.

하나님의 존재를 인정하는 것을 신앙으로 생각하는데, 그렇지 않습니다. 광야에서 죽었던 1세대들은 하나님의 살아 계심을 누구보다 잘 알았음을 기억하셔야 합니다.

기적을 보면 올바른 믿음이 생긴다는 생각 또한 잘못된 것입니다.

제가 아는 한 목사의 간증을 어떤 기독교 TV를 통해서 들었습니다. 불치병에 걸렸는데, 간절히 기도하여 기적적으로 살아났습니다. 몇 년 전 일인데도 여전히 눈물을 쏟으며 자신을 살려주신 하나님을 찬양하였습니다. 그런데 그 목사가 목회하는 교회에서 들리는 소식은 실망스럽기 짝이 없습니다. 그저 죽는 게 무섭고 살아난 것이 너무 좋고, 살려주신 것은 자신을 하나님께서 인정하신 것이고, 그래서 하나님의 인정을 받은 자신을 교인들이 따라야 한다며 전횡을 일삼습니다. 정말 잘못된 것입니다. 그 목사는 기적을 통해 오히려 나빠졌습니다. 이런 유에 현혹되어서는 절대로 안 됩니다.

죽을병에 걸리자 간절히 기도하여 15년 목숨을 연장받은 히스기야 왕의 이후 행적을 성경은 이렇게 전합니다. "히스기야가 마음이 교만하여 그 받은 은혜를 보답하지 아니하므로 진노가 그와 유다와 예루살렘에 내리게 되었더니"(대하 32:25). 히스기야 역시 기적을 통해 배운 것이 없고 오히려 나빠졌습니다. 그때 죽는 것이 자신과 백성을 위하는 길이었습니다.

삼위일체 하나님을 믿는 목적과 기적을 바라는 이유가 무병장수 부귀영화가 되어서는 안 됩니다. 예수님께서 기적을 행하신 목적은 전혀 다른 데 있습니다.

카를 야스퍼스는 현대인의 특징을 불안과 공포와 절망이라고 규정하면서, 그 이유를 알의 비유를 들어 설명합니다. 알은 발이나 날개가 없어서 굴러다녀야 합니다. 작은 메추리알이나 큰 타조알이나 마찬가지입니다. 알은 언제 깨질까 언제나 불안하고 두렵습니다. 그리고 조심해도 쉽게 깨져버려서 절망적입니다. 그것을 극복하는 유일한 길은 단 하나, 알에서 깨어나 튼튼한 날개로 높이 날아오르는 일뿐입니다.

삼위일체 하나님 신앙의 목적은, 여기저기 굴러다녀도 깨지지 않는, 누구보다 큰 황금알이 되는 것이 아닙니다.

필립 얀시의 절망

필립 얀시는 페루의 오지에 있는 쉬피보 인디오들의 한 마을을 방문했을 때의 일을《하나님, 당신께 실망했습니다》(IVP, 2013)라는 책에 기록해놓았습니다.

그 마을에는 한 젊은 선교사의 헌신으로 40년 전에 세워진 교회가 있었습니다. 당시 선교사에게는 6개월 된 아들이 있었는데 어느 날 원인을 알 수 없는 병에 걸렸습니다. 죽어가는 어린 아들을 위하여 선교사는 몸부림을 치며 기도하였지만 아들은 끝내 죽고 말았습니다. 망연자실한 그를 아내와 다른 선교사들과 인디오들이 열심히 위로하였지만 소용이 없었습니다. 결국 그 젊은 선교사는 병으로 몸져눕고 본국으로 송환되었습니다.

그는 하나님나라를 확장시키기 위해 온갖 위험을 무릅쓰고 이 정글 오지까지 왔지만, 보상이 주어지기는커녕 아들과 건강만 잃었습니다. 하나님은 과연 살아 계신가? 하나님은 과연 공평하신가? 당시 필립 얀시는 이 문제와 씨름하고 있었는데, 그 이야기는 하나님에 대한 의심을 더욱 깊게 했습니다.

그러던 차에 미국의 유명한 신유 은사자인 캐서린 쿨만의 집회에 참여할 기회가 생겼습니다. 얀시 자신의 눈앞에서 많은 사람들이 기적적으로 나았습니다. 특히 인상적이었던 것은 들것에 실려 온 한 남자에게 일어난 신유의 기적이었습니다. 그가 걷기 시작했습니다. 무대 위로 올라오자 모두들 탄성을 질렀습니다. 그는 자신은 내과의사이며 폐암에 걸려 6개월밖에 살 수 없다는 진단을 받았다고 증언했습니다. 하지만 오늘 밤 하나님께서 고쳐주셔서 몇 개월 만에 처음으로 걸어본다며, 할

렐루야를 외치며 무대 위를 껑충껑충 뛰었습니다. 하나님에 대한 필립 얀시의 의심이 눈 녹듯이 사라졌습니다.

필립 얀시는 그 의사를 찾아 인터뷰를 하기로 했습니다. 정확히 일주일 뒤 그에게 전화를 걸었습니다. 어떤 여자 분이 전화를 받았습니다. "실례지만 아무개 선생님 좀 부탁합니다." 그랬더니 한동안 침묵이 흘렀습니다. 침묵에 당황한 그는 왜 그분과 통화하고 싶은지, 그분을 통하여 얼마나 은혜를 받았고 하나님의 능력을 확인했는지 열심히 설명했습니다. 또다시 오랜 침묵이 흐르고 나서 아주 작은 목소리가 들렸습니다. "제 남편은 돌아가셨습니다." 그리고 전화가 끊겼습니다. 그 말에 감당할 수 없는 큰 충격과 절망감이 몰려왔습니다. 필립 얀시가 신앙의 최대 위기에 봉착한 것입니다. 훗날 인도의 한센병 환자들을 위해 헌신한 폴 브랜드 박사를 만나, 생명 자체가 기적이며 한센병 환자들에게 고통처럼 큰 선물도 없다는 설명을 듣고 그는 신앙을 회복합니다.

사도 요한이 이 치유의 이야기를 기록한 첫 번째 이유는, 예수님은 하나님의 권능을 행하시는 분, 유일한 구원자임을 밝히는 것입니다. 문제에 봉착했을 때, 왕의 신하처럼 그 문제를 들고 주님께 겸손한 마음으로 간구해야 합니다. 반드시 그렇게 해야 합니다. 나아가서 간구하는 마음이 습관이 되어, 모든 문제를 주님과 상의해야 합니다. 그리고 주님께 오는 답을 기다려야 합니다.

그런데 정말 중요한 것은, "너희는 표적과 기사를 보지 못하면 도무지 믿지 아니하리라"라는 말씀입니다. 선하신 주님으로서는 뭔가 석연치 않은 이 말씀은, 우리를 더 깊은 하나님의 세계로 인도합니다.

기적이란, 자연 현상에서 흔히 볼 수 없는 특별한 일을 말합니다. 높은 곳에서 추락하였는데도 아무런 상처를 입지 않았습니다. 기적입니다. 많은 그리스도인들이 그 기적을 바라고, 또한 기적을 체험하는 방법을 가르치기도 합니다. 그런데 기도하고 탄원한다고 해서 누구나 하나님의 기적을 체험하는 것은 아닙니다. 기적 체험 비결이 따로 있는 것이 절대로 아닙니다. 이런 데 현혹되어서는 안 됩니다.

"너희는 표적과 기사를 보지 못하면 도무지 믿지 아니하리라"는 말씀에서 우리의 단세포적 경박성을, 우리가 얼마나 겉껍데기에 매달리고 있는가를 보아야 합니다.

진정한 기적

하나님께서 온 우주 만물과 인간을 무(無)에서 창조하셨습니다. 창조가 곧 기적입니다. 우리 인간이 알고 있다는 과학 지식은 바닷가의 모래알 하나 정도입니다. 그 얄팍하기 짝이 없는 지식의 잣대를 휘두르며 기적은 없다고 해서는 안 됩니다. 생명을 다루는 의사들이 가장 많이 경험하는 것은 생명의 신비일 것입니다. 생명 자체가 기적이기 때문입니다.

왜 만물과 우리들을 창조하셨을까요? 사랑하시기 때문입니다. 존재하는 모든 것이, 우연의 산물이 아니라 하나님 사랑의 산물입니다. 최고의 기적은 내가 죽을병에서 살아나는 것이 아닙니다. 영이신 하나님께서 육신을 입고 이 땅에 오신 성육신 사건이 최대 기적입니다. 인간들은 그 연약한 잣대를 휘두르며 그것은 불가능하다고 부인하지만, 창조주 하나님에게 그것은 일도 아닙니다. 다만 중요한 것은 왜 그렇게 하셨나 하는 것입니다. 예수님께서 우리와 같은 육체를 입고 이 땅에 오셔서 가르치시고 십자가에 달려 돌아가시고 부활·승천하신 이유는 단 하나입니다. 하나님의 자녀인 우리를 사랑하시기 때문입니다. 파멸로 치닫는 우리들의 발걸음을 멈추시고 이 땅에서 하나님의 자녀다운 삶을 살다가 영원한 우리들의 집, 아버지께로 오게 하시기 위함입니다.

그 간절한 하나님의 사랑을 안다면 죽는 게 두렵지 않습니다. 자기의 그 별 볼일 없었던 생명이 연장되었다고, 그것을 하나님의 인정이라며 전횡을 휘두르는 졸렬한 짓거리는 하지 않습니다.

이 땅에서 일어나는 모든 기적은 하나님의 사랑의 또 다른 표현일 뿐입니다. 사랑을 모르는 기적은 내 무지와 오류와 전횡의 연장일 뿐입니다. 다른 사람들을 위해서는 기적이 없는 것이 훨씬 더 유익합니다.

아흔 살이 넘는 사도 요한, 기억도 가물가물할 것입니다. 만약 이 왕의 신하가 아들이 살아난 후에 다른 사람들처럼 "이제 됐다" 하고 돌아섰다면 이 이야기는 사라졌을 것입니다. 그런데 이런 이야기를 기록해 놓은 것은 초대교회에서는 유명한 이야기이기 때문입니다.

왕의 신하와 온 집안은 이를 계기로 예수님을 믿게 되었습니다. 예수님의 십자가 처형과 부활, 승천 소식을 들었습니다. 믿음은 더욱 굳어졌습니다. 왕의 신하로서 받아야 하는 불이익도 기꺼이 감수했습니다. 그리고 기적을 통한 하나님의 사랑을 예수님을 모르는 사람들에게, 실의에 빠진 사람들에게, 아픈 사람들에게 열심히 전했습니다. 세월이 지날수록 잡다한 기억은 사라지고, 에센스만 남게 마련입니다. 그래서 "너희는 표적과 기사를 보지 못하면 도무지 믿지 아니하리라"는 예수님의 말씀이 얼마나 중요한 말씀인지를 깨달았습니다.

생명 자체가 가장 큰 기적이며, 또한 육체의 생명 너머에 영원한 생명이 있음을 알게 된 것이 더 큰 기적이며, 무엇보다도 눈으로 볼 수 없는 여호와 하나님이 나의 하나님 아버지이시고, 그분을 가장 사랑하게 된 것이 가장 큰 기적임을 알게 된 것입니다. 이에 비례하여 그들의 인생은 점점 예수님의 삶과 닮아갔습니다.

예수님께서 예수님의 부활을 의심했던 도마에게 말씀하십니다. "너는 나를 본 고로 믿느냐. 보지 못하고 믿는 자들은 복되도다"(요 20:29).

내 맥박을 느낄 때마다, 숨을 쉴 때마다 하나님의 기적에 감사하기로 합시다. 하나님의 선물인 이 몸을 열심히 움직여 좋은 것들을 많이 만들어, 흉흉한 소식에 주눅 든 이웃들에게 소망과 용기를 주는 우리 모두가 되기를 바랍니다.

15
네가 낫고자 하느냐?

요 5:1-9

윌리엄 스태퍼드는 늦은 나이인 48세에 처음 시를 발표했습니다. 한 기자가 그에게 언제부터 시인이 되고자 결심했는지 물었습니다. 그러자 그는 그 질문 자체가 잘못된 것이라 지적하면서 다음과 같이 말했습니다. "이 세상에 태어난 사람은 누구나 시인입니다. 다만 시인으로 사는 것을 언제, 왜 그만두었는지 각 사람에게 물어야 합니다. 나는 그저 언어를 소중히 여기며 모든 사람들이 시작하는 일을 계속해왔을 뿐입니다."

스스로에게 한번 물어보십시오. 나는 여전히 시인으로 살아가고 있는가? 아니라면 언제 시인이 되는 것을 그만두었나? 또 그 이유는 무엇이었나?

진정한 하나님의 사람들은 하나님과 그분의 언어를 소중히 여기며 어떤 순간에도 이것을 놓지 않았고 그 일을 그만두지 않았습니다. 그렇게 사는 한, 어떤 풍파와 고난이 와도 길을 잃지 않고 영생에 이릅니다.

그러나 얼마나 많은 사람들이 중도에 그만두고 주저앉아버리는지 모릅니다. 예수님께서 그 사람들에게 중요하고도 심각한 질문을 하십니다. "네가 낫고자 하느냐?"

미신에 빼앗긴 마음

예수님께서 명절을 맞이하여 예루살렘으로 가셨습니다. 예루살렘 성전 근처에는 '자비의 집'이라는 뜻의 '베데스다'라는 연못이 있습니다. 그 주변에는 수많은 병자들이 있었는데 거기에는 그만한 이유가 있었습니다.

본문 말씀에 그 이유가 설명되어 있습니다. "그 안에 많은 병자, 맹인, 다리 저는 사람, 혈기 마른 사람들이 누워 물의 움직임을 기다리니 이는 천사가 가끔 못에 내려와 물을 움직이게 하는데 움직인 후에 먼저 들어가는 자는 어떤 병에 걸렸든지 낫게 됨이러라"(요 5:3-4).

이 베데스다 연못 중앙에는 물이 땅에서 솟아오르는 간헐천이 있었습니다. 그런데 사람들은 천사가 그렇게 하며, 또 물이 솟아오르는 순간 가장 먼저 연못에 뛰어든 사람은 무슨 병이든지 낫는다고 믿었습니다. 그래서 수많은 병자들이 가장 먼저 뛰어들기 위하여 그렇게 연못 주변에 대기하고 있는 것입니다.

그런데 예수님의 눈에 띈 환자가 하나 있었습니다. 무려 38년이나 된 병자였습니다. 그는 걸을 수가 없어 누워 있어야 했습니다. 예수님은 그 사람에게 말을 거셨습니다. "네가 낫고자 하느냐?" 그러자 그 불쌍한 사람이 대답했습니다. "주여 물이 움직일 때에 나를 못에 넣어주는 사람이 없어 내가 가는 동안에 다른 사람이 먼저 내려가나이다." 그러자 예수님께서 말씀하셨습니다. "일어나 네 자리를 들고 걸어가라." 병자는 예수님의 그 말씀에 곧 나아서 자리를 들고 걸어갔습니다. 그날은 안식일이었습니다.

안식일에 그 불쌍한 병자를 고쳤다는 것과, 안식일에 그 병자가 자기 자리를 들고 걸어갔다는 사실이 큰 문제를 일으키게 되는데, 그 일을 살펴보기에 앞서 먼저 분명히 알아야 할 것이 있습니다.

베데스다 연못에 얽혀 있는 전설은 황당한 것입니다. 하나님의 천사가 한다고 해도 그 황당함은 감해질 수 없고 오히려 더 기괴해집니다.

이런 유의 전설이나 이야기는 세상 어느 곳이나, 어느 종교에서나 다 있습니다. 가장 유명한 곳 중 하나는 프랑스의 루르드 동굴입니다. 1858년에 성모 마리아가 나타난 이후 많은 치유의 기적이 일어났다고 전해져 오늘날에도 수많은 사람들이 찾아갑니다. 그러나 이런 이야기들에 현혹되어서는 절대로 안 됩니다.

어떤 특정한 장소나 물건이나 사람이 하나님이나 신적인 존재와 결합하여 신령한 힘을 가졌다며, 신의 반열에 올려놓고 섬기게 만듭니다. 이것이 다름 아닌 미신입니다. 아무리 십자가로 장식해도 미신입니다. 미신은 사람들의 마음을 하나님이 아닌 다른 곳으로 돌립니다. 언제나 이를 경계해야 합니다.

광야 생활 40년 중에 이스라엘 사람들이 반역하자, 하나님께서 불뱀을 보내 사람들을 징계하셨습니다. 그리고 모세로 하여금 놋뱀을 세워 쳐다보는 자마다 살게 하셨습니다. 훗날 사람들은 그 놋뱀을 하나님의 성전에 모셔놓고 섬겼습니다. 히스기야 종교개혁 때 이 놋뱀을 '느후스단'이라 부르고 파괴하였습니다. '느후스단'이란 '구리 조각'이란 뜻입니다. 구리 조각에 빼앗긴 마음을 하나님께로 돌린 것입니다.

일을 마치기도 전에 하나님의 사람들을 데려가신 까닭

하나님의 사람들은 능력을 받아 일반 사람들이 할 수 없는 특별한 일들을 했습니다. 그런데 하나님께서는 그들을 모두 일을 마치기 전에 데려가셨습니다. 구약의 가장 위대한 인물 모세도 가나안 땅으로 들어가지 못하도록 하셨습니다. 가장 위대한 왕 다윗에게도 하나님의 성전을 건축하지 못하게 하셨습니다. 신약의 가장 위대한 사도 바울도 로마 교회 설립을 허락지 아니하시고 참수형으로 데려가셨습니다. 그들에게 가려 하나님을 보지 못하는 일이 없게 하신 것입니다. 또한 그 하나님의 사람들은 스스로를 결코 신령한 사람으로 보지 않았고, 다른 사람들이 자신을 그렇게 보는 것을 극도로 경계했습니다. 그들이 이구동성으로 하는 말이 있습니다. "나도 사람이다"(행 10:26). 스스로를 높이는 사람들은 이유 여하를 막론하고 참 하나님의 사람이 아닙니다.

하나님께서 우리들의 마음을 독점하려고 그러신 것이 아닙니다. 그렇게 하신 이유는 오직 구원은 하나님으로부터 오는 것이기 때문입니다. 미신은 아무리 하나님 같은 모습과 기독교적 외양으로 꾸몄다고 해도 '미혹의 영'으로부터 오는 것임을 명심해야 합니다.

'기도하는 사람', 소위 예언의 은사를 가진 사람들도 그 부류에 속합니다. 그들을 찾아가거나 교회에 발을 붙이게 해서는 안 됩니다. 신명기 말씀입니다. "너희 중에 선지자나 꿈꾸는 자가 일어나서 이적과 기사를 네게 보이고 그가 네게 말한 그 이적과 기사가 이루어지고 너희가 알지 못하던 다른 신들을 우리가 따라 섬기자고 말할지라도 너는 그 선지자나 꿈꾸는 자의 말을 청종하지 말라. 이는 너희의 하나님 여호와께서 너희가 마음을 다하고 뜻을 다하여 너희의 하나님 여호와를 사랑하는 여부를 알려 하사 너희를 시험하심이니라"(신 13:1-3). 이어서 하나님께서는 단호히 말씀하십니다. "그런 선지자나 꿈꾸는 자는 죽이라"(신 13:5).

사도 바울이 탄식하며 말합니다. "이제는 너희가 하나님을 알 뿐 아니라 더욱이 하나님이 아신 바 되었거늘 어찌하여 다시 약하고 천박한 초등학문으로 돌아가서 다시 그들에게 종노릇 하려 하느냐"(갈 4:9).

구원의 능력은 오직 삼위일체 하나님께 있으며, 그분과의 관계에 의해서 이루어짐을 잊어서는 안 됩니다. 하나님을 가장 사랑하십시오. 한눈을 팔아 그분의 손을 놓치는 일이 없게 하십시오.

영혼의 병, 영혼의 건강

이제 오늘의 본주제로 넘어갑니다.

"네가 낫고자 하느냐?" 예수님의 이 질문에 대해 아마 이렇게들 대답할 것입니다. "아픈 사람이 바라는 것은 병이 낫는 것이지, 물어보고 자시고 할 것 없습니다." 그런데 과연 그럴까요? 몸에서 마음이나 영혼의 차원으로 넘어가면 그 대답은 달라집니다.

사람들은 그저 육신의 병만 낫기를 원합니다. 그러나 정작 심각한 것은 영혼의 병입니다. 수많은 영혼의 병을 앓고 있음에도 사람들은 별로 개의치 않습니다. 영혼의 병을 알려주고 이것을 고쳐야 한다고 말하면 오히려 반발합니다. 그렇다면 대단한 치유의 기적으로 몸이 나았다고 해도 그 기적의 의미는 퇴색되고, 하나님의 권능은 한낱 미신의 대상으로 전락해버립니다.

성경 곳곳에는 영혼의 병 목록이 적혀 있습니다. 다음은 그중 하나입니다. "말세에 고통하는 때가 이르러 사람들이 자기를 사랑하며 돈을 사랑하며 자랑하며 교만하며 비방하며 부모를 거역하며 감사하지 아니하며 거룩하지 아니하며 무정하며 원통함을 풀지 아니하며 모함하며 절제하지 못하며 사나우며 선한 것을 좋아하지 아니하며 배신하며 조급하며 자만하며 쾌락을 사랑하기를 하나님 사랑하는 것보다 더하며 경건의 모양은 있으나 경건의 능력은 부인하니"(딤후 3:1-5).

스스로를 점검하십시오. 만약 내게 이런 면들이 있다면, "안 그런 사람 있으면 나와보라 그래!"라고 소리치지 말고, 내가 영혼의 병을 앓고 있음을 인정하고, 주 앞으로 나가 "주여, 낫기를 간절히 원합니다"라고 간구해야 합니다.

영혼이 건강해지면 마음과 육신도 회복됩니다. 영혼의 병은 오직 삼위일체 하나님만이 고치실 수 있습니다. 마리아도 천사도 고칠 수 없습니다. 신령한 목사는 더더구나 아닙니다. 생명의 원천은 오직 삼위일체 하나님이십니다. 그 하나님을 가장 사랑하며 신뢰하고 예수님을 닮아가야만 하는 이유가 바로 여기에 있습니다.

눈멀고 귀 먹고 말 못하는 삼중고를 겪은 헬렌 켈러가 이런 말을 남겼습니다. "하나님을 향하여 서 있으면 그 어떤 어두움도 보이지 않습니다."

헬렌 켈러가 어느 날 숲 속을 다녀온 친구에게 물었습니다. "무엇을 보았니?" 그 친구는 별 특별한 것이 없었다고 말했습니다. 헬렌 켈러는 이해할 수 없었습니다. '두 눈 뜨고도 두 귀 열고도 특별히 본 것도 들은 것도 없고, 할 말조차 없다니….' 그래서 헬렌 켈러는 만약 자신이 단 사흘만이라도 볼 수 있다면 어떤 것을 보고 느낄 것인지 미리 계획을 세웠습니다. 그리고 "내가 사흘 동안 볼 수 있다면(Three Days To See)"이란 제목의 에세이를 〈애틀랜틱 먼스리〉 1933년 1월 호에 발표했습니다.

다음은 그 요지입니다.

첫째 날, 나는 친절과 겸손과 우정으로 내 삶을 가치 있게 해준 설리번 선생님을 찾아가, 이제껏 손끝으로 만져서만 알던 그녀의 얼굴을 몇 시간이고 물끄러미 바라보면서 그 모습을 내 마음속에 깊이 간직해두겠습니다. 그러곤 밖으로 나가 바람에 나풀거리는 아름다운 나뭇잎과 들꽃들 그리고 석양에 빛나는 노을을 보고 싶습니다.

둘째 날, 먼동이 트며 밤이 낮으로 바뀌는 웅장한 기적을 보고 나서, 서둘러 뉴욕 자연사박물관을 찾아가 하루 종일 인간이 진화해온 궤적을 눈으로 확인해볼 것입니다. 그리고 걸음을 옮겨 메트로폴리탄 미술관을 찾을 것인데, 그곳에서는 찬란한 인간 정신의 변화상을 볼 수 있을 거예요. 그리고 저녁에는 보석 같은 밤하늘의 별들을 바라보면서 하루를 마무리하겠습니다.

마지막 셋째 날에는 사람들이 일하며 살아가는 모습을 보기 위해 아침 일찍 큰길에 나가 출근하는 사람들의 얼굴 표정을 볼 것입니다. 그러고 나서 오페라하우스와 영화관에 가 공연들을 보고 싶습니다. 그리고 어느덧 저녁이 되면 네온사인이 반짝거리는 쇼윈도에 진열돼 있는 아름다운 물건들을 보면서 집으로 돌아와 나를 이 사흘 동안이라도 볼 수 있게 해주신 하나님께 감사의 기도를 드리고 다시 영원히 암흑의 세계로 돌아가겠습니다.

헬렌 켈러의 글은 당시 경제 대공황의 후유증에 허덕이던 미국인들을 크게 위로하였고, 〈리더스 다이제스트〉는 이 글을 '20세기 최고의 수필'로 꼽았습니다.

기적은 새로운 창조의 맛보기

　모든 기적은 삼위일체 하나님께서 과거에 하셨던 일, 현재 하시는 일, 앞으로 하실 일들을 순식간에 드러낸 것입니다. 하나님께서 하신 일들이 너무나 크고 장대하여 사람들이 인지하지 못했던 것들을 단시간에 특정한 사람에게 행하신 아주 소소한 일들이 바로 기적들입니다. 하지만 존재 자체, 생명 자체가 훨씬 더 큰 하나님의 기적이며 선물입니다. 이 사실을 안다면, 베데스다 연못가의 38년 된 병자에게 행하신 일이 아주 작은 일이라는 것을 깨닫게 되며, 그런 기적이 내게 일어나지 않는다고 실망하지도 않습니다.

　정말 중요한 사실이 있습니다. 예수님의 기적들은 새 하늘과 새 땅이 임할 때 우리들이 경험하게 될 새로운 창조의 맛보기라는 점입니다. 그래서 C. S. 루이스는, "기적들은 겨울에 활짝 피어나 다가오는 봄을 미리 알려주는 봄맞이 꽃이다"라고 말합니다.

　우리들은 현재, 인생이라는 매서운 비바람과 차가운 서리에 오들오들 떨고 있지만, 앞으로 우리가 맞이하게 될 봄에는 "하나님은 친히 그들과 함께 계셔서 모든 눈물을 그 눈에서 닦아주시니 다시는 사망이 없고 애통하는 것이나 곡하는 것이나 아픈 것이 다시 있지 아니하게"(계 21:3-4) 됩니다.

　예수님께서 이 땅에 오셔서 사탄의 지배 아래 사망 권세에 휘둘리며 그저 육신의 안녕만을 바라며 전전긍긍하는 우리들을 위하여 죽음의 왕 사탄과 싸우셨고 이기셨습니다. 그리고 영원한 생명과 하나님과의 새로운 시작의 문을 열어주셨습니다. 타락과 함께 단절되었던 영원하신 하나님의 창조가 새롭게 시작된 것입니다.

그러므로 기적만을 위한 기적을 기다리다 절망하거나, 내게 임한 기적을 그저 육신만을 위한 단세포적 사건으로 전락시키거나, 우연한 이벤트로 치부해서는 안 됩니다.

예수님이 부활하신 것은 그저 우리에게 단순히 영원한 생명을 주시기 위함이 아닙니다. 기쁨과 영광이 없는 영생은 곧 지옥입니다. 기적은 하나님 안에 있는 영원한 기쁨과 꺼지지 않는 영광을 잠깐 보여주시는 하나님의 선물입니다.

C. S. 루이스가 말합니다. "현재 우리에게 주어진 육신은 조랑말과 같습니다. 우리는 이 조랑말을 다루는 법을 배워야 합니다. 언젠가는 더 큰 말, 날개 달린, 빛나는, 지축을 흔드는 말을 자유자재로 타고 즐길 수 있기 위해서입니다. 그 말들은 지금 이 순간에도 하나님의 마구간에서 앞발을 구르며 콧김을 내뿜으며 어서 빨리 우리를 태우고 싶어 안달하고 있을 것입니다. 이 말을 타고 하나님과 함께 달리는 질주를 생각해보십시오."

삼중고의 헬렌 켈러는 장차 하나님과 함께 달릴 그 찬란한 질주를 생각하며 어떤 고난과 역경도 기쁨으로 이겨냈습니다.

"내 이름을 경외하는 너희에게는 공의로운 해가 떠올라서 치료하는 광선을 비추리니 너희가 나가서 외양간에서 나온 송아지같이 뛰리라"(말 4:2).

온전케 하시는 주님의 손을 붙잡고 무기력과 책임전가와 시험의 자리를 박차고 일어나시기를, 어떤 실패도 책임져주시는 하나님의 약속을 믿고 다시 시작하시기를 바랍니다.

16
하나님의 일, 곧 내 일

요 5:10-18

자동차의 본질이 뭔지 아십니까? 'run, turn, stop, protect', 달리고, 돌고, 멈추고, 보호하는 것입니다. 한 자동차 회사의 선전문구입니다.

미국에는 '캐딜룩'이라는 자동차가 있는데, 겉껍데기는 '캐딜락'이지만 정체불명의 중고 엔진을 달았습니다. 외양이 아무리 아름답게 잘 빠졌어도 자동차의 본질이 충족되지 않는다면 오히려 사고와 불행을 부르는 자동차입니다.

본질을 모른 채 비본질을 좇다가 패망하는 일이 세상에는 너무나 많습니다. 그래서 기독교와 그리스도인의 본질, 교회의 본질이 무엇인지 반드시 확인해야 합니다.

타락이란, 어려운 말로 하면, 비본질이 본질을 삼켜버린 것입니다. 돈, 외모, 권력, 행복, 모두 모두 중요한 것들입니다. 그러나 가장 중요한 것은 아닙니다. 이런 것들을 하나님과의 관계보다 더 중요하게 여기는 것이 바로 타락입니다. 세상 사람들은 하나님을 모릅니다. 그래서 돈, 권력, 행복을 최고의 가치로 생각하고 추구합니다. 하지만 가장 중요한 것을 모른다면 그런 부차적인 것들을 얻으려고 무진 애를 쓰게 되며, 설사 얻었다고 해도 여러 폐해들이 올무가 되고 함정이 됩니다.

온 우주만물과 우리들을 지으신 분은 창조주 하나님이십니다. 하나님께서 자신을 드러내시며 가장 중요한 것을 가르쳐주시는 것 자체가 은혜 중의 은혜입니다.

타락의 결과

기독교인들은 모두 하나님의 살아 계심을 인정합니다. 그런데 그것이 모두가 아닙니다. 아담과 하와도, 바리새인들도 누구보다 하나님의 존재를 잘 알고 있었습니다. 그럼에도 그들은 엉뚱한 길, 하나님과는 정반대로 갔습니다. 하나님의 뜻을 몰랐기 때문입니다. 기독교의 본질은 곧 삼위일체 하나님의 뜻입니다.

기복신앙은, 겉으로는 가장 경건해 보이지만 현세의 부귀영화와 무병장수, 만사형통에 초점을 맞추므로 가장 타락한 종교행태입니다. 종교적 타락만큼 무서운 것도 없습니다. 자신이 가장 잘하고 있다는 맹신 때문입니다. 맹신은 자신의 잘못을 보지 못하게 만듭니다. 그래서 사망의 벼랑 끝에 서도 자신이 죽을 줄을 모릅니다.

또한 어떤 타락이든 그 자체로 끝나지 않습니다. 타락하게 되면, 자동적으로 하나님께서 만드시고 경영하시는 창조법칙을 거스르게 됩니다. 이에 대해 창세기에서 하나님께서 다음과 같이 말씀하십니다. "땅이 네게 가시덤불과 엉겅퀴를 낼 것이라"(창 3:18). 하나님의 주권을 인정하지 않는 인간들로 인하여 온 산야와 바다가 신음합니다. 잘못된 신앙관이 나와 가정과 교회를 가시덤불과 엉겅퀴로 뒤덮인 곳으로 만듭니다. 이것이 첫 번째 타락의 결과입니다. 이어지는 것은 우리 인간들의 몸부림입니다. 이에 대해 하나님께서 다음과 같이 말씀하십니다. "땅은 너로 말미암아 저주를 받고 너는 네 평생에 수고하여야 그 소산을 먹으리라" (창 3:17). "네가 흙으로 돌아갈 때까지 얼굴에 땀을 흘려야 먹을 것을 먹으리니 네가 그것에서 취함을 입었음이라. 너는 흙이니 흙으로 돌아갈 것이니라"(창 3:19).

종교적 타락의 폐해는 훨씬 더 무섭습니다. 세상에서도 땀을, 교회에서는 더 많은 땀을 흘리게 만들면서도, 폴 투르니에의 말처럼 '교회성 노이로제'에 걸리게 만듭니다.

의식주보다 본질적인 것

오늘 본문을 통해, 본질을 보지 못하고 비본질을 좇는 기복신앙자들의 행태가 얼마나 어처구니없는 것인지 보게 됩니다.

예수님께서는 베데스다 연못에서 38년 된 환자를 고쳐주셨습니다. 그런데 이 일로 사달이 나고, 이 일을 계기로 예수님에 대한 핍박이 시작됩니다.

"그 사람이 유대인들에게 가서 자기를 고친 이는 예수라 하니라. 그러므로 안식일에 이러한 일을 행하신다 하여 유대인들이 예수를 박해하게 된지라"(요 5:15-16).

왜 아픈 사람을 살려준 좋은 일이 박해받는 계기가 되었을까요? 그것은 안식일을 거룩하게 지키라는 하나님의 율법 때문입니다. 참 이상한 일입니다. 하나님의 아들 예수님이 아버지 하나님께서 주신 율법으로 말미암아 핍박을 받게 된 것입니다. 어떻게 이런 일이 일어날 수 있는 것일까요?

하나님께서 이스라엘 백성들에게 십계명을 주신 목적부터 올바로 인식해야 합니다.

프랑스 신학자 앙드레가 말합니다. "계명은 사람들을 동물성으로부터 인간성으로 끌어올린다." 정말 맞는 말입니다.

아무리 포악한 동물이라도 배가 부르면 사냥을 멈춥니다. 그러나 우리 인간들은 창고에 가득가득 쌓고도 더 쌓으려고 눈을 부라리며, 일용할 양식에 절대로 만족하지 못하는 최악의 동물입니다. 그 동물성에서 벗어나게 하고 하나님의 존귀한 자녀답게 만드는 것이 바로 하나님의 계명입니다. 하나님의 계명은 우리가 현재 이해하거나 느끼거나 원하는 것 너머를 보고, 그리로 가고, 그에 맞게 살게 합니다. 이것이 하나님의 계명의 본질입니다. 그러나 사람들은 잘 믿는다면서 이 본질을 망각합니다.

하나님께서 광야에서 십계명을 주셨습니다. 나 외에는 다른 신들을 두지 말라, 아무것으로도 하나님의 형상을 만들지 말라, 하나님의 이름을 망령되게 부르지 말라, 안식일을 거룩하게 지키라 등입니다. 그런데 '다른 신들을 네게 두지 말라'는 계명은 사람들의 마음속을 열어보지 않는 이상 불순종 여부를 알 수 없습니다. 하나님의 형상을 만들지 말라는 계명은, 아무것도 없는 광야를 떠돌다 보니 만들 수도, 만들 필요도 없습니다. 그런데 안식일에는 아무 일도 하지 말고 안식하라는 계명의 준수 여부는 쉽게 드러납니다.

광야에서 안식일이 되었습니다. 한 사람이 들에 나가 땔감을 마련하고 있었습니다(민 15:32). 안식일에 뭔가 더 얻기 위하여 그랬던 것입니다. 그는 안식일을 범한 죄를 지고 죽어야 했습니다. 그 이후 안식일을 범하는 것이 무엇인지 연구하여 수많은 율법들이 정해졌습니다.

왜 하나님께서는 안식일을 범한 그 사람을 죽게 하셨을까요?

이스라엘 백성이 광야에 이르자 제일 먼저 해결해야 하는 것은 먹고 마시는 문제였습니다. 그런데 하나님께서는 만나와 메추라기를 보내주셔서 먹는 문제를 해결해주셨습니다. 그렇게 하신 이유는, 이스라엘 백성들이 의식주보다 더 본질적인 것을 보게 하기 위함입니다.

만나는 하루가 지나면 상하여 냄새가 났습니다. 그러나 안식일 전에는 이틀치를 거두게 하시고 안식일에 쉴 수 있도록 조치해주셨습니다. 그런데 사람들은 욕심을 부려 안식일에도 들에 나가 만나를 거두어들였고, 그들은 죽임을 당했습니다. 하나님의 이러한 처사가 가혹하다 생각할 수도 있지만, 안식일을 무시하는 사람은 살아도 산 것이 아님을 가르치시는 것입니다.

영적인 것과 종교적인 것

하나님께서 모세를 통하여 말씀하십니다.

"안식일을 기억하여 거룩하게 지키라. 엿새 동안은 힘써 네 모든 일을 행할 것이나 일곱째 날은 네 하나님 여호와의 안식일인즉 너나 네 아들이나 네 딸이나 네 남종이나 네 여종이나 네 가축이나 네 문 안에 머무는 객이라도 아무 일도 하지 말라. 이는 엿새 동안에 나 여호와가 하늘과 땅과 바다와 그 가운데 모든 것을 만들고 일곱째 날에 쉬었음이라. 그러므로 나 여호와가 안식일을 복되게 하여 그날을 거룩하게 하였느니라"(출 20:8-11).

하나님과 더불어, 식구나 다른 이웃들과, 심지어는 종이나 가축까지도 하나님 앞에서 쉬는 복된 날입니다. 거룩하게 하셨다는 것은 구별하셨다는 것입니다. '거룩'은 히브리어로 '카도시'로, '밝게 빛나다', '따뜻하다', '새롭게 하다'라는 뜻입니다. 사랑하는 하나님을 만나 어두움과 근심을 털어내고 다시금 하나님의 빛으로 밝게 따뜻하게 새롭게 되라는 것입니다. 숨소리 낮추고 꼼짝 않고 지내는 것과는 아무 관계도 없는 말입니다.

그런데 안식일이 되어도 하나님 만날 생각은 없고, 자신들이 만든 270여 개의 안식일 법을 지켜서 하나님 눈에 들어 복을 받고 잘 먹고 잘살겠다는 일념밖에는 없습니다. 그래서 안식일 법을 지키느라, 또 남들을 감시하느라, 안식일은 가장 피곤한 날이 되어버렸습니다. 가시덤불과 엉겅퀴를 낸 것이며, 비본질이 본질을 삼켜버린 것입니다. 그렇게 안식일을 망친 주범들이 바로 바리새인들입니다. 오늘날은 어떻습니까? 주일은 숙제를 점검받고 새로 숙제를 부과받는 괴로운 날이 되어버렸습니다.

바리새인들의 삼엄한 감시망에 한 남자가 걸려들었습니다. "아니, 당신 뭐야. 왜 안식일에 뭘 들고 왔다 갔다 하고 있어!" 38년 만에 나은 사람이 어찌 안식일이라고 가만히 있겠습니까? 그 사람은 신이 나서 사건의 자초지종을 말합니다. "뭐라고? 안식일에 병자를 고쳐? 천벌을 받을! 그 사람 누구야!" 그렇게 해서 예수님께서 걸려든 것입니다.

그로부터 바리새인들은 하나님의 아들 예수님을 죽이는 데 모든 생명과 에너지를 탕진하게 됩니다. 이것이 본질을 망각한 종교적 타락이 얼마나 무서운 것인지 단적으로 보여주는 예입니다.

예수님은 종교적이셨을까요? 굉장히 어려운 질문입니다. 흔히 종교적인 것과 영적인 것이 동일한 것이라고 생각하는데, 착각 중의 착각입니다. 종교성에서 타의 추종을 불허하는 바리새인들이 예수님을 죽이려 했다는 것은 예수님은 종교적이지 않으셨다는 증거입니다.

SBNR족이라는 사람들이 있는데, SBNR은 'Spiritual but not Religious'를 줄인 말로, '영적이지만 종교적이지 않다'는 뜻입니다. 예수님은 종교적이지 않으셨으나 당연히 영적이셨습니다. 너무나 지당한 것입니다. 성령과 하나가 되신 예수님은 "내 아버지께서 이제까지 일하시니 나도 일한다"(요 5:17)고 하셨습니다. 예수님의 일은 바로 살리는 일, 생명의 일입니다.

예수님께서 안식일에 하나님의 성전에서 제사 드리고 바로 베데스다 연못에 가셨습니다. 그리고 병자를 고치셨습니다. 그것이 바로 하나님의 일이기 때문입니다.

하나님의 성전에서 제사를 드린 바리새인들이 쏟아져 나왔습니다. 그들이 하나님의 마음과 뜻을 알았다면 그들 역시 베데스다 연못가의 병자들을 돌봐야 했습니다. 그러나 그렇게 하지 않았습니다. 38년 만에 일어난 병자가 38년 동안 깔고 있던 깔개를 손에 들고 걸어가는 것을 보고 힐난하며 추궁하였습니다. 안식일에는 손에 마른 무화과 한 개 이상의 뭔가를 들 수도, 1킬로미터 이상을 걸어갈 수도 없게 규례를 정해놨기 때문입니다.

SBNR족이란 예수님을 닮아가는 사람들입니다. 겉으로 드러난 종교 행위보다는 예수님과 하나가 되어 예수님의 긍휼함을 실천하는 사람들입니다. 바리새인들은 누구보다 경건의 모양은 있으나 경건의 능력은 전무합니다(딤후 3:5). 반면 진정한 예수님의 사람들은 경건의 모양뿐만 아니라, 경건의 능력을 마음껏 발휘하여 사람들을 살리는 일을 하는 사람들입니다.

안식일의 복

경건의 능력이 어디서 나오는지 그 근원을 구체적으로 알아봅시다.

창세기 1장과 2장을 자세히 읽어보면 수많은 피조물 가운데 하나님께서 '복을 담아놓은 것' 두 가지를 발견하게 됩니다.

"하나님이 자기 형상 곧 하나님의 형상대로 사람을 창조하시되 남자와 여자를 창조하시고 하나님이 그들에게 복을 주시며"(창 1:27-28).

"하나님이 그 일곱째 날을 복되게 하사 거룩하게 하셨으니"(창 2:3).

첫째, 하나님의 형상에 복을 담아두셨습니다.

둘째, 일곱째 날에 복을 담아두셨습니다. 이 두 가지가 창조의 핵심입니다.

높은 지위와 부와 명예와 권력을 소유한 사람, 잘생긴 외모와 뛰어난 머리와 재능을 가진 사람이 복 받은 사람이 아닙니다. 하나님의 형상을 회복한 사람, 그 사람이 하나님의 복을 받은 복된 존재입니다. 이것이 기독교와 교회의 본질로서, 하나님의 형상을 회복시켜 하나님의 자녀답게 살게 하는 것이 그 일의 핵심입니다. 하나님의 형상이 바로 우리 그리스도인들이 추구해야 하는 본질입니다.

그렇다면 하나님의 형상이란 구체적으로 무엇일까요?

사도 바울이 말합니다. "나의 자녀들아 너희 속에 그리스도의 형상을 이루기까지 다시 너희를 위하여 해산하는 수고를 하노니"(갈 4:19).

하나님의 형상은 곧 그리스도 예수의 형상입니다. 예수님의 생각과 마음과 행동을 닮아가노라면 하나님의 형상이 드러납니다. 우리는 '작은 그리스도'가 되어야 합니다. 지금 내가 행하고 있는 것이 과연 예수님과 같은지를 물어야 합니다.

하나님께서 일곱째 날, 곧 안식일에 복을 담아두셨습니다. 안식일이란 대단히 단순합니다. 히브리어 '사바트'의 뜻은 '멈추다', '쉬다'입니다. 즉, 하던 일을 멈추고 하나님과 안식하는 날입니다. 하나님 품 안에서 위로받고 힘을 얻고 하나님과의 관계를 다시 새롭게 하는 날입니다.

내 안에서 이 둘이 합쳐질 때 드디어 내 눈앞에 에덴동산이 그 모습을 드러냅니다. '복된 존재(하나님의 형상) + 복된 시간(안식일) = 에덴동산(생명, 기쁨)'인 것입니다. 이것이 더 큰 기쁨과 행복과 생명을 창출해내는 원동력, 진정한 경건의 능력입니다.

예수님께서 오신 목적 중 하나는 올바른 '하나님의 안식'을 가르치기 위해서입니다. 하지만 유대인들은 이를 거부하고 예수님을 가장 저주스러운 십자가에 못 박아버렸습니다. 그러나 예수님은 안식일 이튿날 새벽 미명에 부활하셔서 새로운 안식일, 곧 주일을 새롭게 제정해주셨습니다.

"보라, 내가 새 하늘과 새 땅을 창조하나니 이전 것은 기억되거나 마음에 생각나지 아니할 것이라. 너희는 내가 창조하는 것으로 말미암아 영원히 기뻐하며 즐거워할지니라"(사 65:17).

주일 아침 하나님의 자녀가 모인 곳에는 하나님 아버지의 사랑과 위로와 격려가 가득합니다. 모든 근심 걱정을 하나님 앞에 풀어놓으시고, 우리를 누구보다 사랑하시고 이해하시고 만물을 새롭게 만드시는 하나님의 능력을 마음껏 받으십시오. 우리 하나님 아버지께서 친히 이루십니다.

　예수님을 사랑하여 닮아가는 우리들이 되기를, 그리하여 하나님의 형상을 회복하고 하나님과 동행하며 어디서나 에덴의 행복을 누리기를 바랍니다.

17
그분의 음성을
들을 때

요 5:24-29

미시간 주 시골 태생의 한 소녀가 사사건건 간섭하는 아버지에 반발하여 가출해 멀리 디트로이트로 도망을 갑니다. 이튿날 소녀는 지금까지 본 것 중 제일 큰 차를 몰고 다니는 한 친절한 신사를 만났는데, 지금까지 누려본 적이 없는 온갖 좋은 것을 베풀어주었습니다. 가출하길 정말 잘했다 생각하며 신나고 행복한 며칠을 보냈습니다. 그런데 그 남자는, 우리들이 짐작하는 대로, 인신매매범이었습니다. 마약과 매춘에 1년여 만에 몸이 망가졌고, 병든 소녀는 더 이상 쓸모가 없다며 버림을 받았습니다. 굶주림을 안고 거리를 방황하기를 며칠, 소녀의 입에서 이런 말이 신음처럼 흘러나왔습니다. "하나님, 제가 어쩌다가 이렇게 되었을까요? 우리 집 개도 나보다 잘 먹는데…." 용기를 내어 집에 전화를 걸었습니다. 그러나 아무도 받지 않습니다. 그렇게 걸고 끊기를 수차례, 드디어 자동응답기에 메시지를 남겼습니다. "아빠 엄마, 저예요. 집에 갈지도 몰라요. 가게 되면 자정쯤 도착할 거예요. 아빠 엄마가 없으면 그냥 버스에 앉아 지나갈래요."

그렇게 버스에 올라 집으로 가는 일곱 시간 내내 온갖 근심과 상념이 떠올랐습니다. '엄마 아빠가 나오시지 않으면 어떻게 하지? 무슨 말을 해야 하지?' 드디어 자신이 살던 마을의 터미널에 도착하였습니다. 버스 기사가 말했습니다. "정차 시간은 15분입니다." 소녀의 인생을 판가름할 운명의 15분. 몰라보게 변해버린 얼굴의 화장을 열심히 지우며 버스에서 내렸습니다. '과연 나와 계실까? 뭐라고 말하지?' 두렵고 떨리는 마음을 진정시키며 머뭇머뭇 터미널 건물로 들어섰습니다. 그리고 소녀는 전혀 생각지도 못한 광경을 목도하게 됩니다.

밤 열두 시의 작은 시골 버스 터미널은 '환영'이라고 적힌 현수막이 여기저기 걸려 있었고, 우스꽝스런 파티 복장을 한 엄마 아빠와 형제자매부터, 삼촌들과 고모, 사촌들, 할머니, 증조할머니, 이모할머니까지 무려 40명이나 되는 일가친척이 다 나와 있었던 것입니다. 이들은 소녀를 보자 모두 요란하게 악기를 불며 환호성을 질렀습니다.

눈물은 하염없이 흐르고, 다가온 아버지에게 소녀가 말했습니다. "아빠, 죄송해요…." 아빠가 말했습니다. "쉿! 용서를 빌 시간이 없어. 파티에 늦을라. 집에 잔치가 준비되어 있거든."

20세기 탕자의 비유라 할 수 있는 이 이야기는 필립 얀시의 책,《놀라운 하나님의 은혜》(IVP, 2009)에 수록되어 있습니다.

은혜를 빼면 인간은 얼마나 초라해지는가

하나님의 은혜는 우리 생각과는 다른 것입니다. 정반대라고 해도 틀린 말이 아닙니다. 잘못을 했으면 응당 벌을 받아야 하는데, 하나님은 그러지 않으십니다. 또한 하나님의 은혜는 지극히 개인적인 것입니다. 마치 베데스다 연못가에 수많은 병자들이 있었지만 38년 된 병자만이 고침을 받은 것과 같습니다.

생각해봅시다. '아버지의 집에는 종들도 굶지 않는데…'(눅 15:17) 하며 집으로 돌아온 탕자, '우리 집 개도 나보다 잘 먹는데…'라며 집으로 발길을 돌린 그 소녀의 의도는 전혀 훌륭한 것이 아닙니다. 집으로 돌아가는 것 외에는 다른 방도가 없다는, 가련하고 누추하기 짝이 없는 생각입니다. 그럼에도 하나님은 그들을 두 팔 벌려 받아들이십니다. 받아들이는 정도가 아니라, 뛸 듯이 기뻐하십니다. 사실, 다시 찾은 기쁨은 처음 가졌을 때보다 훨씬 큽니다. 분실한 지갑이나 핸드폰을 다시 찾은 기쁨을 한번 생각해보십시오. 이것이 하나님을 향해 돌아서는 모든 자녀들이 깜짝 놀라게 되는 하나님의 은혜이며, 우리들을 다시 찾은 하나님의 기쁨입니다.

시인 조지 허버트가 말합니다. "인간에게서 은혜를 빼면 얼마나 초라한 존재가 되는가." 정말 맞는 말입니다.

은혜는 모든 인간에게 차별 없이 주시는 하나님의 최고의 선물이며, 기독교가 세상에 줄 수 있는 최상의 선물입니다. 그러므로 어떤 의도로든 하나님께 돌아오는 것이 우선입니다. 그리고 걱정도 계산도 하지 말고, 모든 것을 하나님께 맡기고 하나하나 차근차근 해나가면 됩니다. 이때 중요한 것 두 가지를 잊지 말아야 합니다. 첫째, 예수님의 방법대로 해야 합니다. 둘째, 이제는 내가 은혜의 통로가 되리라고 결심하는 것입니다.

하나님의 은혜는 오로지 사람을 통해서, 나를 통해서 이 땅에 임합니다. 은혜의 통로가 되는 일은 숙제가 아닙니다. 신나는 일입니다. 내가 은혜의 통로가 되리라는 마음만으로도 하나님의 능력이 나타나기 시작합니다.

은혜의 신비, 그에 참여하는 길

본문을 통해 예수님께서 하나님 은혜의 신비와 그에 참여하는 길을 설명해주십니다. 예수님은 5장 19절에서 "내가 진실로 진실로 너희에게 이르노니" 하시며 입을 떼시고는, 5장 47절에까지 이르는 긴 말씀을 하셨습니다. 이 말씀은 바리새인들이 왜 안식일에 병자를 고치고 소란스럽게 하느냐는 비판에 대한 답변입니다. 그 내용은 깊은 묵상을 요하는, 씹으면 씹을수록 메마른 내게서 점점 더 많은 하나님의 은혜가 흐르는 생명의 말씀입니다.

예수님께서 말씀하십니다. "아들이 아버지께서 하시는 일을 보지 않고는 아무것도 스스로 할 수 없나니 아버지께서 행하시는 그것을 아들도 그와 같이 행하느니라"(요 5:19).

"아버지께서 죽은 자들을 일으켜 살리심같이 아들도 자기가 원하는 자들을 살리느니라"(요 5:21).

"아버지께서 아무도 심판하지 아니하시고 심판을 다 아들에게 맡기셨으니"(요 5:22).

예수님께서는 여호와 하나님을 '아버지'라 부르며 자신과 동일시하고 계십니다. 아직 성령이 오시기 전입니다. 보혜사 성령은 예수님께서 부활·승천하신 후에 오순절 날 마가의 다락방에 임하셨습니다. 그러니까 예수님의 말씀은 성부와 성자 하나님에 대한 설명, '이위일체' 하나님에 대한 설명입니다. 바로 이 점, 하나님과 예수님 자신을 동일시하였다는 것에 대해 유대교 지도자들과 바리새인들이 대노하였고, 마침내 예수님께서 십자가에서 죽으셔야 했습니다. 성부 하나님과 성자 예수님, 나아가서는 성령 하나님이 동일하다는 사실은, 예수님의 목숨과 맞바꿀 만큼 중요한 것입니다.

우리들은 성부와 성자와 성령 하나님은 세 위격이나 한 분이시라는 것에 대해서 들어왔습니다. 이 삼위일체 하나님에 대해서 수많은 사람들이 설명했으나 그 신비를 다 설명할 수는 없습니다. 그런데 하나님은 왜 이렇게 이해할 수 없는 복잡한 모습으로 우리 앞에 서신 것일까요?

같은 하나님을 믿는 이슬람교(이스라엘의 '엘'과 이슬람교의 '알라'는 동일한 분입니다) 신자들은 그저 여호와 하나님만을 유일신으로 섬기고, 유대교인들은 성자 예수님을 부인하고, 성령 하나님도 다른 위격이 아닌, 그저 하나님의 영으로 생각합니다. 불교에서도 부처님만을, 무당들은 제갈공명이나 김유신 장군의 영만을 섬깁니다. 다른 종교에서는 수많은 잡신들을 섬길망정 삼위일체 하나님과 유사한 존재조차 없습니다. 인간은 자신도 알 수 없는 것을 만들어낼 수 없기 때문입니다. 이 사실만으로도 다른 종교들은 인간들이 유추해낸 것이고, 기독교만이 하나님의 계시에 의한 것임을 알 수 있습니다.

성부, 성자, 성령의 이름으로 세례를 받고 삼위일체 하나님의 자녀가 된다는 것은, 우리가 아버지 하나님, 아들 하나님, 성령 하나님 속으로 들어가는 것을 의미합니다. 상상할 수 없는 엄청난 은혜입니다.

기독교 이단들은 성부 하나님과 성령 하나님과 교주의 이름으로 세례를 받습니다. 이는 교주의 가르침을 따라 살겠다는 뜻이 됩니다. 실제로 그들은 그렇게 합니다. 온갖 비리의 교주를 목숨 걸고 지킵니다. 종교적 맹종이 얼마나 무서운 것인지 단적으로 보여주는 것입니다. 종교적 맹종, '사람 의존증'에서 벗어나야만 합니다.

예수님께서 말씀하십니다. "내가 진실로 진실로 너희에게 이르노니 내 말을 듣고 또 나 보내신 이를 믿는 자는 영생을 얻었고 심판에 이르지 아니하나니 사망에서 생명으로 옮겼느니라"(요 5:24). 너무나 당연한 말씀입니다. 영원하신 삼위일체 하나님에 참여한 나는 영생을 얻고, 심판에 이르지 아니합니다. 당연히 사망에서 생명으로 옮겨집니다.

이것이 얼마나 중요했으면 예수님은 이것을 마지막 고별설교의 중심 주제로 삼으셨습니다. "나는 포도나무요 너희는 가지라. 그가 내 안에, 내가 그 안에 거하면 사람이 열매를 많이 맺나니 나를 떠나서는 너희가 아무것도 할 수 없음이라"(요 15:5).

내가 세례를 통하여 삼위일체 하나님의 일부가 되었다는 것은, 온 우주만물과 인간을 창조하신 성부 하나님, 우리가 사는 땅에 오셔서 구체적인 구원을 이루시는 성자 예수님, 오늘도 우리 가운데 임하셔서 교회를 이루시고 자신의 말씀과 행위를 증언하시는 성령 하나님의 일에 내가 오늘 내 자리에서 동참한다는 뜻입니다.

공경이냐 아부냐

예수님께서 말씀하십니다. "이는 모든 사람으로 아버지를 공경하는 것같이 아들을 공경하게 하려 하심이라. 아들을 공경하지 아니하는 자는 그를 보내신 아버지도 공경하지 아니하느니라"(요 5:23).

'공경하다'에 해당되는 헬라어 '티마오'는 '명예롭게 하다'라는 뜻입니다. 하나님을 명예롭게 한다고 하면 가장 먼저 떠오르는 것이 경배와 찬양으로 드리는 '예배'입니다. 그런데 알아야 할 것이 있습니다. 단순히 말로만 명예롭게 하는 것은 '아부'입니다.

그래서 예수님께서 분명히 말씀하셨습니다. "나더러 주여 주여 하는 자마다 다 천국에 들어갈 것이 아니요, 다만 하늘에 계신 내 아버지의 뜻대로 행하는 자라야 들어가리라"(마 7:21).

하나님 아버지의 뜻대로 행하는 것이 무엇일까요? 예배, 기도, 전도, 봉사, 헌금 등 종교생활을 말하는 것이 아닙니다. 이것이 중요하지 않다는 것이 아닙니다. 굉장히 중요합니다. 그런데 예수님께서는 더 중요한 것이 있다고 하십니다.

"주여 주여" 한다고 모두 천국에 들어가는 것이 아니라는 말씀에 사람들이 들고일어났습니다. "(대체 무슨 말씀입니까?) 우리가 주의 이름으로 선지자 노릇 하며 주의 이름으로 귀신을 쫓아내며 주의 이름으로 많은 권능을 행하지 아니하였나이까?"(마 7:22) 이에 대해 예수님께서 무서운 말씀을 하십니다. "내가 너희를 도무지 알지 못하니 불법을 행하는 자들아 내게서 떠나가라"(마 7:23).

진정한 명예는 예수님을 올바로 이해하고 그분의 가르침을 따라 살 때만 가능합니다. 즉, 헬라어 '티마오'는 삶으로서의 존경입니다.

삼위일체 하나님께 '참여'한다는 것은 인격적 교제, 구체적 삶의 공유를 의미합니다.

유진 피터슨이 말합니다. "예수님을 이미지로 축소시키면 더 이상 예수님과 대면하지 않게 됩니다. 인격이 없는 이미지는 아무런 관계를 맺을 필요가 없기 때문입니다."

가톨릭에는 예수님의 표준 영정이라는 것이 있습니다. 제가 이스라엘에 처음 갔을 때 그것을 보았는데, 짙은 눈썹에 쌍꺼풀 진 눈이 잔상으로 남아 오히려 묵상과 기도에 방해가 될 뿐입니다. 하나님께서는 그 어떤 형상도 엄격히 금하셨고, 성경 어디에도 예수님의 모습에 대한 어떤 언급도 없습니다.

인격적인 하나님과 동행하는 삶

하나님께서 원하시는 것은 나와 가장 친밀한 인격적인 관계입니다. 이 자체가 은혜 중의 은혜입니다. 그래서 탕자도, 잃은 양도, 미시간 시골 소녀도, 우리들도 하나님께 돌아오면 무조건 받아들이십니다.

하나님은 비인격적인 자리에 앉아 관리만 하시는 분이 아닙니다. 그분은 나와는 멀리 떨어져 있어서 알현하기 위해서는 천사나 목사를 거쳐야 하는 비인격적인 분이 절대로 아닙니다. 아무리 십자가를 높이 세워놨어도 하나님과 나 사이에 목사나 사제가 있어야 한다고 주장하면 그것은 잘못된 기독교, 잘못된 교회입니다.

모든 하나님의 사람들이 얼마나 생생하게 하나님과 동행했는지 성경에 생생하게 그려져 있습니다. 그들이 특별해서가 아닙니다. 오히려 부족하고 나약했기 때문입니다. 다만 그들은 오로지 하나님을 향해 서 있었습니다. 사망의 음침한 골짜기에서도 하나님의 손을 놓지 않았습니다. 그렇게 하는 사람, 바로 그 사람들이 특별해집니다.

예수님께서 유언처럼 말씀하셨습니다. "보혜사 곧 아버지께서 내 이름으로 보내실 성령 그가 너희에게 모든 것을 가르치고 내가 너희에게 말한 모든 것을 생각나게 하리라"(요 14:26). 이 말씀으로 성부 하나님,

성자 예수님, 그리고 성령 하나님께서 하나임을 천명하셨습니다. 성령 하나님은 이제 영으로 나와 가장 가까이 교통하시고 인도하십니다. 예수님의 가르침을 2천 년이 지난 오늘에도 생각나게 하셔서 그 삶을 살게 하십니다.

예수님은 구약의 완성자로 이 땅에 오셨습니다. 구약에 나타나셨던, 때로는 무서웠던 성부 하나님의 마음을 우리들에게 알려주시며 실제 삼위일체 하나님의 사랑을 온몸으로 보여주셨습니다.

그 예수님께서 말씀하십니다. "보라, 네가 나았으니 더 심한 것이 생기지 않게 다시는 죄를 범하지 말라"(요 5:14). 38년 된 베데스다의 병자에게, 가출했던 그 소녀에게, 그리고 삼위일체 하나님의 일에 참여한 우리 모두에게 동일하게 하시는 말씀입니다.

우리 모두 각자의 삶의 자리에서 살리는 일을 신나게 하다 보면 엉뚱한 죄를 지을 시간도, 생각도 없게 되고, 어느새 나는 자랑스런 하나님의 자녀가 됩니다. 그 은혜와 복을 누리고 베푸시기를 바랍니다.

18
나는 영광을 취하지 아니하노라

요 5:41-44

"껍데기 목회자는 가라."

모든 목회자들을 움찔하게 만드는 이 말은 책 제목입니다. 원제는 'The Unnecessary Pastor'입니다. '불필요한 목회자' 정도로 충분한 제목을 파격적으로 붙인 것입니다. 그 책에서 유진 피터슨은 세 종류의 불필요한 목회자를 열거하는데, 잘 들어보면 단순히 목회자를 향한 것이 아님을 알 수 있습니다. 주의 깊게 들어보시기 바랍니다.

첫째, 목회자들은 오늘의 문화가 중요하다고 여기는 것에 대해 불필요한 존재들입니다. 세속 문화를 옹호·강화하고 그 안에서 안정의 바탕을 제공하는 목회자, 다시 말해서 종교생활 열심히 하면 만사형통의 삶을 산다고 가르치는 목회자는 불필요하다는 것입니다. 예수님께서는 하나님의 뜻과는 반대로 치닫는 세속문화에 불을 던지러 오셨고(눅 12:49), 목회자는 그 일에 동참하는 사람이기 때문입니다.

둘째, 스스로를 대단히 중요한 본질적 존재라고 생각하는 목회자들은 불필요합니다. 교회에서 목회자가 가장 높은 자리를 차지해야 한다고 자타가 생각합니다. 물론 상당히 중요한 일을 하는 중요한 존재들이긴 하지만, 스스로를 그와 같이 '거만한 방식'으로 생각하는 목회자들은 불필요합니다. 하나님께서는 언제나 다른 사람들을 찾아내셨고, 앞으로도 그렇게 하실 것입니다.

셋째, 교인들이 요구하고 주장하는 측면에서 목회자는 불필요한 존재입니다. 교인들은 자신들을 이끌어주는 지도자와 자신이 속해 있는 종교집단을 관리해줄 목회자를 원하지만, 그런 태도를 취함으로써 자신이 예수님을 따라가야 하는 귀찮은 책임을 회피합니다.

사도 바울이 말했습니다. "눈가림만 하여 사람을 기쁘게 하는 자처럼 하지 말고 그리스도의 종들처럼 마음으로 하나님의 뜻을 행하고 기쁜 마음으로 섬기기를 주께 하듯 하고 사람들에게 하듯 하지 말라"(엡 6:6-7). 정말 필요한 목회자는 하나님의 뜻을 올바로 헤아리고 가르쳐 성도들로 하여금 그분의 뜻을 살게 하는 존재들입니다.

유진 피터슨은, 목회자들이 세상의 성공 기준에서는 자신들이 불필요하다는 것을 깨달아야 비로소 '정말 필요한 일'을 자유롭게 감당할 수 있다고 말합니다.

허구의 영광

하나님의 말씀은 인간의 필요에 의해 주어진 것이 아닙니다. 복음은 우리 인간들이 하나님께 원하는 것이 아닌, 하나님께서 우리들에게 원하는 것의 총체입니다. 하나님께서 우리들에게 무엇을 원하는지 알려주신 것 자체가 은혜 중의 은혜입니다.

안식일에 병자를 고쳤다고 힐난하는 바리새인들을 향해 예수님께서 말씀하십니다. "나는 사람에게 영광을 취하지 아니하노라"(요 5:41). 엄청난 말씀이 아닐 수 없습니다.

대부분의 사람들은 영혼을 팔아서라도 영광을 얻기 원합니다. 신실하다고 칭송받던 연예인들이 인기가 떨어졌다고 목숨을 끊습니다. 이는 신앙도 세상의 영광을 얻기 위한 수단이었음을 스스로 인정한 것입니다.

참으로 예수님은 하나님으로부터 오지 않는 어떤 영광도 구하지 아니하셨습니다. 40일을 금식하신 후에도, 단 한 번만 자신에게 절을 하면 만국의 영광과 권세를 주겠다는 사탄의 제안을 단호히 거절하셨습니다.

이어서 말씀하십니다. "너희가 서로 영광을 취하고 유일하신 하나님께로부터 오는 영광은 구하지 아니하니 어찌 나를 믿을 수 있느냐"(요 5:44).

서로에게 영광을 구하는 것이 무엇인지 올바로 인식해야 합니다.

우리의 삶은 서로에게 영광을 구하는 일로 가득합니다. 어떤 사람이 출세하여 고향에 좋은 일을 한다고 합시다. 속내를 알고 보니 국회의원이 되기 위해서입니다. 힘이 없으면 세력가들을 추종하며 아부라도 합니다. 영광 부스러기라도 얻겠다는 것입니다. 그러다가 자신을 알아주지 않거나 대가가 없으면 화를 내고 복수를 꾀하기도 합니다.

목사로서 가장 잘해야 하는 일 중 하나는 칭찬하는 일입니다. 그것도 공평하게 해야 합니다. 만약 몰라주거나 과하게 칭찬했다가는 사달이 납니다. 심방하고 면담을 합니다. 하나님 안에서 서로 이해하고 교통하기 위해서인데, 어떤 사람들은 자기 자랑을 열거하며 목사에게 인정받으려 합니다. 목사에게 그 시간은 고역 중의 고역입니다. 목사가 인정해 주는 것이 영혼 구원에 일말의 도움이라도 된다면 열심히 하련만, 사실

목사의 인정 따위는 아무짝에도 소용이 없습니다. 목사와 교인들이 서로를 치켜세우며 헛된 영광을 구하다가는 예수님과 복음을 모두 잃어버립니다.

왜 허구의 영광을 구하다 진실이 실종된 채 생색과 아부만이 판치는 세상을 만들게 되었는지, 그 근원을 보아야 합니다.

루시퍼의 타락

하나님께서 예언자 이사야를 통해 너무나 중요한 말씀을 하십니다. "너 아침의 아들 계명성이여 어찌 그리 하늘에서 떨어졌으며 너 열국을 엎은 자여 어찌 그리 땅에 찍혔는고. 네가 네 마음에 이르기를 내가 하늘에 올라 하나님의 뭇 별 위에 내 자리를 높이리라. 내가 북극 집회의 산 위에 앉으리라. 가장 높은 구름에 올라가 지극히 높은 이와 같아지리라 하는도다. 그러나 이제 네가 스올 곧 구덩이 맨 밑에 떨어짐을 당하리로다"(사 14:12-15).

먼저 '아침의 아들 계명성'이 누구인지 아셔야 합니다. '루시퍼'라는 이름을 들어보셨습니까? 사탄의 이름입니다. 루시퍼는 '빛을 가져온 자'라는 뜻으로, 'lux(빛)'과 'ferre(가져오다)'가 합쳐진 말입니다. 계명성은 별 중에서 가장 먼저 뜨는 가장 밝은 별인 금성의 이름인데, 단테의 《신곡》과 존 밀턴의 《실낙원》 같은 책을 통해서 사탄의 이름으로 대중화되었습니다.

루시퍼는 원래 가장 신뢰받는 천사장(天使長)이었습니다. 이름처럼 찬란하게 빛나는 그는 다른 천사들을 압도하는 아름다움과 용기와 기품의 천사였습니다. 그런데 루시퍼는, 스스로를 위대하다고 여기며 하나님 자리에 앉을 생각을 품었습니다. 그러다가 그에게 동조하던 부하 천사들(전체 천사의 3분의 1)과 함께 하늘에서 추방됩니다. 이 개념은 성경에도 나와 있습니다. "그(사탄) 꼬리가 하늘의 별 삼분의 일을 끌어다가 땅에 던지더라"(계 12:4).

'아침의 아들 계명성' 루시퍼가 품었던 생각, '하늘에 올라 하나님의 뭇 별 위에 내 자리를 높이리라. 가장 높은 구름에 올라가 지극히 높은 이와 같아지리라'는 생각이 바로 영광을 얻겠다는 그 생각입니다. 영광은 누구나 원하는 것, 그래서 누구나 가진 당연한 생각으로 여기지만, 사실 모든 불행과 재난의 근본 원인입니다.

높아지려는 마음이 곧 '교만'입니다. 높아지고 독점하기 위해서는 다른 사람들을 반드시 무너뜨려야 합니다. 그래서 '교만'은 언제나 '파괴'를 동반합니다.

사탄의 별명은 여러 개가 있는데, 무엇보다도 그는 '거짓의 아비'(요 8:44)입니다. "네가 얼마나 중요한 존재인지 사람들에게 보여줘." "저 사람을 이겨야 해. 제거해야 해. 그래야 네가 살아." 모두 거짓말입니다. 그러나 사람들이 사탄의 거짓말에 걸려들고, 그 일에 몰두하다 자멸합니다.

사탄은 '밤낮 참소하던 자'(계 12:10)입니다. 참소는 고자질입니다. "네가 목사라고? 네가 그리스도인이라고? 먼저 네 꼴을 봐. 그렇게 한다고 될 것 같아?" 그렇게 스스로를 자책하게 만들어 주저앉혀버립니다. 한편 자신의 들보는 보지 않고 남의 티는 크게 보게 합니다. 그래서 서로 비판하고 헐뜯고 대적하고 싸우게 만듭니다. 사탄은 그 배후에서 회심의 미소를 지으며 쌈 구경을 합니다. 그렇게 손 하나 까딱 안 하고 하나님의 자녀들을 제거하고는, 이긴 사람에게 또 다른 사람을 붙여 이간시킵니다. 그래서 사탄을 '파괴의 영'이라고 부릅니다.

사탄은 '말씀을 빼앗는 자'(막 4:15)입니다. 진리이신 하나님의 말씀을 거부하고 자신의 거짓말에 걸려들게 합니다. 하나님이 원하신 바의 총체인 성경을 '복 받는 비결'로 만들어 스스로 갇히게 합니다. 십계명을 2,134개의 율법으로 만들어 지키게 하는 바리새인들을 예수님이 '독사의 자식'이라 부르신 이유도 여기에 있습니다.

서로에게 영광을 취하는 일, 대가를 바라는 선행, 눈도장 찍기, 생색내기, 아부, 진실 없는 칭찬 등등, 헛된 영광을 추구하는 것은 그저 그렇게 끝나지 않습니다. 하나님의 은혜를 부패시켜 악취가 나게 하고 믿음 생활을 헛된 몸부림으로 전락시켜 애는 애대로 쓰고, 생산된 영광은 사탄이 가로챕니다.

우상, 영광, 사탄

예수님께서 받으셨던 두 번째 시험에서 사탄은 엄청난 말을 합니다. 천하만국의 권세와 영광을 보여주며, "이 모든 권위와 그 영광을 내가 네게 주리라. 이것은 내게 넘겨준 것이므로 내가 원하는 자에게 주노라"(눅 4:6).

"이것은 내게 넘겨준 것이므로". 무서운 말이 아닐 수 없습니다. 하나님께서 사탄에게 영광을 주실 리가 없습니다. 그렇다면 사탄이 가지고 있는 영광은 과연 누가 넘겨준 것일까요?

하나님께서는 천하 만물을 창조하시고, 사람을 하나님의 형상으로 만드셨습니다. 하나님의 형상으로 만들었다는 것은 하나님의 영광과 모든 것을 다스리는 권세를 오직 사람들에게만 주셨다는 것입니다. 사슴이 아무리 잘 달려도 금메달을 주지 않습니다. 그러나 우사인 볼트는 온갖 영광을 다 갖습니다.

하나님께서 주신 영광과 권세가 언제 사탄에게 넘어가는가를 잘 아셔야 합니다.

첫째, 우상을 숭배할 때 영광이 사탄에게 넘어갑니다. 하나님의 자녀란 사실을 모를 때, 사람들은 자신보다 강한 모든 것을 우상으로 만들어 섬깁니다. 힘을 얻겠다는 것입니다. 모든 우상은 사탄의 변형들입니다. 하나님 외에 다른 것을 섬길 때, 하나님의 영광은 사탄에게 넘어갑니다.

천사가 높을까요, 우리들이 높을까요? 그 답을 히브리서 기자가 알려줍니다. "천사들은 부리는 영으로서 구원 얻을 후사들을 위하여 섬기라고 보냄이 아니뇨?"(히 1:14)

천사는 부리는 영입니다. 구원 얻을 후사는 곧 우리들입니다. 천사는 우리들을 섬기라고 보냄을 받은 존재들입니다. 그런데 주인집 도련님이 돌쇠가 힘이 세다고 절을 합니다. 그 순간 주인집 도련님의 권세는 돌쇠에게로 넘어가버립니다.

우리들은 하나님의 자녀들입니다. 사탄은 타락한 천사입니다. 우리가 '노(No)!'라고 말하면 사탄도 우리를 절대로 건드릴 수 없습니다. 그래서 사탄은 거짓말로 하나님의 자녀들을 미혹합니다. 예수님의 가르침이 중요한 이유는, 사탄에게 넘어간 세상에서 이미 상식처럼 되어버린 사탄의 교묘하기 짝이 없는 궤계를 폭로하여, 우리들이 그 거짓을 분별할 수 있게 하기 때문입니다.

둘째, 만약 자신의 이름을 내기 위한 것이면, 아무리 훌륭한 일을 하였다고 할지라도 내가 만든 영광은 사탄에게 돌아갑니다. 교회의 모든 일은 하나님의 영광을 위하여 행해야 합니다. 그럼에도 자신의 이름을 내고, 영향력을 확대하고, 사람들의 칭찬을 받으려고 할 때, 사탄은 쾌재를 부릅니다. 교인들이 만들어낸 영광은 사탄에게 몽땅 넘어가고 주님의 피 값으로 산 교회는 병들어갑니다. 많은 교회들이 그 교회 공헌자들에 의해서 몸살을 앓고 있습니다.

사탄과 자신의 이름을 높이려는 그런 사람들의 말로는 분명합니다. "어찌 그리 하늘에서 떨어졌으며 너 열국을 엎은 자여 어찌 그리 땅에 찍혔는고. … 이제 네가 스올 곧 구덩이 맨 밑에 떨어짐을 당하리로다"(사 14:12, 15).

그리스도 예수의 마음 품기

예수님의 마음을 품으십시오. 공중의 권세를 잡은 사탄도 전혀 힘을 쓰지 못합니다.

사도 바울이 말합니다. "너희 안에 이 마음을 품으라. 곧 그리스도 예수의 마음이니 그는 근본 하나님의 본체시나 하나님과 동등됨을 취할 것으로 여기지 아니하시고 오히려 자기를 비워 종의 형체를 가지사 사람들과 같이 되셨고 사람의 모양으로 나타나사 자기를 낮추시고 죽기까지 복종하셨으니 곧 십자가에 죽으심이라"(빌 2:5-8).

예수님은 하나님과 동일한 분입니다. 그러나 인간으로, 종으로, 그리고 가장 수치스럽고 고통스러운 십자가에 달리심까지 낮아지셨습니다. 낮아져서 다른 사람들을 살리는 일이 곧 예수님께서 하셨던 일이며 우리 모두의 일입니다.

그렇게 낮아지신 예수님을 하나님께서는 어떻게 하셨습니까? "이러므로 하나님이 그를 지극히 높여 모든 이름 위에 뛰어난 이름을 주사 하늘에 있는 자들과 땅에 있는 자들과 땅 아래에 있는 자들로 모든 무릎을 예수의 이름에 꿇게 하시고 모든 입으로 예수 그리스도를 주라 시인하여 하나님 아버지께 영광을 돌리게 하셨느니라"(빌 2:9-11).

각자 맡은 일을 하나님의 영광과 이웃 사랑을 위하여 묵묵히 겸손히 행하십시오. 하나님께서 그 사람을 반드시 높이십니다. 높아져도 끝까지 겸손합시다. 마침내 찬란한 하나님의 영광에 참예하게 됩니다.

19
너희도 가려느냐?

요 6:53-60, 66-68

헨리 나우웬은 가톨릭 신부이자 하버드 대학 교수에, 베스트셀러 작가요 유명 강사입니다. 그런데 어느 날 그 모든 것을 내려놓고 지적장애인들의 공동체 '데이브레이크'로 들어갑니다.

그런 결단을 하게 된 것은, 그곳에서 지적장애인들과 함께 사는 수 모스텔러라는 할머니로 인함입니다. 모스텔러 할머니는 그곳에 며칠 머무르던 헨리 나우웬 신부에게 이런 말을 합니다.

"서로 낯을 익힌 뒤부터 줄곧 지켜봤는데, 당신은 사랑에 목마른 눈치가 역력합니다. 사방팔방 관심과 인정, 지지를 구걸했습니다. 이제 자신만의 진짜 소명을 추구할 때가 되었습니다."

그 얘기를 듣는 순간 헨리 나우웬 교수는 벼락을 맞은 것처럼 정신이 번쩍 들었습니다. 그리고 모든 것을 내려놓고 그곳에서 그들을 돌보다가 행복한 죽음을 맞이합니다.

사람들은 다른 사람에게서 무엇인가를 얻으려고 합니다. 관심, 인정, 지지, 이득 등등. 하나님을 믿는 이유도 무엇인가 얻기 위해서입니다. 그러나 사람들은 여기에 무서운 함정이 있다는 것을 전혀 알지 못합니다.

썩을 양식

예수님께서 갈릴리 호수 동쪽 벳세다에서 물고기 두 마리와 보리떡 다섯 덩이로 수천 명을 먹이시자 소문이 삽시간에 퍼져나갔고, 수많은 사람들이 몰려왔습니다. 그러나 예수님은 이미 갈릴리 호수 북쪽 가버나움에 가신 터였습니다. 사람들은 예수님을 수소문하여 배를 타고 그 넓은 갈릴리 호수를 건너 가버나움으로 몰려갔습니다. 그러고는 예수님을 보자 반색하며 인사했습니다. "랍비여, 언제 여기 오셨나이까?" 그런데 어찌 된 영문인지 예수님의 표정은 전혀 밝지 않았고, 이런 말씀을 하십니다. "내가 진실로 진실로 너희에게 이르노니 너희가 나를 찾는 것은 표적을 본 까닭이 아니요 떡을 먹고 배부른 까닭이로다."

사람이라면 목회든 정치든 사업이든 막론하고 누구나 자신을 지지하고 따르는 사람들이 많기를 열망합니다. 그래야 돈도 벌고 권력과 명예를 얻을 수 있기 때문입니다. 특히 목사들은 전도를 최고의 사명으로 앞세우며 수단과 방법을 가리지 않고 사람 모으기에 온 힘을 쏟습니다. 그런데 예수님은 전혀 그러지 않으십니다.

우리는 병이 낫고 떡을 먹기 위해 예수님을 찾는 것은 당연하다고 생각합니다. 특히 갈릴리 지방에는 아프고 가난한 사람들이 천지에 깔려 있었습니다. 그런데도 예수님은 그저 몇몇 사람을 고치셨고, 오병이어의 기적과 같은 것도 두어 번 행하셨을 뿐입니다. 왜 모든 사람의 필요를 채워주지 않으신 것일까요?

예수님께서 뭔가를 얻으려고 몰려온 사람들에게 말씀하셨습니다. "썩을 양식을 위하여 일하지 말고 영생하도록 있는 양식을 위하여 하라. 이 양식은 인자가 너희에게 주리니 인자는 아버지 하나님께서 인 치신 자니라"(요 6:27).

예수님께서 말씀하시는 썩을 양식이란 무엇일까요? 그런데 사람들은 앞뒤 말씀은 떼어내고 '영생하도록 있는 양식'에 귀가 번쩍 뜨였습니다. 그래서 물었습니다. "우리가 어떻게 하여야 하나님의 일을 하오리까?" 이 말은 하나님의 일을 하겠다는 말이 아닙니다. 무슨 일을 어떻게 해야 영생하도록 있는 그런 신통방통한 양식을 얻을 수 있겠느냐는 말입니다. 사마리아 수가 성 우물가에서, 어떻게 하면 영원한 생명수를 얻어 물 뜨러 오는 귀찮은 수고를 덜 수 있겠느냐고 묻는 여인과 한 치도 다를 바 없는 반응입니다.

여러분들은 무엇을 얻으려고 예수님을 믿는 것입니까? 다른 사람의 지지와 인정을 얻기 위해서입니까? 아니면 행복과 건강, 마음의 평화나 만사형통?

목사들은, 하나님께 내가 원하는 모든 것을 구하라고, 얻을 때까지 두드리라고 독려합니다. 하나님의 일을 열심히 하면 하나님께서 반드시 주신다고, 내가 얻지 못하는 이유는 내 정성과 열성이 부족하기 때문이라고 힘주어 강조합니다. 그러나 예수님은 그렇지 않다고 말씀하십니다. 아프고 배고파서 그 먼 길을 온 불쌍한 사람들을 냉정하게 대하시며, 그런 것들은 한마디로 '썩을 양식'이라고 하십니다.

예수를 믿는다는 것

선사시대 이래로 우리 사람들은 자신의 한계를 잘 알았습니다. 그래서 눈에 보이지 않는 신들에게 안전과 번영을 구하며 각종 종교를 만들어냈습니다. 자신들이 생각하기에, 이렇게 하면 신들을 기쁘게 하여 자신들이 필요로 하는 것들을 얻을 수 있으리라 믿으며 각종 종교 행위를 만들어 지키며 다른 사람들도 그렇게 하라고 독려합니다. 수천수만의 각종 종교의 개념은 모두 동일합니다. 그래서 하나님을 믿는 유대인들도 어떻게 하여야 하나님의 일을 하는 것이냐고 예수님께 묻는 것입니다. 바리새인들이라면 하나님의 율법을 지키는 일이라고 대답했을 것이고, 오늘날 목사들은 전도와 봉사와 헌금이라고 대답할 것입니다. 그런데 예수님께서는 "하나님께서 보내신 이를 믿는 것이 하나님의 일이니라"(요 6:29)고 답하십니다.

하나님께서 보내신 이, 곧 '예수님을 믿는 것'이 하나님의 일이라는 것입니다. 그 일이 무엇일까요?

그 일이 전도·봉사·헌금이라면, 뭔가를 하나님을 위해서 행해야 그 대가로 복을 주신다는 바리새인들의 대답과 동일한 것입니다. 예수님께서도 그런 것을 원하셨다면 굳이 이 땅에 오실 필요도, 십자가에서 죽임당하실 이유도 없을 것입니다.

마음에 새겨야 할 것이 있습니다. 예수님을 믿을 때 무언가를 얻으려는 의도를 버리지 않으면, 병든 나는 더욱 깊은 병에 빠지고, 복음을 상품으로, 목회자를 물건을 파는 회사 사장으로, 교인들을 교회의 영업사원으로 전락시키게 됩니다. 이슬람 자살폭탄 테러범이 자신과 남을 살상하면서도 자신의 신앙이 좋은 줄 알고 죽는 것과 전혀 다르지 않습니다.

예수님을 믿는다는 것이 무엇일까요? 예수님의 무엇을 믿는다는 것일까요? 예수님께서 원하시는 것이 무엇일까요?

예수님께서 입을 여셨습니다. "내가 진실로 진실로 너희에게 이르노니 모세가 너희에게 하늘로부터 떡을 준 것이 아니라 내 아버지께서 너희에게 하늘로부터 참 떡을 주시나니 하나님의 떡은 하늘에서 내려 세상에 생명을 주는 것이니라"(요 6:32-33).

이어서 말씀하십니다. "나는 생명의 떡이니 내게 오는 자는 결코 주리지 아니할 터이요 나를 믿는 자는 영원히 목마르지 아니하리라"(요 6:35).

또 이어서 말씀하십니다. "나는 하늘에서 내려온 살아 있는 떡이니 사람이 이 떡을 먹으면 영생하리라. 내가 줄 떡은 곧 세상의 생명을 위한 내 살이니라"(요 6:51). "내가 진실로 진실로 너희에게 이르노니 인자의 살을 먹지 아니하고 인자의 피를 마시지 아니하면 너희 속에 생명이 없느니라"(요 6:53).

이어서 결론을 말씀하십니다. "내 살은 참된 양식이요 내 피는 참된 음료로다. 내 살을 먹고 내 피를 마시는 자는 내 안에 거하고 나도 그의 안에 거하나니 살아 계신 아버지께서 나를 보내시매 내가 아버지로 말미암아 사는 것같이 나를 먹는 그 사람도 나로 말미암아 살리라"(요 6:55-57).

땅에서는 절대로 들을 수 없는 하나님의 말씀입니다. 사람이라면 누가 자기 살과 피를 다른 사람의 양식으로 주려고 하겠습니까? 당연히 듣고 있던 사람들이 서로를 바라보며 수군대기 시작했습니다. "자기가 하늘에서 내려온 떡이래." "이 말씀은 어렵도다. 누가 들을 수 있느냐?" 그러고는 사람들이 의아한 표정으로 돌아서기 시작했습니다. 그중에는 예수님의 제자들도 있었습니다. 여기서 '제자'는 열두 사도 외에 예수님을 따르던 사람들을 말합니다. 그러자 예수님께서 열두 제자에게 이르셨습니다. "너희도 가려느냐?" 이 말씀은 떠나고 싶으면 떠나라는 뜻입니다.

그러니까 예수님의 살과 피를 먹는 것의 참 의미를 깨닫고 그렇게 하는 사람만이 참 구원에 이른다는 뜻입니다. 우리들 모두 어리석고 연약한 존재들입니다. 다른 사람들의 도움, 특히 하나님의 도우심이 절대적으로 필요합니다. 그래서 서로 모이고, 교회를 찾고 하나님을 믿습니다. 출발은 모두 그렇게 합니다. 그러나 거기서 멈춰서는 안 됩니다. 앞으로 나가야 합니다. 성장해야 합니다. 온전한 것을 추구해야 합니다. 어린아이의 생각과 일을 버려야 합니다.

30년 이상 성경을 연구하고 가르쳤으나 저는 성경 어디에서도 종교 행위를 열심히 해서 하나님의 복을 받은 사람들 이야기는 발견할 수 없었습니다. 오히려 그렇게 하는 사람들은 하나님의 심한 책망을 받았고, 아나니아와 삽비라는 전 재산의 절반을 바치고도 성령을 속였다며 죽어야 했습니다.

예수님을 믿는다는 것은 곧 예수님의 살과 피를 먹는다는 것이며, 이것이 바로 예수님께서 원하시는 것입니다.

말씀을 맛보고 즐기기

예수님의 살과 피를 먹은 사람이 있습니다. 바로 사도 요한입니다. 사도 요한이 밧모 섬에서 받은 계시를 적은 책, 요한계시록 10장

8-10절 말씀입니다. "하늘에서 나서 내게 들리던 음성이 또 내게 말하여 이르되 네가 가서 바다와 땅을 밟고 서 있는 천사의 손에 펴 놓인 두루마리를 가지라 하기로 내가 천사에게 나아가 작은 두루마리를 달라 한즉 천사가 이르되 갖다 먹어버리라. 네 배에는 쓰나 네 입에는 꿀같이 달리라 하거늘 내가 천사의 손에서 작은 두루마리를 갖다 먹어버리니 내 입에는 꿀같이 다나 먹은 후에 내 배에서는 쓰게 되더라."

이 책은 바로 성경책입니다. 사도 요한이 실제로 그 책을 먹었다는 것은 아닙니다. 예수님의 살과 피를 실제로 먹어야 한다는 것도 아닙니다. 예수님은 하나님의 말씀이 육신이 되신 분입니다. 그분의 살과 피를 먹는다는 것은 무슨 신비한 굉장한 의미가 있는 것이 아닙니다. 예수님의 말씀을 올바로 깨닫고 그 말씀대로 사는 것을 의미합니다.

시편 1편에서는 복 있는 사람에 대해 "오직 여호와의 율법을 즐거워하여 그의 율법을 주야로 묵상하는도다"(시 1:2)라고 말합니다. '묵상하다'에 해당하는 히브리어는 '하가'입니다. 그런데 '하가'의 원래 뜻은 뜬금없을 정도로 생소한 것입니다. "큰 사자나 젊은 사자가 자기의 먹이를 움키고 으르렁거릴 때에"(사 31:4)에서 '으르렁거리다'라는 말이 곧 '하가'입니다. 묵상하는 것과 으르렁거리는 것과 무슨 관계가 있을까요?

개가 살점 붙은 뼈다귀를 먹을 때 나는 소리를 들어보셨습니까? 너무나 맛이 있어 앞발로 뼈다귀를 움켜쥐고는 낮고 작은 소리로 으르렁거립니다. 그것이 바로 '하가'입니다.

하나님의 말씀이 너무나 달고 맛이 있어 으르렁거리고 탐식하는 것이 바로 하나님의 말씀을 주야로 묵상하는 것입니다.

예레미야가 말합니다. "내가 주의 말씀을 얻어 먹었사오니 주의 말씀은 내게 기쁨과 내 마음의 즐거움이오나"(렘 15:16).

다윗이 노래합니다. "너희는 여호와의 선하심을 맛보아 알지어다"(시 34:8).

예수님의 살과 피를 먹는 것, 사도 요한이 성경책을 먹는 것, 복 있는 사람이 하나님 말씀을 주야로 묵상하는 것, 하나님의 말씀을 맛보는 것, 나아가서 예수님을 믿는 것 모두 다 똑같은 뜻입니다. 하나님의 말씀을 씹고 뜯고 맛보고 즐기라는 말입니다. 그렇게 할 때 무의미하게 흘러가던 시간이 멈추고 의미와 생명이 가득한 하나님의 시간인 카이로스를 살아가게 됩니다.

하나님께서는 말씀으로 세상을 창조하셨습니다. 말씀으로 운행하십니다. 말씀으로 만물을 새롭게 하십니다. 그래서 새로운 시작은 언제나 성경에서 시작됩니다. 하나님의 말씀은 언제나 전혀 새로운 세계로 인도합니다.

목사에게 맡긴 성경을 내가 직접 씹고 뜯고 맛보고 즐길 때만 '가장 나다운 나', '하나님께서 원하시는 나'를 만들 수 있습니다.

말씀을 '하가'하는 한, 나쁜 상황이 문제가 되지 못합니다. 어려운 처지가 걸림돌이 될 수 없습니다. 언제 우리가 경제로, 정치로 살았습니까? 아닙니다. 하나님의 은혜로 살았습니다. 앞으로 어떻게 될까 걱정하지 마십시오. 하나님께서 알아서 하십니다.

20
인간의 때, 하나님의 시간

요 7:1-9

영민이에겐 오촌 이모가 엄마입니다. 그렇게 된 데는 긴 사연이 있습니다. 부모님이 한꺼번에 돌아가시자 하나뿐인 딸은 작은아버지에게 입양되었습니다. 그렇게 자매가 된 사촌 언니와 동생은 친자매 이상으로 사이좋게 행복하게 컸습니다. 언니가 대학을 다니는 중에 아버지의 사업이 망하여 집안이 굉장히 어렵게 되었습니다. 동생이 대학진학을 포기하려 하자 언니가 만류하며 학교를 휴학하고 돈을 벌어 동생 학비를 댔습니다. 끝내 졸업을 하지 못한 언니는 미국 교포에게 시집을 갔고, 동생도 좋은 남자를 만나 결혼했습니다. 그렇게 몇 년 세월이 흘렀습니다.

그런데 언니가 만삭의 몸으로 갑자기 귀국하여 병원에 입원했습니다. 병원으로 달려간 동생은 언니가 그동안 어떤 고생을 겪었는지를 듣게 되었습니다. 입양되었다는 둥, 대학도 중퇴라는 둥, 그래서 혼수가 형편없다는 둥, 온갖 트집을 잡히며 마음고생을 많이 하다 그만 암에 걸렸고, 게다가 임신까지 하게 된 것입니다. 하지만 아기를 포기할 수 없는 언니는 이혼하고 귀국한 것입니다. 언니가 눈물을 흘리며 아기를 거둬

달라고 부탁합니다. 신혼인데다 아기가 없는 동생은 고민에 고민을 거듭하였습니다. 어느 밤, 베란다에서 눈물을 흘리고 있는 동생 곁으로 남편이 다가와 말했습니다. 그렇게 하자는 것입니다. 말도 하지 않았는데 남편은 알고 있었습니다. 남편이 그렇게 고마울 수가 없었습니다. 아기가 태어나고, 이미 치료 시기를 놓친 언니는 말기 암 환자들이 지내는 호스피스 병원으로 옮겼습니다. 동생은 아기를 안고 병원을 열심히 방문하여 눈물겹지만 행복한 시간을 보냈습니다.

하나님이 도우신 것일까, 영민이가 걷고 말도 몇 마디 할 수 있을 때까지 언니는 살아 있었습니다. 어느 날 언니가 동생과 영민이를 찾았습니다. 병원에 달려가 언니를 본 순간, 이제 마지막이라는 것을 알 수 있었습니다. 동생이 영민이에게 말했습니다. "영민아, 이모한테 엄마라고 해봐." 그 말에 꼬마 영민이는 모든 것을 알고 있는 것처럼 품에 안기며 '엄마'라고 불렀습니다. 그렇게 언니는 행복하게 세상을 떠났고, 영민이는 동생들과 함께 잘 자라 훌륭한 청년이 되었습니다.

운전 중 라디오를 통해서 들은 영민이 이야기는 제 마음에 긴 여운을 남겼습니다. 각박한 세상이라고 이구동성으로 한탄하지만 그렇지 않습니다. 조카를 친딸처럼 키운 작은아버지부터 시작해서 모든 식구들은 '사랑'을 열심히 살아냈고, 이런 사랑은 세상의 어떤 어둠도 절대로 끄지 못합니다.

여기를 떠나 예루살렘으로 가소서

이제 본문을 살펴보겠습니다.

초막절이 되었습니다. '초막절'이란 명칭은 그 옛날 이스라엘 백성이 40년 동안 광야에서 초막을 치고 살던 데서 유래했습니다. 초막절은 새해가 시작되는 날인데, 지금도 이날이 되면 이스라엘 사람들은 자기 집 옥상이나 공터에 초막을 짓고 1주일 동안 지냅니다. 그리고 6개월 후에는 최대 명절인 유월절이 됩니다. 이 기간 중에 예수님께서 십자가에 달리셨습니다. 그러니까 본문의 이야기는 예수님이 십자가 죽음을 6개월 앞두신 때의 일입니다. 그즈음 예수님의 사역과 기적의 소문은 이미 이스라엘 전역에 퍼져 있었고, 따르는 사람들도 굉장히 많았습니다. 그래서 유대교 지도자들과 바리새인들은 예수님을 죽이려고 혈안이 되어 있었습니다.

3대 절기인 초막절, 유월절, 오순절에는 모든 유대 남자들이 예루살렘 성전에 가서 제사를 드립니다. 그래서 이날이 되면 예루살렘은 사람들로 넘쳐났습니다.

당시 가버나움에 계시던 예수님께 형제들이, "당신이 행하는 일을 제자[사람]들도 보게 여기를 떠나 유대[예루살렘]로 가소서. 스스로 나타나기를 구하면서 묻혀서 일하는 사람이 없나니 이 일을 행하려 하거든 자신을 세상에 나타내소서"(요 7:3-4)라고 말했습니다.

예수님의 형제들도 예수님의 능력과 인기가 대단하다는 것을 알기에, 여기 시골에 묻혀 있지 말고 예루살렘에 올라가서 예수의 이름을 천하만방에 알리라는 것입니다. 더군다나 때는 초막절로, 예루살렘에는 사람들로 가득하니 이런 기회를 놓쳐서는 안 된다는 것입니다.

사람은 누구에게나 일생 세 번의 기회가 있다고 합니다. 여기서 기회란 자신의 이름을 내고 출세하는 호기를 말합니다. 여러분들은 그 기회를 잡으셨습니까? 이런 기회를 바라고 기다리는 것은 당연한 인지상정이라고 생각합니다. 그런데 예수님은 그렇게 생각하지 않으십니다.

형제들의 제안에 대해 성경은 이렇게 평가합니다. "이는 그 형제들까지도 예수를 믿지 아니함이러라"(요 7:5). 예수님을 올바로 믿었다면 그런 말은 하지 않았으리라는 뜻입니다. 이는 대충 넘어갈 사항이 아닙니다. 나를 위한 내 기회와 내 때를 기다린다면 나는 예수님을 믿지 않는다는 뜻이기 때문입니다.

이러한 사실을 단적으로 드러낸 사건이 있었습니다. 예수님이 제자들과 함께 가이사랴 빌립보 지방을 가시면서 제자들에게 "너희는 나를 누구라 하느냐" 하고 물으셨습니다. 베드로가 "주는 그리스도시요 살아계신 하나님의 아들이시니이다"(마 16:16)라고 대답하자, 예수님은 크게 기뻐하셨습니다.

이제 제자들이 예수님의 메시아 되심을 알아본다고 생각하신 예수님은, 장차 예루살렘에서 받게 될 십자가 고난에 대해서 처음으로 말씀하셨습니다. 그러자 놀란 베드로가 예수님 팔을 붙들고 당치도 않다며 말합니다. "주여 그리 마옵소서. 이 일이 결코 주께 미치지 아니하리이다"(마 16:22). 그러자 예수님의 표정이 180도 달라지셨고 베드로에게 일갈하셨습니다. "사탄아 내 뒤로 물러가라. 너는 나를 넘어지게 하는 자로다. 네가 하나님의 일을 생각하지 아니하고 도리어 사람의 일을 생각하는도다"(마 16:23).

큰 칭찬을 받던 베드로가 순식간에 사탄의 하수가 된 것입니다. 그렇게 된 단 한 가지 이유는 그가 사람의 일을 구했기 때문입니다.

사람의 일, 내 이름을 내고 출세하는 일이 그렇게 심각한 일인 줄 몰랐습니다. 그렇다면 세상 구석에 박혀 소리 없이 살라는 것일까요?

예수님께서 형제들에게 말씀하십니다. "너희는 명절에 올라가라. 내 때가 아직 차지 못하였으니 나는 이 명절에 아직 올라가지 아니하노라"(요 7:8). 예수님의 말씀 가운데 주목해야 할 것은 '내 때', 즉 예수님의 때입니다.

예수님의 때

'시간'을 뜻하는 헬라어는 '카이로스'와 '크로노스'가 있습니다. '크로노스'는 일정하게 흘러가는 시간을 뜻하고, '카이로스'는 의미가 부여된 시간을 말합니다. 신약성경에서 '카이로스'라고 쓸 때는 하나님의 뜻이 담긴, '하나님의 시간'을 의미합니다. 예수님께서 '내 때'라고 하신 이 경우가 '카이로스'입니다.

예수님은 하나님의 아들이시며 하나님과 동일한 능력을 가지신 분이지만, "내가 하늘에서 내려온 것은 내 뜻을 행하려 함이 아니요 나를 보내신 이의 뜻을 행하려 함이니라"(요 6:38)라고 입버릇처럼 말씀하셨습니다.

본문에서의 '예수님의 때'란 구체적으로 성부 하나님 명령에 따른 십자가 고난과 죽으심을 의미합니다. 그런데 알고 보면 예수님의 생애 전체가 하나님의 때, 곧 카이로스를 사신 것입니다.

우리들은 이제나저제나 하나님의 때를 기다리고 있습니다. 하나님께서 내 앞길을 활짝 열어주셔서 내 능력을 마음껏 발휘하며 신나게 살기를 원합니다. 그런데 사실을 말씀드리자면, 그것은 하나님의 이름으로 포장한 '내 때'입니다. 내가 고대하는 '내 때'와 예수님의 '내 때'는 전혀 다른 것입니다.

그렇다면 어떻게 살아야 제대로 사는 것일까요? 하나님께서 원하시는 우리의 삶은 어떤 것일까요?

바벨탑을 모르는 사람은 없을 것입니다. 바벨탑 쌓기는 이렇게 시작됩니다. 문명이 발달하면서 사람들이 도시로 모여들었습니다. 그러고는 이렇게 말합니다. "자, 성읍과 탑을 건설하여 그 탑 꼭대기를 하늘에 닿게 하여 우리 이름을 내고 온 지면에 흩어짐을 면하자"(창 11:4). 그리고 바벨탑을 쌓기 시작합니다.

흔히 바벨탑은 하나님에 대한 반역이라고 하지만, 사실은 흩어짐을 면하고자 하는 우리 인간들의 가련한 몸부림입니다. 그런데 우리 인간들이 생각해낸 흩어짐을 면하는 최선의 방법은 곧 '자기 이름을 세상에 내는 것'입니다. 그런데 그 결과는 큰 혼란이었습니다. '바벨'이라는 말의 뜻이 곧 '혼란과 혼돈'입니다. 세상과 내가 언제나 혼란스러운 이유가 바로 여기에 있습니다. 모두 다 바벨탑 쌓기에 골몰하기 때문입니다.

성경은 인간의 방법에 동의한 적이 별로 없습니다. 신앙생활은 하나님의 방법을 배우는 것입니다. 자, 그렇다면 하나님의 방법은 무엇일까요?

창세기 12장에 기록되어 있습니다. 하나님께서 아브라함에게 말씀하십니다. "너는 너의 고향과 친척과 아버지의 집을 떠나 내가 네게 보여 줄 땅으로 가라." 그러시면서 몇 가지 약속을 덧붙이셨습니다. "내가 너로 큰 민족을 이루고 네게 복을 주어 네 이름을 창대하게 하리니 너는 복이 될지라"(창 12:2).

하나님께서 아브라함을 부르신 이유는, 그가 늙고 아들도 없어 더 이상 자신의 이름을 낼 수도, 또 이을 수도 없는 사람이기 때문입니다. 그런데 하나님의 말씀을 따르면 이름이 창대케 될 뿐만 아니라, 큰 민족을 이루게 되고 나아가서 다른 사람들에게 복을 나눠주는 '복의 근원'이 된다는 것입니다.

마음에 새기셔야 합니다. 자기 능력과 힘으로 자기 이름을 내려는 사람들은 혼돈과 공허와 흑암에 빠지지만, 소망이 끊어지고 무능하더라도 하나님을 따르면 질서와 충만과 광명으로 나가게 됩니다.

하나님의 때, 하나님의 방법

하나님의 때를 산다는 것은 교회 일에 전력하고 전도와 선교의 삶을 사는 것이 아닙니다.

아브라함은 본토 친척 아버지 집을 떠났습니다. 이제 자기 이름을 내는 일을 중단하고 하나님의 말씀 따라 살겠다는 것입니다. 그는 다른 사람들처럼 의식주를 위해서 살았습니다. 다른 사람들처럼 우여곡절을 겪었습니다. 그러나 다른 사람들과 다른 한 가지는, 사건과 사람들에게 반응하지 않고 언제나 하나님께 순응했다는 것입니다.

아브라함은 백 세 때 얻은 이삭을 바치라는 하나님의 명령에도 순응하였고, 그리하여 아들 이삭과 함께 모든 것을 더하시리라는 '여호와 이레'의 복을 받기에 이르고 믿음의 조상의 반열에 오릅니다. 모두 다 하나님께 순응한 결과입니다.

하나님의 때를 산다는 것은 무슨 신령하고 특이한 것이 아닙니다.

사도 바울이 두 가지 중요한 것을 가르쳐줍니다.

첫째, "무슨 일을 하든지 마음을 다하여 주께 하듯 하고 사람에게 하듯 하지 말라"(골 3:23)입니다. 매사를 주께 하듯 할 때 저절로 하나님의 때를 살아가게 됩니다. 늘 그렇게 할 수는 없습니다. 그러나 나를 그렇게 몰아가노라면 어느새 그렇게 살고 있는 나를 보게 됩니다.

둘째, "너희는 평강을 위하여 한 몸으로 부르심을 받았나니 너희는 또한 감사하는 자가 되라"(골 3:15)입니다. 하나님께서 우리를 부르신 목적은 감사하는 사람으로 만들어 저절로 하나님의 때를 살게 하기 위해서입니다.

이에 대한 가장 좋은 예가 아브라함의 아들 이삭인데, 이삭은 사람들이 보기에 '대책도 개념도 없는' 사람입니다.

이삭이 이방인의 땅 그랄에서 살아갑니다. 우물을 팝니다. 물이 귀한 중동 지방에서는 우물이 곧 생명입니다. 그 지방 사람들이 그 우물을 빼앗았습니다. 자리를 옮겨 또 팠습니다. 빼앗겼습니다. 자리를 옮겨 또 팠습니다. 또 빼앗겼습니다. 또 팠습니다. 또 빼앗겼습니다. 몇 개나 더 그랬는지 모릅니다. 그 이후 이삭이 한 행동을 성경이 이렇게 전합니다. "이삭이 그곳에 제단을 쌓고, 여호와의 이름을 부르며 거기 장막을 쳤더니 이삭의 종들이 거기서도 우물을 팠더라"(창 26:25).

여기서 단을 쌓았다는 것은 하나님께 드리는 '감사 제사'입니다. 정말 못 말리는 이삭입니다.

그런데 그랄 땅의 지배자 아비멜렉이 군대장관까지 대동하고 또다시 나타났습니다. 이삭은 놀라자빠질 지경입니다. "어찌하여 내게 왔느냐?" 그러자 놀라운 말을 듣습니다. "여호와께서 너와 함께 계심을 우리가 분명히 보았으므로 … 너는 우리를 해하지 말라. … 이제 너는 여호와께 복을 받은 자니라"(창 26:28-29). 절대강자 아비멜렉이 바보 이삭에게 무릎을 꿇은 것입니다.

하나님의 때를 살기 위해서는 '감사의 마음'이 필수입니다. 이 감사의 마음은 오직 하나님의 약속을 믿을 때 견지할 수 있습니다.

감사의 반대말은 '불평과 원망'입니다. 그런데 또 하나 있습니다. '근심과 걱정'입니다. 불평과 원망이 현재에 대한 불신앙이라면, 근심과 걱정은 미래에 대한 불신앙입니다.

성경에 기록된 수많은 하나님의 약속들은 모두 다 나를 위한 것입니다. 어떤 고난도 감당할 힘과 피할 길을 주시며, 하나님께서 친히 반드시 성취하신다는 약속을 믿을 때 나는 상황과 환경에 흔들리지 않고 하나님의 때를 살아갑니다.

감사하는 마음이 중요한 또 다른 이유는, 나로 하여금 하나님의 시간표에 맞추게 한다는 것입니다.

만사에는 때가 있다

성경은 만사에는 때가 있다고 말합니다. "범사에 기한이 있고 천하만사가 다 때가 있나니 날 때가 있고 죽을 때가 있으며 심을 때가 있고 심은 것을 뽑을 때가 있으며 죽일 때가 있고 치료할 때가 있으며 헐 때가 있고 세울 때가 있으며 울 때가 있고 웃을 때가 있으며 슬퍼할 때가 있고 춤출 때가 있으며 돌을 던져버릴 때가 있고 돌을 거둘 때가 있으며 안을 때가 있고 안는 일을 멀리할 때가 있으며 찾을 때가 있고 잃을 때가 있으며 지킬 때가 있고 버릴 때가 있으며"(전 3:1-6).

그렇게 하신 데는 이유가 있습니다. "하나님이 모든 것을 지으시되 때를 따라 아름답게 하셨고 또 사람들에게는 영원을 사모하는 마음을 주셨느니라"(전 3:11).

영원을 사모하는 사람, 곧 하나님을 사랑하는 사람은 때를 따라 하나님께서 주시는 아름다움을 만끽합니다. 더우면 더운 대로 추우면 추운 대로 가끔은 짜증이 나기도 하지만, 열리면 열린 대로 닫히면 좀 갑갑하긴 하지만 감사합니다. 당연히 하나님의 스케줄을 따라가며 삽니다.

어려우면 하나님께서 반드시 좋게 하심을 믿으며 묵묵히 견딥니다. 형통하면 감사하며 더욱 겸손해지며 더욱 열심히 일합니다. 그렇게 살아갈 때 '저절로' 하나님의 때를 살게 되고, 마침내 하나님의 영광과 기쁨에 '저절로' 참예하게 됩니다.

잘 생각해보십시오. 모든 성경에 기록된 모든 하나님의 사람들이 그랬습니다. 아브라함, 이삭, 야곱. 열일곱 살의 소년 노예 요셉이나 아버지조차 알아주지 않던 다윗은 자기 이름을 내고 출세할 생각은 꿈에도 못했지만 하나님께서 가장 높은 곳에 우뚝 세우셨습니다.

예수님께서 말씀하십니다. "내 때는 아직 이르지 아니하였거니와 너희 때는 늘 준비되어 있느니라"(요 7:6).

예수님은 매시간을 '우리의 때'로 만드시기 위해 무서운 하나님의 때를 견디셨습니다. 이제 무슨 일을 하든 주께 하듯 하여 하나님께 영광을 돌리고 다른 사람에게는 하나님의 복을 나눠주면서 살면 나는 저절로 복의 근원이 될 것입니다.

21
안 가시겠다더니

요 7:10-18

사뮈엘 베케트라는 사람이 쓴 《고도를 기다리며》(민음사, 2000)라는 희곡이 있습니다. 내용은 대충 이렇습니다.

무대는 시골길. 앙상한 나무가 한 그루 서 있을 뿐 아무것도 없습니다. 이 나무 아래서 블라디미르와 에스트라공이라는 두 떠돌이 사나이가 실없는 수작과 부질없는 행위를 하면서 '고도(Godot)'라는 인물을 기다리고 있습니다. 거기에 포조와 럭키라는 기이한 두 사나이가 나타나 한데 어울리다가 사라집니다. 잠시 후 한 소년이 "고도 씨가 오늘 밤에는 못 오고 내일은 꼭 온답니다"라는 말을 전하고 가버립니다. 이것이 1막입니다. 제2막은 그다음 날로 제1막과 거의 같은 일이 되풀이되고, 마지막에 또 소년이 나타나 "고도 씨는 오늘 밤에 못 오고 내일은 꼭 온답니다"라는 말을 전하고 사라집니다.

밑도 끝도 없는 내용의 연극은, 사람들이 자기 일에 열중하다가는 가끔 고도가 언제 오느냐고 서로에게 묻고는 끝나버립니다.

이 연극은 매년 세계 어디선가 공연되고, 그들이 기다리는 '고도'란 누구인가에 대해 열띤 논의가 있는데, 'Godot'가 'God'과 발음이 비슷해 그들이 기다리는 것이 하나님이 아닐까 추정합니다.

우리들도 이제나저제나 하나님을 기다립니다. 하나님께서 나타나 내 삶의 난제들을 쌈박하게 해결하셔서 행복하고 신나게 살 때를 기다립니다. 이는 예나 지금이나 똑같습니다.

안 가시겠다더니 올라가신 예수님

바리새인들이 예수님께 하나님나라가 '언제' 임하느냐고 물었습니다. 그러자 예수님께서, "하나님의 나라는 볼 수 있게 임하는 것이 아니요 또 여기 있다 저기 있다고도 못하리니 하나님의 나라는 너희 안에 있느니라"(눅 17:20-21)고 하시면서 마지막 때에 관하여 길고 자세하게 설명하셨습니다. 그런데 예수님의 설명이 끝나자마자 제자들이 득달같이 물었습니다. "주여 어디오니이까?" 예수님의 설명은 제대로 듣지 않고 이제는 장소를 묻는 것입니다. 예수님께서 얼마나 답답하셨을까요. 저라면 이렇게 소리쳤을 것입니다. "하나님나라는 네 마음에 임한다고 했잖아!" 그러면 어떻게 임하느냐고 또 다른 이가 물을 것입니다.

사람들은 자기 생각에 집착하다 핵심을 놓치고 어리석은 질문을 반복합니다.

오늘 우리들은 본문을 통해서 수많은 사람들을 만납니다.

초막절에 사람들이 많이 모이므로 예루살렘에 올라가서 이름을 높이라는 형제들의 제안을 일축하신 예수님은, 초막절 중간에 비밀리에 예루살렘에 올라가셨습니다. 초막절 중간이란, 8일 동안 계속되는 초막절 기간 중이라는 뜻입니다.

안 가신다고 해놓고 어인 일일까요? 생각이 바뀐 것일까요? 그에 대한 설명은 전혀 없습니다. 하지만 자신의 이름을 만방에 알리기 위함은 아닙니다. 예수님께서 "스스로 말하는 자는 자기 영광만 구하되 보내신 이의 영광을 구하는 자는 참되니 그 속에 불의가 없느니라"(요 7:18) 하고 말씀하셨고, 예수님은 자기 영광을 구하시는 분이 아니기 때문입니다.

왜 예수님께서 예루살렘에 가셨는지 한번 짐작해봅시다.

3대 절기에는 열두 살 이상의 모든 유대 남자들은 예루살렘으로 가야 합니다. 그래서 마을은 텅 비게 됩니다. 예수님은 십자가 죽음을 6개월 앞두고 있기에 더 많은 사람들에게 하나님의 말씀을 가르치고자 하셨을 것입니다.

같은 행동이라도 동기가 다를 수 있습니다. 동기가 다르면 그 태도와 내용은 전혀 달라집니다. 왜 내가 이 일을 하는가, 언제나 그 동기를 살펴야 하는 이유가 여기에 있습니다. 그 동기가 하나님께 영광을 돌리고 이웃을 사랑하기 위함이라면 하나님께서 반드시 이루어주심을 잊지 마시기 바랍니다.

사람들의 반응

본문을 통해서 우리가 봐야 할 것은 여러 사람들의 반응입니다.

초막절에 모인 사람들 중에는 예수님을 찾는 이들도 많았습니다. 예수님도 당연히 예루살렘에 오시리라 생각했기 때문입니다. 그런데 예수님에 대한 평가는 각각이었습니다. "어떤 사람은 좋은 사람이라 하며 어떤 사람은 아니라 무리를 미혹한다 하니"(요 7:12).

예루살렘으로 올라가신 예수님께서는 하나님 성전에서 복음을 가르치셨습니다. 듣는 사람들의 반응은 놀랍게 여기면서 이렇게 말하는 것이었습니다. "이 사람은 배우지 아니하였거늘 어떻게 글을 아느냐"(요 7:15). 예수님의 가르침에는 관심이 없고, 예수님의 신분과 학벌을 평하였습니다.

어떤 사람들은 예수님이 귀신들렸다고도 하고, 어떤 이들은 유대교 당국이 예수님을 그리스도라고 생각하는가 하고 물었습니다. 오늘로 치자면 대통령의 의중을 묻는 것과 같습니다.

이에 대해 어떤 사람이, "우리는 이 사람이 어디서 왔는지 아노라 그리스도께서 오실 때에는 어디서 오시는지 아는 자가 없으리라"(요 7:27)고 말했습니다. 뭔가를 좀 아는 사람이 한 이 말은 정확한 설명이 필요합니다. 많은 이단들이 이런 식으로 말하기 때문입니다.

유대 랍비들은 다니엘 9장 25절, 말라기 3장 1절 등을 인용하며 구원자의 갑작스런 출현을 교리화하였는데, 예수님은 갑자기 출현하신 것도 아니고, 나사렛 출신이라는 것을 다 아는 그런 사람이 구원자가 될 수 없다는 것입니다.

이런 사람들도 있습니다. "무리 중의 많은 사람이 예수를 믿고 말하되 그리스도께서 오실지라도 그 행하실 표적이 이 사람이 행한 것보다 더 많으랴 하니"(요 7:31). 예수님께서 행하신 많은 기적을 보면 구원자가 분명하다는 것입니다. 흔히 하는 말입니다. 기적을 행하는 능력을 보면 하나님의 종이 틀림없다며 몰려갑니다. 그러나 예수님은 기적만을 바라는 사람들을 심하게 책망하셨습니다.

이런 사람들도 있습니다. 예수님께서 "너희가 나를 찾아도 만나지 못할 터이요 나 있는 곳에 오지도 못하리라"(요 7:34)고 하시자, 사람들이 서로 쳐다보면서 "어디로 가기에 그런 말을 하지? 외국으로 가서 헬라인들을 가르치시려는가?" 하였습니다.

그 와중에 유대교 대제사장은 예수님을 체포하라고 군사들을 보냅니다. 그런데 그 군사들이 빈손으로 돌아왔고, 그 이유를 묻자 "그 사람이 말하는 것처럼 말한 사람은 이때까지 없었나이다"(요 7:46)라고 대답하였습니다. 그러자 바리새인들은 "너희도 미혹되었느냐?"고 다그쳤습니다. 그러면서 결론적으로 말합니다. "율법을 알지 못하는 이 무리는 저주를 받은 자로다." 자신들의 기준을 절대화하고는 거기에 갇혀버립니다.

그 말에 니고데모가 일어나 예수님을 편드는 것처럼 들리는 몇 마디 말을 하자, "너도 갈릴리에서 왔느냐?"고 반문합니다. 요즈음 말로 하면 "너도 종북이냐?"라는 말입니다.

그렇게 수많은 말들이 오가고, 초막절 마지막 날의 해가 지고 날이 저물었습니다. 길고 긴 요한복음 7장은 이렇게 끝이 납니다. "다 각각 집으로 돌아가고"(요 7:53).

각자 집으로 고향으로 돌아가면서 모두 메시아는 언제쯤 오실까 생각하였을 것입니다. 어디선가 "오늘도 메시아는 오지 않으신답니다"라는 소년의 목소리가 들려오는 것 같습니다.

그런데《고도를 기다리며》에서와는 달리, 메시아이신 예수님은 며칠 동안 그들 옆에 가장 가까이에 계셨습니다.

이미 와 계신 하나님

초대교회 당시 '영지주의자'라는 이단들이 있었습니다. '영지'란 헬라어로 '그노시스'인데, 종교적으로 이것은 '영적이고 신비한 지식'이라는 뜻을 가지고 있습니다. 영지주의자들은 헬라 철학으로 하나님과 예수님을 설명한 사람들인데 하나님에 대한 수많은 말을 쏟아냈고, 많은 사람들이 추종했습니다. 그러나 이단입니다. 사도 바울은 이들과의 싸움에 목숨을 걸었고, 사도 요한이 요한복음을 쓴 이유 중 하나가 영지주의자들의 궤변을 바로잡기 위해서였습니다.

그들은 '하나님에 대하여' 말했습니다. 자신들이 생각하는 하나님에 대한 무수한 말과 장황한 글들을 남겼습니다. 하지만 모두 다 하나님에 대한 빗나간 지식들의 나열이었습니다.

그들이 하지 않은 것이 있습니다. 예배와 기도입니다. 예배란 그분에 대한 경배이며, 기도란 그분과의 대화입니다. 예배와 기도를 하지 않는 것은 하나님에 대한 경외감이 없다는 말입니다. 하나님을 그저 이야깃거리로 전락시킨 것입니다.

이제 우리들의 태도, 내 마음가짐을 돌아봐야 합니다. '나는 어떤가?' 내가 2천 년 전 초막절에 예루살렘에 있었다면 예수님의 가르침에 귀를 기울였을까요? 예수님을 알아보았을까요?

오늘날의 나는 어떤가요? 그저 하나님과 교회와 목사들과 사람들에 대한 공론만 일삼고 있는 것이 아닐까요? 하나님에 관하여 이러쿵저러쿵하고, 교회와 목사는, 교인들은 이래야 한다 저래야 한다며 열심히 말하지만, 그리할 때 하나님의 영광과 그 고귀한 선물들이 하찮은 것으로, 잡담거리로 전락하고 맙니다.

삼위일체 하나님은 기다리는 존재가 아닙니다. 이미 하나님은 가장 가까운 곳에 누구보다 가까이에 와 계십니다.

예수님께서 수많은 공론을 뱉어내는 사람들을 향해 외치십니다. "누구든지 목마르거든 내게로 와서 마시라. 나를 믿는 자는 성경에 이름과 같이 그 배에서 생수의 강이 흘러나오리라"(요 7:37-38). 사도 요한은 이 말씀에 대해 부연합니다. "이는 그를 믿는 자들이 받을 성령을 가리켜 말씀하신 것이라. (예수께서 아직 영광을 받지 않으셨으므로 성령이 아직 그들에게 계시지 아니하시더라)"(요 7:39).

예수님께서 부활·승천하신 후 오순절 날 성령께서 이 땅에 임하셔서, 2천 년 전 유대 땅에서 시공의 제한을 받으셨던 성자 예수님 대신, 시공을 초월하여 우리 가운데 계십니다. 그런데 많은 사람들은 또다시 성령 하나님을 공론화해버립니다. 성령세례의 증거로 방언을 해야 한다, 능력을 받아야 한다, 성령세례 다음에는 성령의 기름부음을 받아야 한다 등등. 그 말에 사람들은 이리저리 몰려다니고, 받았다고 목에 힘주고 못 받았다고 고개 떨구고, 〈성서학당〉을 보니까 그게 아니란다, 그렇단다 등등의 수많은 말들이 오갑니다. 그러나 그래서는 안 됩니다.

"그래, 성경 말씀을 하나님의 말씀으로 믿고, 또 내가 하나님의 자녀임을 믿고, 예수님의 가르침대로 한번 살아보자." 그렇게 결단한 사람들은 이미 성령세례를 받았습니다. 하나님나라가 그분 안에 자리 잡은 것입니다.

삼위일체 하나님은 기다리는 존재가 아니라, 경외하고 사랑하며 동행해야 할 분이십니다. 그렇게 자신을 내어주심이 은혜 중의 은혜입니다. 예수님의 가르침은 공부하고 외우는 지식이 아니라, 살아내야 하는 생명 그 자체입니다. 예수님의 가르침을 단 하나만 살아내도, 삶은 생명을 얻고 나날이 풍성해집니다.

하나님께서 원하시는 것의 총체

인도의 간디는 원래 눈을 요리조리 굴리며 기회를 노리는 생쥐 같은 사람이었습니다. 그런데 어느 날 예수님의 가르침에 깊은 감명을 받고 그분의 가르침 중 하나인 '무저항 비폭력'을 집요하게 살아냈습니다. 어떤 경우에도 저항하지 않았으며 어떤 폭력도 쓰지 않았습니다. 그런데 놀랍게도, 해가 지지 않는 나라 대영제국으로부터 조국 인도를 해방시킵니다.

우리, 예배하는 이들은 하나님 앞에 앉아 있습니다. 예배는 하나님을 만나는 시간입니다. 예배는 내 것을 내려놓고 하나님의 것들로 대체되는 시간입니다. 그 자세로 예배에 임할 때마다 우리들의 영성은 고양되고, 우리들의 지성은 하나님의 생각으로 새로워지고, 우리들의 온몸은 하나님의 말씀과 그분의 생각과 그분의 방식에 친숙해집니다.

그렇게 예배로 새로워진 내가 다시 세상을 향해 출발합니다. 세상을 살아갑니다. 이때 가장 필요한 것은 바로 기도입니다. 매 순간, 모든 상황과 위기와 호기에 기도로 대처합니다. 기도로 하나님께 내 상한 심령을 토로하고, 기도로 하나님께 감사하며, 기도로 하나님과 상의하고, 기도로 지혜와 능력을 구합니다.

그렇게 살아가노라면 어느새 내 곁에서 나를 돕고 계시는 성령 하나님을 발견하게 됩니다. 우리의 할 일은 단지 하나님께 미소하며 "감사합니다" 하고 말하는 것입니다.

예수님께서 말씀하십니다. "너희가 내 안에 거하고 내 말이 너희 안에 거하면 무엇이든지 원하는 대로 구하라. 그리하면 이루리라"(요 15:7). 우리가 예수님의 가르침 안에 거하기를, 예수님의 소원이 곧 내 소원이 되기를, 그래서 하나님께서 친히 이루시는 영광에 참여하기를 바랍니다.

다른 종교들은 우리 어리석은 인간들의 소원의 총체지만, 예수님의 가르침은 하나님께서 원하시는 것의 총체입니다. 만약 예수님의 가르침의 본질을 보지 못한다면, 하나님의 고귀하고 영광스런 선물들을 인간의 천박한 것들로 전락시켜버리게 됩니다. 오늘날 기독교가 땅에 떨어져 세상 사람들에게 짓밟히는 이유이기도 합니다.

22
나도 너를 정죄하지 아니하노니

요 8:1-12

"별일도 없는데, 괜히 눈물이 나요." 자신에게는 별일이 없는데도 이상하게 슬프다는 이 말에 많은 사람들이 공감할 것입니다.

기쁜 소식을 들어본 적이 언제였던가요. 들리는 소식들은 모두 아프고 어둡고 슬프고 끔찍한 것들뿐입니다. 요즈음처럼 제 자신을 포함하여 사람들이 불쌍해 보인 적이 없습니다.

세상을 덮은 어두움은 사람들의 마음을 야금야금 파고들어 무슨 큰 죄라도 지은 양 고개를 떨구게 하고, 고개를 쳐든 사람들은 분노의 함성을 질러대지만 메아리조차 들을 수 없습니다. 이 암울한 시대를 어떻게 견디고 이기고 앞으로 나갈 수 있을까요?

설교를 준비하는 동안 제 귀에 계속 맴돌았던 말씀이 있습니다. "너희는 위로하라. 내 백성을 위로하라"(사 40:1)는 말씀입니다. 그때마다 저는 중얼거렸습니다. "하나님, 저도 위로받고 싶은데요."

어떻게 위로를 받고 힘을 얻을 수 있을까요? 하나님 아버지께서 친히 가르쳐주십니다. "너희는 광야에서 여호와의 길을 예비하라. 사막에서 우리 하나님의 대로를 평탄하게 하라"(사 40:3). 가뜩이나 지친 우리들에게 여호와의 길을 예비하고 하나님의 대로를 평탄케 하라고 하십니다. 그것도 광야와 사막에서. 그러나 지엄하신 하나님의 명령입니다. 그런데 하나님의 명령은 언제나 우리를 살리기 위한 것, 그러므로 행해야 합니다.

풀은 마르고 꽃은 시드나

하나님의 길을 열고 평탄케 하는 일이 무엇일까요? 그 일이 무엇인지 알기 전에 먼저 알아야 할 것이 있습니다.

하나님께서 말씀하십니다. "모든 육체는 풀이요 그의 모든 아름다움은 들의 꽃과 같으니 풀은 마르고 꽃이 시듦은 여호와의 기운이 그 위에 붊이라. 이 백성은 실로 풀이로다"(사 40:6-7).

아름다운 세상은 광야와 사막처럼 변했고 사람들은 모두 마르고 시들 수밖에 없는 풀들이라, 세상에서는 참다운 위로를 구할 수 없고 사람이 누구를 위로할 수도 위로를 받을 수도 없다는 것입니다.

그런데 눈을 동그랗게 뜨게 만드는 구절이 있습니다. 풀이 마르고 꽃이 시드는 것은 여호와의 기운이 그 위에 불기 때문이라는 것입니다. 다시 말해서, 오늘의 이 암울한 시간은 여호와의 기운이 불어왔기 때문이라는 뜻입니다.

이 어두움이 우리 인간들의 책임이 아닌 하나님 책임이라는 것처럼 들리는 이 말의 진정한 뜻은, 그러나 따로 있습니다. 하나님께서 말씀하십니다. "풀은 마르고 꽃은 시드나 우리 하나님의 말씀은 영원히 서리라 하라"(사 40:8).

아무리 메말라도, 아무리 흉흉해도, 아무리 슬퍼도, 아무리 깜깜해도 하나님의 말씀은 영원하며 오직 우리가 가야 할 곳은 하나님의 말씀이라고 '내가' 사람들에게 말하라는 것입니다. 내가 지쳤어도, 또 그렇게 생각하지 않아도, "하나님의 말씀은 영영히 서리라"고 말하라는 것입니다. 이것은 하나님의 명령입니다.

명령이므로 무조건 행하라, 즉 '준행하다'라는 뜻의 히브리어 '아싸'는, 먼저 행동하면 나중에 그 뜻을 깨닫게 된다는 의미입니다. '준행'은 곧 '지고한 묵종'입니다. 온 힘을 다해 묵묵히 따르는 것입니다. 성경에는 '아싸'의 명령으로 가득 차 있습니다. 일일이 설명해도 우리들의 아둔한 머리가 다 알아들을 수 없습니다. 그러므로 묵묵히 따르라는 것입니다.

그래서 '세상과 인간은 풀처럼 시드나 하나님의 말씀은 영영히 서리라'고 선포합니다. 줄기차게 말합니다. 그러면 내 안에서 놀라운 일이 일어나기 시작합니다. 정말 하나님의 말씀과 약속 외에는 해결 방안도, 소망도 없음을 알게 됩니다. 또한 하나님께서 나를 통하여 그 말씀과 약속을 친히 이루어가심을 알게 됩니다.

하나님의 대로를 평탄케 하는 것은, 교회 일을 열심히 하라는 뜻도 아닙니다. 가장 먼저 하나님의 말씀이 어두운 내 심령에 직통으로 꽂히게 하라는 것입니다. 절망감과 분노를 일단 내려놓고, 원망하지 말고, 귓등으로 듣지 말고, 의심하지 말고, 그 말씀의 강력한 화살이 내 심장에 콱 박히도록 하라는 것입니다. 그렇게 하면 암울과 무기력의 피는 다 쏟아지고, 하나님의 위로와 생명력의 피로 교체됩니다. 내가 살아납니다. 내가 움직입니다.

그리할 때, 저절로 골짜기마다 돋우어지며, 저절로 산마다 낮아지며, 저절로 험한 곳이 평지가 될 것입니다. 그리고 마침내 여호와의 영광이 내 삶에 나타나 불쌍한 사람들이 그 영광을 보게 됩니다(사 40:5).

문제에 대처하는 법

초막절 기간이 끝나고 사람들은 모두 집으로 고향으로 돌아갔지만 예수님은 예루살렘에 남으셨습니다. 하나님의 성전이 손에 잡힐 듯이 내려다보이는 예루살렘 동편, 올리브 나무들이 빼곡한 감람산 언덕에서 하룻밤을 머무셨습니다. 노숙하신 것입니다. 그리고 다음 날 아침 일찍 다시 하나님의 성전에 가셔서 사람들을 가르치셨습니다.

얼마나 지났을까, 서기관들과 바리새인들이 한 여인을 개처럼 끌고 와서는 예수님의 발아래 내동댕이쳤습니다. 그들은 손에 커다란 돌이 하나씩 들려 있었고, 분기탱천해 있었습니다. 그들이 말합니다. "선생이여 이 여자가 간음하다가 현장에서 잡혔나이다. 모세는 율법에 이러한 여자를 돌로 치라 명하였거니와 선생은 어떻게 말하겠나이까"(요 8:4-5).

당시 모세의 율법은 절대적이었습니다. 이를 어긴 자 역시 죄인으로 간주하였습니다. 이들이 이런 일을 꾸민 것은 예수님을 율법을 어긴 자로 몰아 제거하기 위함입니다. 예수님은 큰 위기에 직면하셨습니다.

팽팽한 긴장이 흐르는 순간 예수님은 몸을 굽혀 땅에 무엇인가를 쓰셨습니다. 그러자 그들은 재차 예수님을 다그쳤습니다. 이윽고 예수님께서 입을 여셨습니다. "너희 중에 죄 없는 자가 먼저 돌로 치라"(요 8:7). 그러고는 다시 땅에 무엇인가를 쓰셨습니다.

얼마나 지났을까, 기세등등하던 그 사람들이 슬그머니 하나둘씩 떠나기 시작하였고 어느새 예수님과 여인만이 남았습니다. 모두 다 떠난 것을 확인하신 예수님께서 입을 여셨습니다. "너를 고발하던 그들이 어디 있느냐?" 여자가 대답합니다. "주여, 없나이다." 그러자 예수님이 말씀하셨습니다. "나도 너를 정죄하지 아니하노니 가서 다시는 죄를 범하지 말라"(요 8:11).

그날 아침 성전 앞마당에는 요즈음처럼 죄악과 살기와 비판과 악의만이 가득했습니다. 그러나 그날 아침만이 아닙니다. 그 시대 전체가 그랬습니다.

예수님께서 2천 년 전 유대 땅에 오신 이유는, 그때 그곳이 인류가 겪었고 당해야 할 모든 고통이 가장 극렬하고 가장 복잡하게 얽혀 있던 시대요 장소였기 때문입니다. 그때 그곳은, 요즈음 가자 지구에서 팔레스타인 사람들이 겪는 고통과 억울함, 요즈음 아프리카 서부 지역에서 대책 없이 당하는 질병과 죽음, 그리고 그 밖에 잡다한 문제들이 복합되어 있어서 인간 그 누구도 해결불가였습니다. 그래서 예수님께서 오셨습니다.

예수님의 모든 말씀과 행동은 모두 그 문제들을 어떻게 대처하고 어떻게 이기고 어떻게 해결해야 하는지를 보여줍니다. 그래서 예수님은 자신을 '빛'이라 하셨고, "길이요 진리요 생명"이라 하셨습니다.

오늘 본문에서도 예수님께서 결론을 말씀하십니다. "나는 세상의 빛이니 나를 따르는 자는 어둠에 다니지 아니하고 생명의 빛을 얻으리라"(요 8:12).

'예수님을 따르는 사람'들은 절대로 어둠에 다니지 아니할 뿐만 아니라, 오히려 세상의 어둠을 밝히고 물리치는 생명의 빛이 된다는 약속입니다. 이 말씀에 우리의 전부를 걸어야 합니다. 그래서 우리 모두 오늘의 암울한 시대를 이기고 밝히는 생명의 빛들이 되기를 간절히 바랍니다.

두 개의 무덤

우리가 마음에 새겨야 할 것이 있습니다. 거짓과 악의가 판치는 세상, 누구도 믿지 못하는 불신의 시대는 실은 예수님의 제자, 곧 '예수님을 따르는 사람'이 되기 위한 여정을 준비하는 과정이라는 것입니다. 더 이상 숨을 쉴 수 없는 세상을 뒤로하고 완전하신 하나님을 만나러 출발하자는 것입니다. 이것은 단순한 종교로의 도피가 아닙니다. 전혀 새로운 삶의 위대한 시작입니다.

예수님께서 절체절명의 상황에서 가장 먼저 하신 말씀은 "너희 중에 죄 없는 자가 먼저 돌로 치라"였습니다. 이 말씀은 자신을 먼저 돌아보라는 말씀입니다.

사람들은 흔히, 자신의 오류나 죄는 보지 않고, 남의 잘못에 대한 분노와 비판에 몰두합니다. 하지만 그래서는 안 됩니다. 이것은 잘못을 그냥 덮어두고 넘어가자는 뜻이 절대로 아닙니다.

분노와 비판은 두 개의 무덤을 만듭니다. 상대방의 무덤과 나의 무덤입니다. 자신의 허물을 먼저 보라 하신 이유는 내가 분노의 무덤에 빠져서는 안 되기 때문입니다. 내가 함께 매몰되면 세상은 정말 소망이 없게 됩니다. 예수님을 따르는 것은, 분노와 비판의 무덤에서 나와 선한 것의 추구로 돌아서는 것입니다.

〈황무지〉를 통해 "사월은 잔인한 달"이라고 했던 T. S. 엘리엇이 회심한 후에 모든 사람들에게 묻습니다. 세상을 황무지로 보는가, 아니면 아름다운 정원으로 보는가?

네, 세상은 광야요 사막이요 살기 어려운 황무지로 보입니다. 그러나 그렇지 않습니다. 예수님께서 이 땅에 오신 이유는, 여전히 하나님께서 창조하신 세상을 정원으로, 거룩한 땅으로 보시기 때문입니다.

유진 피터슨이 아주 중요한 말을 합니다. "우리의 동기가 아무리 순수하더라도 하나님보다 상황에 반응한다면 결국 우리가 피해를 입게 될 것이다."

우리는 여전히 하나님께서 창조하신 거룩한 땅에서 살아가고 있습니다. 세상이 비록 엄청난 불의와 죄악에 노출되어 있지만, 아직까지 세상의 문을 닫지 않으신 이유는 여전히 하나님께서 통치하시는 거룩한 땅이기 때문입니다.

C. S. 루이스의 말을 잊지 마십시오. "온 세상의 악을 다 모은다고 해도 그것은 대양에 떨어지는 한 방울의 잉크보다도 작다." 지구는 온 우주에서 한 알의 먼지입니다. 지구에 악이 횡행해도 하나님의 사랑과 선하심에는 어떤 영향도 끼치지 못합니다. 그 하나님이 여전히 통치하고 계십니다.

얼마든지 분노할 수 있습니다. 비판할 수 있습니다. 그러나 여전히 내 손에 돌이 들려 있다면, 그것은 이미 잘못 가고 있는 것입니다. 그래서 하나님께서 당부하십니다. "너는 행악자들로 말미암아 분을 품지 말며 악인의 형통함을 부러워하지 말라. 대저 행악자는 장래가 없겠고 악인의 등불은 꺼지리라"(잠 24:20).

그래서 예수님께서 당부하십니다. "누구든지 네 오른편 뺨을 치거든 왼편도 돌려 대며 또 너를 고발하여 속옷을 가지고자 하는 자에게 겉옷까지도 가지게 하며 또 누구든지 너로 억지로 오 리를 가게 하거든 그 사람과 십 리를 동행하고"(마 5:39-41). 그 예수님께서 종교와 권력의 최대 폭력인 십자가에 달리셨습니다. 그리고 자신에게 못을 박는 그들을 위하여 기도하셨습니다.

그래서 이야기가 시작된다

참 힘든 세상임에 틀림이 없습니다. 그러나 언제라도 하나님을 경외함에서 시작해야 합니다. 모든 진정한 것들은 경이로움에서 시작됩니다. 하나님께서는 그 암울한 시대에도 성도들을 하나님의 거룩한 제사장으로 부르셨습니다. 지금 우리들도 왕 같은 제사장으로 부르고 계십니다.

돌에 맞아 비참하게 죽어야 할 그 여인에게 예수님께서 말씀하십니다. "나도 너를 정죄하지 아니하노니 가서 다시는 죄를 범하지 말라." 이 말씀은 그 여인 역시 왕 같은 제사장이 될 수 있다는 것입니다. 지고하신 하나님의 제사장이 되어 자신과 세상의 어두움을 물리치라는 것입니다.

그래서 이야기가 끝나는 것이 아니라, 그래서 이야기가 시작됩니다. 돌에 맞아 죽어야 하는 그 여인의 일로 복잡한 일이 이미 생겼습니다. 그러나 예수님의 앞에 서자 새로운 이야기가 시작되었습니다.

무시무시한 십자가는 모든 이야기를 끝내는 절대적인 힘을 가지고 있었습니다. 그러나 그 십자가도 예수님의 이야기를 끝내지 못했습니다. 오히려 그 십자가를 통하여 전혀 새로운 세계가 시작되었습니다. 아무리 깜깜한 상황도 예수님을 따르는 우리를 끝으로 데려가지 못합니다. 오히려 새로운 시작으로 데려갑니다.

지금이 바로 다시 시작해야 할 그때입니다.

예수님께서 말씀하십니다. "나는 세상의 빛이니 나를 따르는 자는 어둠에 다니지 아니하고 생명의 빛을 얻으리라"(요 8:12).

고개를 드십시오. 돌을 내려놓으십시오. 우리들마저 꺼져서는 안 됩니다. 오직 온전케 하시는 주님께 시선을 고정시키십시오. 그리하면 다시 밝아집니다. 그리고 내게 맡겨진 일을 주께 하듯 감사하며 행하십시오. 내 빛이 점점 밝아집니다. 반드시 때가 되면 하나님 아버지께서 이루십니다.

23
진리가 너희를 자유하게 하리라

요 8:31-36

최근 자유롭게 사시는 한 분을 만나 즐거운 시간을 보냈습니다. 포천에서 '숲속의 대장간'이라는 멋진 이름의 대장간을 운영하시는 분입니다. 서울에서 그림을 그리다가 20여 년 전 아내와 세 살 된 딸과 함께 이불 한 채 보따리에 싸 들고 인제 두메산골로 이주하여 말도 키우고 대장간도 운영하면서 열심히 재미있게 넉넉하게 살았습니다. 그러다가 몇 달 전 그곳을 떠나야 했습니다. 이유는 단 하나, 바로 목사 부부 때문입니다. 교회 건축도 도맡아 하면서 열심히 신앙생활을 했는데, 목사 내외는 교인들의 일상의 삶까지 일일이 간섭하며 자신의 뜻에 따라 움직이게 만들었습니다. 예를 들면, 땅을 사려고 하면, 꿈에 계시를 받았다며 그 땅을 사면 죽는다는 등의 말을 하는 것입니다.

요즈음 한국 교회에 이런 이야기들이 넘쳐납니다. 하나님의 이름으로 무당 노릇을 하는 목회자들이 얼마나 많은지 깜짝 놀랍니다.

여호수아 당시 중동 최대 무당이었던 발람이 분명히 말합니다. "야곱을 해할 점술이 없고 이스라엘을 해할 복술이 없도다. 이때에 야곱과 이스라엘에 대하여 논할진대 하나님께서 행하신 일이 어찌 그리 크냐 하리로다"(민 23:23).

바알의 무당이 하나님의 백성을 해할 그 어떤 주술도 없다고 하는데, 오늘날의 목사가 성도들에게 그런 유의 말을 한다는 것은 당치도 않고, 그런 말에 흔들린다면 성도라고 할 수 없습니다.

하나님에 대한 거짓말

유진 피터슨이 말합니다. "다른 사람에게 행하는 가장 사악한 일은 하나님에 대하여 거짓말하는 것이다." 맞는 말입니다. 사람들로 하여금 하나님에 대한 올바른 관점을 세워주고 그분에게 올바로 반응하게 하는 일이 목사가 해야 하는 가장 중요한 일입니다.

하나님에 대한 잘못된 관점으로 대표적인 세 가지가 있습니다.

첫째, 인간의 일거수일투족을 감시하며 잘못한 사람들을 징벌하는 무서운 폭군 하나님.

둘째, 인간을 유용성의 관점에서 평가하며 최고의 성과를 독려하며 세상과 인간을 엄격하게 감독하는 관리자 하나님.

셋째, 태초에 세운 창조의 법칙에 따라 세상일이 진행되도록 내버려 두고 수수방관하는 하나님.

이 모두가 하나님에 대한 거짓말입니다. 이 거짓 가르침을 믿는 것은 간단한 문제로 끝나지 않습니다. 그 사람들의 인생 역시 망가집니다.

하나님을 무서운 폭군으로 믿는다면 목사는 하나님의 대리자로 군림하며 교인들은 노심초사 숨고 피하려만 할 것이고, 엄격한 관리자로 믿는다면 우리들은 최고의 실적을 올려야 하는 하나님의 영업사원으로 전락할 것이고, 수수방관하는 하나님으로 생각한다면 별 목적의식 없이 경솔하고 시시한 삶을 살 것입니다.

하나님에 대한 잘못된 관점으로 인해 최악의 삶을 살았던 사람이 바로 사도 바울입니다. 사도 바울은 이스라엘 최고 명문 가말리엘 문하생이었으며 헬라 철학에도 정통했고, 아버지는 부자에, 로마 시민권까지 가진 사람이었습니다. 그런데 유대교의 잘못된 가르침으로 인해, 하나님을 율법의 길에서 이탈한 사람을 엄벌하는 무서운 군주로 보았고, 책임감이 강한 바울은 스스로 그 하나님의 충실한 일꾼이 되어 율법의 길에서 이탈하는 초대교인들을 박멸하는 일에 앞장섰습니다. 그 일에 몰두하면서 자신이야말로 '히브리인 중의 히브리인'으로 잘하고 있는 것이라고 굳게 믿었습니다. 그러나 그의 신념은 착각 중의 착각이었습니다.

그저 여호와 하나님을 믿으면 된다고 생각하지만, 그처럼 잘못된 것도 없습니다. 유대교도 이슬람교도 모두 여호와 하나님을 믿습니다. 초대교회 당시 율법주의자들도 영지주의자들도, 통일교도나 몰몬교도나 구원파도 모두 여호와 하나님을 믿습니다. 요즈음 그 세력을 확장하고 있는 신천지나 안상홍의 '하나님의 교회'도 그렇고, '여호와의 증인'들은 자신들의 이름을 그렇게 지을 정도로 누구보다 여호와 하나님을 신봉합니다. 그런데 그들은 '이단'이라고 불립니다. 바로 하나님에 대한 그들의 관점이 잘못되었기 때문입니다.

그런데 기독교에도 십자가를 걸어놓았지만 그들과 다름이 없는, 하나님에 대한 잘못된 관점을 가르치는 곳이 많습니다. 여호와 하나님을 특히 무서운 감시자 하나님, 최고의 업적을 요구하는 하나님으로 가르치는 사람들이 얼마나 많은지 모릅니다. 그래서 목사를 맹종하게 하고 교회 일과 종교생활을 최우선으로 행하게 하여, 바리새인들이 율법의 감옥에 갇히듯, 종교의 감옥에 가두는 경우가 허다합니다.

참 자유

예수님은 자신이 이 땅에 오신 이유를 이사야서를 인용하며 친히 밝히셨습니다. "주의 성령이 내게 임하셨으니 이는 가난한 자에게 복음을 전하게 하시려고 내게 기름을 부으시고 나를 보내사 포로 된 자에게 자유를, 눈 먼 자에게 다시 보게 함을 전파하며 눌린 자를 자유롭게 하고 주의 은혜의 해를 전파하게 하려 하심이라"(눅 4:18-19).

종교와 종교 지도자들과 율법과 계율의 포로 된 하나님의 자녀들에게 참 자유를 주시려고 예수님이 오셨습니다. 하나님에 대한 거짓 가르침에 눈이 멀어 생명과 재능을 탕진하는 하나님의 자녀들의 눈을 뜨게 하여 하나님 아버지께서 만드신 세상에서 하나님의 은혜를 누리며 베풀며 살게 하시기 위해서 예수님이 이 땅에 오신 것입니다.

어떻게 참 진리에 눈을 떠서 참 자유를 회복할 수 있는지 예수님이 친히 가르쳐주십니다. "너희가 내 말에 거하면 참으로 내 제자가 되고 진리를 알지니 진리가 너희를 자유롭게 하리라"(요 8:31-32). 성경의 진리를 제대로, 올바로 깨달으면 하나님께서 주신 참 자유를 향유합니다. 그 자유로 당당한 하나님의 자녀로 성장합니다. 그 자유를 전파하여 다른 사람들도 그 자유를 누리게 합니다.

참 자유를 향유하기 위해서 마음에 새겨야 할 것이 있습니다.

첫째, 자기 자신을 포함한 인간을 의존해서는 절대로 참 자유를 누릴 수 없습니다.

자기 자신이 얼마나 나약한 존재인지 자신이 가장 잘 압니다. 또한 다른 사람, 부모나 배우자나 유력한 사람 등, 아무리 능력이 있다고 해도 사람을 의존해서는 결코 자유를 누릴 수 없습니다. 그 사람과 함께 망합니다.

"귀인들을 의지하지 말며 도울 힘이 없는 인생도 의지하지 말지니 그의 호흡이 끊어지면 흙으로 돌아가서 그날에 그의 생각이 소멸하리로다"(시 146:3-4).

둘째, 이념이나 과학이나 돈이나 권력이나 남의 인정을 통해서도 참 자유를 절대로 누릴 수 없습니다.

20세기 최고의 인기를 구가했던 록그룹 퀸의 리드싱어 프레디 머큐리가 말합니다. "세상의 모든 것을 다 가지고도 가장 외로운 사람이 될 수 있다. 그것은 가장 쓰라린 외로움이다. 성공은 나를 우상으로 만들었고 엄청난 부를 가져다주었지만 나는 단 한 가지를 갖지 못했다. 사랑으로 지속되는 관계, 바로 그것이다." 그는 1991년, 45세에 에이즈로 죽습니다.

참 자유는 오직 예수님께서 드러내신 하나님, 성경에 계시된 삼위일체 하나님과의 올바른 관계에서만 얻을 수 있습니다. 예수님의 말씀을 잊어서는 안 됩니다. "진리를 알지니 진리가 너희를 자유롭게 하리라"(요 8:32). 진리가 무엇일까요? 성경에 계시된 삼위일체 하나님과 그분의 말씀입니다.

하나님의 자녀, 그리스도의 신부

성경의 첫 책 창세기는, 여호와 하나님께서 창조주가 되시며 우리들은 하나님의 형상으로 창조된 '하나님의 자녀'라고 말합니다. 그것이 진리입니다. 그런데 전지전능하신 하나님이 나의 아버지가 되신다는 이 사실을, 이상하리만치 사람들이 믿지 않습니다.

하나님께서는 430년간 이집트의 노예로 살던 이스라엘 백성들을 열 가지 재앙을 통해 구원하십니다. 언제나 주인의 눈치를 보며 살던 이스라엘 백성에게 여호와 하나님은 이집트의 파라오보다 더 강력하고 무시무시한 군주로 보였습니다. 젖과 꿀이 흐르는 가나안 땅으로 출발하기 직전 하나님께서 이상한 명령을 내리십니다. "사람이나 짐승을 막론하고 태에서 처음 난 모든 것은 다 거룩히 구별하여 내게 돌리라"(출 13:2)는 명령입니다. 파라오도 내리지 않았던 명령을 하나님께서 내리신 것입니다. 그러나 이 명령의 참뜻은, 이제 하나님께서 모든 이스라엘의 아버지가 되셔서 그들을 인도하시겠다는 것입니다. 한 가정과 가문의 대표자인 장자가 하나님의 것이 되면 그 가정과 가문은 당연히 하나님의 가족이 되는 것입니다.

사도 바울이 다메섹 도상에서 부활하신 예수님을 만나 깨달은 것이 바로 여호와 하나님이 주인이 아니라 아버지가 되신다는 사실이었습니다. 그래서 그가 말합니다.

"무릇 하나님의 영으로 인도함을 받는 사람은 곧 하나님의 아들이라. 너희는 다시 무서워하는 종의 영을 받지 아니하고 양자의 영을 받았으므로 우리가 아빠 아버지라고 부르짖느니라"(롬 8:14-15).

"만일 하나님이 우리를 위하시면 누가 우리를 대적하리요"(롬 8:31).

"누가 능히 하나님께서 택하신 자들을 고발하리요. 의롭다 하신 이는 하나님이시니 누가 정죄하리요"(롬 8:33-34).

"누가 우리를 그리스도의 사랑에서 끊으리요. 환난이나 곤고나 박해나 기근이나 적신이나 위험이나 칼이랴"(롬 8:35).

"사망아 너의 승리가 어디 있느냐. 사망아 네가 쏘는 것이 어디 있느냐"(고전 15:55).

세상의 그 어떤 환난에서도 하나님의 자녀들은 자유롭습니다. 죽음마저도 육신을 흙으로 돌릴 뿐, 영혼은 결코 죽일 수 없습니다.

그래서 사도 바울이 선언합니다. "우리 주 예수 그리스도로 말미암아 우리에게 승리를 주시는 하나님께 감사하노니"(고전 15:57). 이어서 하나님의 자녀들에게 당부합니다. "그러므로 내 사랑하는 형제들아 견실하며 흔들리지 말고 항상 주의 일에 더욱 힘쓰는 자들이 되라"(고전 15:58).

성경의 마지막 책 요한계시록은, 예수 그리스도는 우리의 유일한 구원자가 되시며 성도들은 '그리스도의 신부'라고 말합니다. 이것이 진리입니다.

이제 우리들이 해야 할 일은, 하나님의 자녀로서, 예수님의 신부로서 하나님 아버지께서 창조하신 이 세상에서 당당하게, 열심히, 담담하고 초연하게, 누리며 베풀며 사는 것입니다.

예수님께서 말씀하십니다. "나의 평안을 너희에게 주노라. 내가 너희에게 주는 것은 세상이 주는 것과 같지 아니하니라. 너희는 마음에 근심하지도 말고 두려워하지도 말라"(요 14:27).

24
누구의 죄로 인함입니까?

요 9:1-7

예수님께서 이 땅에 오신 이유는 우리를 자유롭게 하시기 위해서입니다. 우리들은 그 어느 때보다도 자유로운 시대를 살고 있는 것 같지만 사실은 그렇지 않습니다. 나름의 자유를 구가한다고 하더라도 우리를 제약하고 가두고 있는 것이 얼마나 많은지 모릅니다. 어렵고 힘든 상황과 환경은 내가 하고 싶은 일을 자유롭게 하지 못하게 합니다.

그런데 주변의 상황이 아무리 좋다고 하더라도 나를 제한하는 또 다른 것이 있습니다. 그것은 다른 데 있는 것이 아니라 바로 내 안에 있습니다. 내 생각입니다. 잘못 정립된 인생관과 가치관과 신앙관이 나를 한 걸음도 나아가지 못하게 하는 경우가 많습니다.

하나님의 일은 기계적 도식을 따르지 않는다

제자들이 예수님과 함께 길을 가다가 한 시각장애인을 만났습니다.

제자들이 예수님께 물었습니다. "이 사람이 맹인으로 난 것이 누구의 죄로 인함이니이까. 자기니이까 그의 부모니이까"(요 9:2). 그러자 예수님이 대답하셨습니다. "이 사람이나 그 부모의 죄로 인한 것이 아니라 그에게서 하나님이 하시는 일을 나타내고자 하심이라"(요 9:3).

그런데 예수님의 대답은, 곰곰이 생각해보면, 대단히 잔인한 것일 수 있습니다. 하나님의 일을 나타내려고, 한 사람을 큰 불행에 빠뜨렸다는 뜻이기 때문입니다. 차라리 '죄로 인한 벌'이라는 생각이 마음에 편할 수 있습니다.

당시 모든 사람들은 그렇게 생각했습니다. 불행은 죄의 결과로 하나님으로부터 징계나 저주를 받은 것이요, 행복과 번영은 하나님을 잘 믿고 율법을 순종한 결과로 하나님의 복을 받은 것이라고 생각했습니다. 우리들도 그렇게 생각합니다. 그래서 불행한 일이 생기면 우선적으로 자신의 죄나 잘못을 생각하며, 자신에게 별 잘못이 없으면 다른 사람들이나 나아가서는 하나님을 원망합니다. 그런데 그렇게 생각하는 것은 소중한 생명과 시간을 자책과 원망으로 허비하게 만드는 잘못입니다.

예수님은 그 사람을 불쌍히 여기시고는 침으로 진흙을 이겨 그 사람의 눈에 바르시고, 실로암 못에 가서 씻으라고 말씀하셨습니다. 그 사람은 그렇게 했고 광명을 찾았습니다.

그런데 어떤 이들은 이 사건을 두고 예수님의 말씀에 순종하면 기적이 일어난다며, '예수님-순종-기적'의 기계적인 도식으로 설교합니다. 그래서 사람들이 열심히 하나님의 말씀에 순종합니다. 그러나 기적은 잘 일어나지 않습니다. 그때 남들은 물론 자신까지도, 약한 믿음과 정성을 나무랍니다. 그래서 더욱 열심을 내보지만 결과는 별로 달라지지 않습니다.

하지만 예수님의 복음은 우리들을 참 자유와 오묘한 하나님의 세계로 인도하는 것입니다. 이 복음을 기계적 도식으로 가르치고 이해하는 것은 잘못된 신앙관입니다.

다음은 실제 상담 사례입니다. 사랑하는 아들이 암에 걸렸습니다. 부모는 하나님께 매달려 필사적으로 기도하였고, 아들은 암에서 기적적으로 회복되었습니다. 그 부모는 하나님께서 이 고난을 통하여 당신과의 관계를 굳게 하셨다고 믿고 감사하였습니다. 그런데 또 다른 걱정이 생겼습니다. 다음에는 누구의 고난을 통해 가르치려 하실까? 남편? 아내?

이 부모는 하나님과의 관계가 굳건해졌다고 했지만, 하나님은 고난을 통하여 교훈을 가르치신다는 기계적 도식에 갇혀 앞을 보지 못하고 있습니다. 이는 율법에 갇혀 앞을 보지 못하는 바리새인과 별반 다를 바가 없습니다.

하나님께서 하시는 일은 단순히 상벌에 관한 일이나 도식적인 일이 아닙니다. 하나님이 하시는 일은 측량할 수 없지만 언제나 큰 사랑을 통해 생명을 살리는 일입니다.

예수님의 가르침은 우리들의 통상적인 생각들과 잘못된 인생관을 무너뜨려 전혀 새로운 세계, 하나님 아버지의 사랑의 세계를 보게 하고 인도합니다.

존의 두 가지 질문

제가 목회하고 있는 교회에는 장애인이 많습니다. 또 장애를 가진 자녀를 키우는 부모님들도 계십니다. 저는 그분들을 볼 때마다 깊은 존경의 마음이 듭니다. 저라면 그렇게 못할 것입니다. 그분들의 찬양하는 모습, 깊고 아름다운 마음에 언제나 감동을 받습니다. 휠체어를 타고 그 불편한 먼 길을 마다 않고 오시는 모습에 큰 감동을 받습니다. 그분들은 하나님의 기적을 기다리지 않고 자신의 현실과 장애를 인정하고 감사하며 살아가고 있습니다.

자기 자신을 잘 들여다보십시오. 구체적인 장애가 없는 자녀들에게 얼마나 절망하고 끌탕하며 걱정하며 사는지를. 또한 내가 장애인이라면 과연 어떻게 살고 있을지 한번 생각해보십시오.

구미정 교수는 《두 글자로 신학하기》(포이에마, 2013)에서 자신의 조카에 대해 다음과 같이 말합니다. "내 조카는 듣지 못하고 말하지 못하고 거동이 불편한 삼중 장애를 가진 아이다. 이만큼만 말을 꺼내도 사람들 표정이 대체로 어두워진다. 하지만 진실을 말하면 우리 가족은 그 아이 때문에 웃는다. 그 아이가 주는 즐거움이 그 아이로 인한 힘듦을 상쇄하고도 남는다는 건 불변의 사실이다. 나는 그 어리고 연약하고 자연스러운 생명과 함께 있으면 나도 모르게 번잡하고 부박한 세상을 떠나 잠시 다른 세상에 머무는 기분이다."

저희 교회에는 농아를 위해 오랫동안 봉사하신 집사님이 한 분 계십니다. 그런데 그 집사님은 자신의 봉사가 그분들을 위한 것이 아니라 오히려 자신의 신앙을 확립하는 데 큰 도움이 되었다고 고백합니다.

가톨릭 신부이자 하버드 대학 교수인 헨리 나우웬은 지적장애인들의 공동체 라르쉬 데이브레이크로 들어가 그들과 함께 살았습니다. 그곳에 존이라는 남자가 있는데, 그에게는 한 가지 버릇이 있습니다. 만나는 사람들마다 "집이 어디예요?"라고 묻는 것입니다. 사람들을 가만히 지켜보다가 이때다 싶으면 "집이 어디예요?"라고 물었고, 다시 기회를 엿보다가 또 이때다 싶으면 두 번째 질문, "오늘 밤에는 집에 있을 건가요?"라고 물었습니다. 이 두 마디가 그가 하는 유일한 말입니다.

그런데 어느 날 그의 이 두 마디 말이 통렬한 질문이 되어 나우웬의 심령에 깊숙이 박혔습니다. 그 질문에 담긴 의미를 깨닫기까지 5년의 세월이 흘렀고, 그 깨달음을 《탕자의 귀향》(포이에마, 2009)이라는 책에 담아 출간합니다. 이 책에서 헨리 나우웬은, 지적장애인 존은 자신이 가는 길을 쉼 없이 점검케 하는 영적 아버지와 같은 존재였다고 고백합니다.

생명 자체, 존재 자체가 하나님의 사랑이며 기적입니다. 우리들은 성공과 돈의 잣대로만 쓸모 있다 없다를 결정하는 천박한 시대를 살면서 어느새 그 천박한 기준에 물들어버렸습니다. 바로 이것이 나를 가둬버리는 잘못된 인생관입니다.

모든 장애인들은 생명과 존재 자체가 얼마나 고귀하고 숭고한 것인지 모든 이들에게 가르쳐주는 스승들입니다. 육체의 장애보다 마음과 영혼의 장애가 더 아프고 심각한 것입니다. 우리 모두는 하나님의 도우심과 은혜 없이 살 수 없는 장애인들임을 잊어서는 절대로 안 됩니다.

예수님께서 그 시각장애인의 눈을 뜨게 하심으로 하나님께서 하시는 일이 살리는 일임을 보여주셨습니다. 이제 남은 일은 내가 내 삶을 통해서 하나님께서 하시는 일이 무엇인지 보여주는 것입니다. 그러려면 먼저 내가 편견에서, 원망과 불평에서 벗어나야 합니다. 내게 주신 생명과 재능과 시간에 감사하며 자녀다운 삶을 살아야 합니다.

다음 이야기는 하나님께서 하시는 일을 극명하게 드러내고 있어서, 제가 가끔 인용하곤 하는 이야기입니다.

연구원인 메리온 웨이드라는 청년이 실험 중 화학약품이 폭발하여 실명하고 말았습니다. 그는 절망 속에서 기도했습니다. "이제 제 힘으로 살지 못합니다. 하나님, 도와주십시오." 기도 중 시각장애인은 집안 청소와 관리를 할 수 없다는 생각이 스쳐갔습니다. 그 생각을 사업으로 발전시켜 1947년에 '서비스 마스터'란 회사를 설립했습니다. 이 회사의 경영 원리는 고린도전서 10장 31절 말씀입니다. "그런즉 너희가 먹든지 마시든지 무엇을 하든지 다 하나님의 영광을 위하여 하라."

그리고 인간은 하나님의 형상대로 지음 받은 존귀한 존재라는 사실에 근거하여, 종업원과 고객을 함께 만족시킨다는 원칙을 세우고 이에 충실했습니다. 사업은 나날이 발전하여 현재 40여 개 국가에서 연매출 100억 달러를 올리고 있습니다.

김태황 씨는 사람 얼굴을 기억하지 못하는 사람입니다. 거래처 직원의 얼굴도, 친구 얼굴도 그에게는 언제나 처음 보는 얼굴들입니다. 과연 이럴 수도 있을까 싶은데, 일종의 병으로, 독일 인구의 2퍼센트, 미국 인구 중 6백만 명이 이 병을 앓고 있다고 합니다.

김태황 씨는 어떻게 살아가고 있을까요? 그는 모든 사람에게 언제나 웃는 얼굴로 대합니다. 절대로 외모로 사람을 판단하지 않습니다. 언제나 상대방의 외모 외의 특징, 목소리, 특정 행동 등으로 사람을 판별하고 상대방의 중심을 본다고 합니다. 그 결과 아주 특별한 재능을 갖게 되었습니다. 자신의 장점을 살려, 사람들이 인식하지 못하는 편견 같은 문제를 짚어주거나 상대의 장점과 가치를 찾아주고 상담해주는 컨설팅을 하며 잘 살고 있습니다.

가장 큰 장애는 자신이 누구인지 모른 채 목적도 없이 살아가는 것입니다.

하나님께서 하시는 일을 드러내려면

세상은 자신의 지덕체(智德體)를 길러 강자가 되라고 가르칩니다. 심리학은 자신 안에 억압된 본능의 힘을 해방시켜 나약함을 이기라고 가르칩니다. 그러나 알고 보면 이 모든 가르침은 인간이 해결할 수 없는 인간 자체의 중대한 한계들을 덮어버리는 피상적인 것들입니다. 내 안의 한 가지 힘을 기르기 위해 하나님의 무한한 능력과 은혜를 보지 못하게 할 수 있습니다.

참 신앙이란, 내 자질구레한 욕구의 횡포에 따라 살지 않기로 결단하고, 하나님의 부요하심에 응답하는 것입니다. 탐욕스레 움켜쥐려 하다가 실패하고 좌절하는 내 자아가 아니라, 후히 베푸시는 하나님의 은혜 아래 살기로 결단하는 것이 참 신앙입니다.

그래서 최상 조건과 최고의 종교적 열정의 사람이었던 사도 바울은 부활하신 예수님을 만난 이후, 자신의 기득권을 모두 배설물로 여기고 고백합니다. "도리어 크게 기뻐함으로 나의 여러 약한 것들에 대하여 자랑하리니 이는 그리스도의 능력이 내게 머물게 하려 함이라. 그러므로 내가 그리스도를 위하여 약한 것들과 능욕과 궁핍과 박해와 곤고를 기뻐하노니 이는 내가 약한 그때에 강함이라"(고후 12:9-10).

그렇습니다. 내 삶을 통해 하나님께서 하시는 일을 드러내기 위해서는 가장 먼저 하나님을 섬기고 예수님을 따르겠다고 결단하는 것이 필요합니다. 그때 영적인 힘이 내 안에서 작동하기 시작합니다. 이 힘은 세상에서 오는 것도 아니요, 종교에서 오는 것도 아닙니다. 살아 계신 하나님으로부터 오는 생명 그 자체입니다.

이어서 두 번째 단계로 넘어가야 합니다. 곧 하나님과 깊고도 지속적으로 교통하는 것입니다. 이 깊은 교제에서 나오는 힘만이 유일하게 창조적인 것입니다. 세상적인 힘은 파괴적이며 종교적 힘은 억압적이지만, 영적인 힘은 창조적이며 자유롭습니다. 예수님의 말씀대로, "어디서 와서 어디로 가는지 알지 못하는"(요 3:8) 것입니다.

세 번째 단계는 오직 성령님께 순종하는 것입니다. 우리의 마음속에는 두 가지 동기가 작용합니다. 본능과 성령입니다. 심리학은 자연적인 힘과 리비도와 본능에 대해서 말합니다. 그러나 하나님의 사람들은 성령을 통하여 불어오는 영적인 힘을 추구합니다. 이 힘은 본능을 초월합니다. 날뛰는 내 본능을 통제하고 나로 하여금 하나님의 자녀답게 거듭난 삶을 살게 합니다. 이 힘은 다른 사람을 희생시키고 자신을 강화하는 힘이 아니라, 나와 남을 살리는, 고요히 확산되는 창조적인 힘입니다.

예수님께서 말씀하십니다. "내가 세상에 있는 동안에는 세상의 빛이로라"(요 9:5).

우리들은 삼위일체 하나님의 형상을 가진 존재들입니다. 이것은 빛이신 예수님을 받아들이고 하나님의 그 빛을 세상에 드러내라는 뜻입니다. 지금은 어느 때보다도 이 빛이 필요합니다. 하나님께서 주신 내 생명과 존재 자체에 무한 감사하며 조용히 서두르지 말고 어둠을 밝히는 우리가 되기를 바랍니다.

25
교회 밖에도 구원이 있는가?

요 10:7-15

세상의 교회는 과연 구원의 방주인가? 교회에 등록하고 교인으로서 살아야만 구원이 보장되는 것일까? 교회 밖에는 구원이 없는 것일까? 심각한 질문들입니다.

그동안 우리는 '교회 밖에는 구원이 없다'고 배워왔습니다. 그런데 이른바 '가나안 교인들', 교회를 떠난 교인들의 숫자가, 많게는 무려 500만 명에서 적게는 100만 명에 이릅니다. 그렇다면 교회를 등진 이 많은 분들은 구원을 상실한 것일까요?

양희송 씨가 쓴 책《가나안 성도, 교회 밖 신앙》(포이에마, 2014)에는 한 '가나안 교인'과 인터뷰한 내용이 길게 적혀 있는데, 그 사람은 모태신앙으로서 대학생 때부터 주일학교 교사를 하는 것을 비롯해, 웬만한 헌신자가 아니면 하지 않는 선교단체 간사를 7년 동안이나 한 신실한 신앙인입니다. 그럼에도 교회를 떠나 주일이면 혼자 조용한 커피숍에서 기도와 묵상과 QT 등 나름의 신앙생활을 하고, 십일조 헌금은 후원단체에 보내고 있습니다.

그가 말합니다. "예수님을 따르기 위해 교회를 떠난다는 말이 있습니다. 저도 그 말에 전적으로 동감합니다. 교회 안에 있으면서 끝도 모를 싸움에 휘말려 소진되고 싶지 않았습니다. 단지 집단에 소속되지 않았다는 불안감 때문에 교회에 머무는 것은 옳지 않다고 생각해요."

예수님을 따르기 위해 교회를 떠난 가나안 교인들은 평균 14.2년 정도 교회를 다녔습니다. 이들은 습관적으로 교회를 옮겨 다니는 '교회 쇼핑족'과는 차원이 다릅니다. 교회를 떠나기 전 수개월에서 수년 동안 진지한 고민을 하였고, 교회를 떠난 이유로는 목회자에 대한 불만(24.3%), 교인들에 대한 불만(19.1%), 신앙생활에 대한 회의(13.7%)를 꼽았습니다.

가나안 교인들을 단지 '잃어버린 양'으로 취급해서는 안 됩니다. 이분들이 교회를 향해 던지고 있는 질문들에 함께 고민하며 올바른 답을 할 때, 교회의 본질을 회복할 수 있습니다.

그래서 '교회 안에만 구원이 있는가?'라는 가나안 교인들의 질문은, 구원론이 아닌, 교회론의 문제입니다.

우선 프랑스 신학자 알프레드 루아지(1857-1940)의 말을 기억할 필요가 있습니다. 그는 《복음과 교회》에서 이렇게 말했습니다. "예수님은 하나님나라를 선포하셨다. 그러나 나중에 온 것은 교회였다."

즉, 예수님께서 전하신 하나님나라와 현재의 교회는 얼마든지 다를 수 있으며, 하나님나라의 본질을 상실한 교회는 더 이상 교회가 아니라는 말입니다. 그러므로 교회에만 구원이 있다는 말은 틀린 말입니다.

바리새인들은 하나님 섬기기에 타의 추종을 불허하였으나, 하나님의 뜻을 오해하고 곡해함으로써 '불법을 행하는 자'들이 되었고, 예수님께서 도무지 알지 못하는 자들, 자신은 물론 남들까지 천국에 못 들어가게 하는 이들이라는 엄청난 책망을 들었습니다. 오늘날에도 똑같이 적용되는 말씀입니다. 그들은 율법을 믿는 유대교인이어서 망했고 우리는 복음을 믿는 기독교인이라서 구원을 받았다는 말은 어불성설입니다.

바리새인들이 하나님의 복음을 율법에 가두듯이, 기독교 지도자들도 예수님의 복음을 종교행위와 도식에 가둬놓는 경우가 굉장히 많습니다. 그래서 목사의 말이 아닌, 예수님께서 친히 말씀하시는 복음을 듣고 올바로 이해하는 일은 대단히 중요합니다.

변두리에서 기다리시는 예수님

예수님께서 말씀하십니다. "내가 진실로 진실로 너희에게 말하노니 나는 양의 문이라"(요 10:7).

그렇습니다. 교회에 등록했다고 구원이 확증되는 것이 아닙니다. 예수님은 양의 문입니다. 그 예수님 안으로 들어가는 사람들만이 구원을 받습니다. 교회가 진정한 구원의 방주가 되기 위해서는 예수님을 올바로 가르치고 배우고 닮아가는 데 최선을 다해야 합니다.

특히 우리는 하나님의 뜻과 사랑이 언제나 중앙이 아닌 변두리로 향함을 기억해야 합니다. 부활하신 예수님은 변두리 중 변두리인 갈릴리로 우리보다 먼저 가신다고 하셨습니다.

하나님의 자녀로서의 삶이란, 먼저 와 계신 예수님을 발견하고 그분께서 이미 행하신 일을 알아보고 그 일에 내 손을 보태는 것입니다. 그런데 사람들은, 그중에서도 특히 많은 기독교인들은 한사코 '중앙'으로만 가려고 합니다. 부르짖어 기도한들 정반대 방향을 향하고 있는데, 하나님을 만날 리 없습니다.

하나님 체험을 한 사람들의 공통점은 인생의 가장 밑바닥에서, 즉 최악의 변두리에서 하나님을 만났다는 것입니다. 그렇습니다. 예수님은 항상 변두리에서 일하시며 우리를 기다리고 계십니다. 그곳에 가면 언제나 예수님을 만날 수 있고, 그분의 손을 잡는 사람들은 살아나고 그 인생은 풍성해집니다.

그래서 사도 바울은 "현재의 고난은 장차 우리에게 나타날 영광과 비교할 수 없도다"(롬 8:18)라고 말합니다. 예수님과 함께하는 변두리 인생은 고달플 때도 있지만 그분과 함께함으로 웃을 수 있으며, 예수님과 동고동락할 때에 하나님께서 영광스럽게 하신다는 것입니다. 그 하나님의 영광은 세상 영광과는 차원이 다릅니다. 다른 사람들을 살리는 생명의 영광입니다.

삯군 목자 또는 도적

본문에서 예수님은 양의 문과 삯군 목자를 비유로 들고 계십니다. 이 본문을 올바로 이해하기 위해서는 당시의 유대 광야로 가야 합니다.

요즈음도 대부분 그렇지만 당시는 양들을 방목하였습니다. 목자들은 양떼를 몰고 몇날 며칠, 때로는 수개월 동안 노숙하며 광야에서 지냈습니다. 광야 여기저기에는 목동들이 돌로 울타리를 친 우리가 있었습니다. 저녁이 되면 양들을 그 간이 우리로 몰아놓고 난 다음 목자는 그 입구에 가로질러 누워서 잤습니다. 우리를 드나들기 위해서는 반드시 목자를 넘어야 합니다. 목자 너머의 광야는 위험으로 가득 차 있고, 우리

안은 안전합니다. 목자는 그렇게 밤낮없이 양들을 지키고 돌봅니다.

당시 삯군 목자들이 있었습니다. 이들은 고용된 사람들입니다. 이들은 겉모습으로는 자기 양들을 돌보는 목자와 구분할 수 없습니다. 그런데 위험에 처했을 때에 그 차이가 드러납니다. 재미있는 규정이 있습니다. 유대인들의 규정집 〈미슈나〉에 따르면 삯군 목자의 책임의 한계는 이리 한 마리의 공격으로 제한됩니다. 두 마리 이상의 공격을 받았을 때 양들을 버리고 도망가더라도 책임 추궁을 받지 않았습니다.

과거에 제가 모셨던 담임목사님은 부교역자들에게 언제나 "삯 받은 만큼만 일해도 훌륭한 목사다"라는 말씀을 하셨습니다. 목회를 하면서 그 말이 얼마나 타당한지 알게 되었습니다.

교인들 위에 군림하는 목회자들이 많습니다. 그들이 하는 말은, "목자가 자기 양의 젖과 털과 고기를 취하는 것은 당연하다"는 것입니다. 그런데 이런 목회자들은 삯군 목자가 아니라 도적들이라고 예수님께서 말씀하십니다.

본문을 보십시오. "나보다 먼저 온 자는 다 절도요 강도니 양들이 듣지 아니하였느니라"(요 10:8). 당시 백성들 위에 군림하고 빼앗는 종교 지도자를 일컫는 말인데, 예수님은 그 종교 지도자들과 바리새인들을 탐욕 가득한 '돈을 좋아하는 자'(눅 16:14)라고 단언하셨습니다.

목회자를 잘 섬겨야 복을 받는다는 말은 거짓말 중의 거짓말입니다. 사도 바울이 "가르치는 자와 모든 좋은 것을 함께하라"(갈 6:6)는 말을 들어 목회자를 잘 섬기라는 말을 정당화하지만, 참 스승이라면 제자들의 변화와 성숙이 가장 좋은 선물입니다. 스승이 돈을 좋아하니 바라는 것이 돈이 되는 것입니다. 제가 이 말씀을 드리는 이유는 '사람 의존증'에서 해방되어야 하기 때문입니다. 많은 교회가 구원의 방주 역할을 상실한 것이 바로 이에 기인합니다.

하나님을 안다는 것

오늘 본문에서 키워드는 '알다'입니다.

예수님이 말씀하십니다. "나는 선한 목자라. 나는 내 양을 알고 양도 나를 아는 것이 아버지께서 나를 아시고 내가 아버지를 아는 것 같으니 나는 양을 위하여 목숨을 버리노라"(요 10:14-15).

'안다'는 단어가 네 번에 걸쳐 반복됩니다. 헬라어 '기노스코'는 경험적 지식을 의미하는 히브리어 '야다'와 같은 뜻입니다. 히브리어 '야다'는 믿음이 무엇인지 가장 정확하게 보여줍니다.

히브리적 사고는 통전적입니다. 전체를 묶어 본다는 것입니다. 그래서 히브리어 '야다'는 '사랑하다', '신뢰하다', '의지하다', 심지어는 '동침하다'라는 뜻도 있고, '머리털까지도 세시는 하나님'이라고 할 때도 '야다'라고 합니다. 한 남자와 여자가 사랑을 합니다. 결혼합니다. 동침합니다. 머리털을 셉니다. 신뢰합니다. 믿습니다. 이 모두가 '야다'입니다.

예수님이 하나님과 나를 알고 내가 예수님과 하나님을 안다는 것도 똑같습니다. 사랑하고 의지하고 믿고 신뢰하고 동행하고 부부만이 할 수 있는 동침과 머리털까지도 세는 일이 바로 '믿음'이 의미하는 바입니다. 그러므로 내가 예수님을 '야다'한다면 당연히 이런 일들이 내 안에서 일어나야 합니다.

신앙이란 삼위일체 하나님과의 가장 친밀한 관계의 추구입니다. 이 관계에서 목회자나 사람들은 제외됩니다. 이것이 기독교의 본질입니다.

다른 종교에서는 신과 인간 사이에 제사장이 있어야 하지만 기독교는 아닙니다. 기독교의 목사들은 하나님의 자녀들이 하나님과 가장 깊고 친밀한 관계를 맺고 그분의 뜻대로 신나게 살도록 도와서, 생명을 얻고 그 생명이 더욱 풍성해지도록 돕는 '영적 코치'일 뿐입니다.

성부 하나님과 성자 예수님과 내가 있습니다. 예수님과 나의 차이는 무엇일까요? 가장 결정적인 차이는 나는 내 삶에 하나님을 끼워 넣는데, 예수님은 자신을 성부 하나님께 드렸다는 것입니다. 나는 내 일을 하나님께 도와달라고 요구하는데, 예수님은 하나님의 일을 도왔다는 것입니다.

내 방식대로 삽니다. 그러다가 어려운 일이 생깁니다. 하나님을 급히 찾습니다. 그런데 예수님이나 성경의 저자들은 그 반대로 작업합니다. 그분들은 하나님의 일에 우리가 참여하라고 부릅니다.

저녁이 되고 아침이 되니

우리들의 하루는 아침에 시작하여 저녁이 되어 끝납니다. 그런데 하나님의 하루는 우리와는 정반대입니다. "저녁이 되고 아침이 되니 이는 첫째 날이니라"(창 1:5).

곰곰이 잘 생각해보십시오. 태초의 하나님의 창조는 완벽했습니다. 인간들은 열심히 일을 하며 여기까지 왔습니다. 그 수많은 일들이 하나님의 창조에 보탬이 되었습니까, 아니면 해를 끼쳤습니까? 하나님의 창조를 파괴하였습니다. 그럼에도 세상은 여전히 돌아가고 있습니다.

이런 것입니다. 아침에서 저녁까지 우리들은 우리 방식대로 사느라 지치고 낙담하고 세상에 해를 끼치지만, 해가 지고 우리가 잠이 들면 하나님의 하루가 시작됩니다. 지친 우리들과 망가진 세상을 회복시키십니다.

한 치 앞을 내다보지 못하는 우리들의 삶에는 언제나 내 판단이 옳은가 의심하는 '망설임'과 내 욕심을 채우려는 '서두름'이 공존하고, 초조함과 후회와 자책과 원망과 책임전가가 결과로 남습니다.

"하나님이 그 성 중에 계시매 성이 흔들리지 아니할 것이라. 새벽에 하나님이 도우시리로다"(시 46:5).

그러나 아침에 일어나 밤새 하나님께서 하신 일을 헤아리고 그 일에 손을 보태는 사람들에게는 망설임도 서두름도 없습니다. 세상 풍파에 휘둘리지 않습니다. 하나님의 창조에 참여하는 기쁨과, 나와 이웃의 생명이 풍성해지는 보람과, 마침내 영원토록 빛나는 하나님의 영광이 있습니다.

"말씀이 육신이 되어 우리 가운데 거하시매 우리가 그의 영광을 보니 아버지의 독생자의 영광이요 은혜와 진리가 충만하더라"(요 1:14).

말씀이신 예수님과 동행하며 은혜와 진리로 사는 사람들, 그래서 하나님의 영광을 드러내는 사람들의 모임이 곧 교회입니다. 우리가 그런 교회를 이루기를 진심으로 바랍니다.

26
하나님의 말씀을 받은 사람들을 신이라 하셨거늘

요 10:32-39

올해 토정비결을 보셨습니까?

새해가 되면 '토정비결'을 봅니다. 사주팔자, 손금, 관상 등을 봅니다. 별자리를 보는 사람들도 많아졌고, 신문에는 '오늘의 운세'가 실립니다. 모두 다 미래의 길흉화복을 점쳐 액운을 피하고 행운을 바라는 마음에서 행합니다. 대부분의 그리스도인들은 이런 것들을 미신이라며 멀리합니다.

그런데 방언과 치유 등 은사를 강조하는 교회에 다녔던 분들과 면담하다 보면 한 가지 공통점을 발견하게 됩니다. 즉, 하나님께서 꿈으로 앞으로 일어날 일에 대해서 알려주신다고 생각하는데, 그런 꿈을 꾸는 사람들은 믿음이 좋은 반면 그렇지 못한 사람들은 기도나 믿음이 부족하기 때문이라고 여깁니다. 소위 '예언 기도하는 사람들'의 이야기 역시 모두 미래의 길흉화복에 대한 것들입니다.

사주팔자나 손금은 미신이고 예언 기도를 통해 길흉화복을 알아보는 것은 하나님으로부터 오는 것이라 괜찮은 것일까요? 아닙니다. 똑같이 잘못된 것입니다.

참 신앙과 길흉화복

사도 바울이 갈라디아 교인들에게 탄식하며 말합니다. "너희가 그때에는 하나님을 알지 못하여 본질상 하나님이 아닌 자들에게 종노릇하였더니 이제는 너희가 하나님을 알 뿐 아니라 더욱이 하나님이 아신 바 되었거늘 어찌하여 다시 약하고 천박한 초등학문으로 돌아가서 다시 그들에게 종노릇하려 하느냐. 너희가 날과 달과 절기와 해를 삼가 지키니 내가 너희를 위하여 수고한 것이 헛될까 두려워하노라"(갈 4:8-11).

날과 달과 절기와 해를 삼가 지킨다는 것은 곧 길흉화복을 점쳐보는 것으로, 이는 악하고 천한 초등학문이며 그렇게 하는 사람들은 다시 누군가의 종노릇을 하게 된다는 것입니다.

히브리서 기자가 말합니다. "믿음으로 아브라함은 부르심을 받았을 때에 순종하여 장래의 유업으로 받을 땅에 나아갈새 갈 바를 알지 못하고 나아갔으며"(히 11:8).

기독교 신앙은 아브라함을 부르신 일로부터 시작됩니다. 아브라함에게 본토 친척 아버지 집을 떠나 하나님께서 지시하는 땅으로 가라 하셨는데, 그 목적지조차 알려주지 않으셨습니다. 하나님의 명령에 순종하여 떠난 아브라함에게 이상하게도 '길과 복' 대신 '흉과 화'만 생겼습니다.

참 신앙이란 하나님을 잘 섬겨 길흉화복을 남보다 먼저 알게 되는 것이 아닙니다. 모든 길흉화복을 하나님의 처사로 알고 참고 견디고 감사하며 그리스도의 장성한 분량에 이르기까지 성장하는 것입니다. 나쁜 일은 사탄이, 좋은 일은 하나님께서 하신 것이 아닙니다. '모든 길흉화복'을 내 믿음의 성숙과 하나님 자녀다움을 위한 하나님의 처사로 달게 받는 사람이 곧 진정한 하나님의 사람입니다.

사도 바울은 이에 대해 잘 설명하고 있습니다. "나는 비천에 처할 줄도 알고 풍부에 처할 줄도 알아 모든 일 곧 배부름과 배고픔과 풍부와 궁핍에도 처할 줄 아는 일체의 비결을 배웠노라"(빌 4:12). 이렇게 할 수 있는 이유는 하나님으로 인함입니다. "내게 능력 주시는 자 안에서 내가 모든 것을 할 수 있느니라"(빌 4:13).

이 말씀은 하나님을 잘 섬기며 종교생활을 열심히 하는 사람은 무슨 일을 하든지 '빵빵' 터진다는 뜻이 결코 아닙니다. 가난과 핍박과 비천에서도 하나님 자녀로서의 당당함을 잃지 않게 하시고, 높고 풍성한 자리에서도 겸손하고 감사하게 하시는 하나님으로 인해 요동치 아니하고 맡은 일을 주께 하듯 한다는 뜻입니다. 그러므로 하나님의 자녀들은 아버지 하나님의 뜻을 점치지 않습니다. 그저 순종할 따름입니다.

"하나님이 자기 형상 곧 하나님의 형상대로 사람을 창조하시되 남자와 여자를 창조하시고 하나님이 그들에게 복을 주시며"(창 1:27-28).

복의 근원은 하나님이십니다. 그러므로 하나님의 형상을 회복한 사람, 그리스도의 형상을 회복한 사람, 즉 예수님을 닮아가는 사람이 복 있는 사람입니다.

하나님께서는 길흉화복을 사용하셔서 하나님의 형상을 회복시키십니다. 흉과 화는 피하려 하고 길과 복만 찾는 사람들은 자연히 길흉화복에 휘둘리는 인생을 살게 되고, 성장과 성숙은 기대할 수 없습니다. 이런 것들이 기독교 최악의 타락임을 절대로 잊어서는 안 됩니다.

기이한 말씀

본문에서 예수님은 아주 이상하면서도 중요한 말씀을 하십니다. "율법에 기록된바 내가 너희를 신이라 하였노라 하지 아니하였느냐. 성경은 폐하지 못하나니 하나님의 말씀을 받은 사람들을 신이라 하셨거든"(요 10:34-35).

하나님의 말씀을 받은 사람들은 신(神)이라는 것입니다. 엄청난 말씀입니다. 말씀을 받았다는 것은 말씀을 듣고 배우고 올바로 이해하고 행하는 것을 뜻합니다. 여러분들은 그렇게 하고 계십니까? 그런 사람들은 신의 반열에 올랐습니다. 당연히 길흉화복을 점쳐준다는 귀신이나 사람들에게 절대로 휘둘리지 않습니다. 자신이 하나님 다음가는 신인데 졸개 잡신들이나 특정 사람들에게 휘둘릴 리가 없습니다.

왜 이런 말씀을 하시게 되었는지 전후 사건을 살펴봅시다.

예수님을 못마땅하게 여긴 종교 지도자들이 시비를 걸고 나왔습니다. 논쟁의 이슈는 예수님께서 여호와 하나님을 '아버지'라 하고 예수님 자신을 '하나님의 아들'이라 했다는 것입니다. 우리가 당연히 여기는 이 사실은 대단히 중요한 의미를 갖고 있습니다. 하나님을 어떻게 생각하느냐에 따라 그 인생이 달라지기 때문입니다.

이스라엘 백성들은 하나님을 몹시 두려워하여 성경을 읽다가 하나님 이름이 나오면 그 이름을 입에 담지 못하고 '아도나이'라고 하였습니다. '아도나이'는 '주(主)'라는 뜻입니다. 히브리어는 자음으로만 되어 있어서 그렇게 부르는 동안 그만 하나님의 정확한 이름을 잃고 말았습니다. 흔히 하나님의 이름을 '여호와'로 알고 있지만 그 이름은 기독교 학자들이 잘못 추정한 것입니다. 훗날 고고학의 발전으로 다른 나라의 문서에서 이스라엘 사람들이 믿는 신의 이름은 '야훼'라 한다는 구절을 보고 정확한 하나님의 이름을 알게 되었습니다.

이처럼 이스라엘 사람들은 하나님의 이름을 입에 올리는 것조차 불경죄로 다스릴 정도였습니다. 그런데 예수님이 오셔서 하나님을 '아바'라고 부르자 종교 지도자들이 참람하다며 발끈한 것입니다. 참람하다는 것은 신성모독이라는 뜻입니다.

이에 대한 예수님의 변론을 눈여겨보아야 합니다.

예수님께서 하신 '하나님의 말씀을 받은 사람들은 신'이라는 말씀은 시편 82편 6절 말씀을 인용한 것입니다. "내가 말하기를 너희는 신들이며 다 지존자의 아들들이라 하였으나."

'지존자의 아들들'은 곧 하나님의 자녀들을 말하며, 하나님의 자녀들은 곧 신이라는 말씀입니다. 그러니까 예수님은 'The Son of God'이고 하나님의 자녀들은 'sons of God'입니다.

시편 82편의 내용은 이런 것입니다. 그런 지존자의 자녀들이자 신(神)인 하나님의 백성들이 마땅히 해야 할 일은, "가난한 자와 고아를 위하여 판단하며 곤란한 자와 빈궁한 자에게 공의를 베풀며 가난한 자와 궁핍한 자를 구원하여 악인들의 손에서 건지는"(시 82:3-4) 것인데, 그렇게 하지 아니하고 "불공평한 판단을 하며 악인의 낯을 보며"(시 82:2) "알지도 못하고 깨닫지도 못하여 흑암 중에 왕래하니 땅의 모든 터가 흔들리게"(시 82:5) 되었다는 것입니다.

악인의 낯을 본다는 것은 뇌물을 받고 재판을 엉터리로 한다는 것입니다. 땅의 모든 터가 흔들린다는 것은 하나님의 공의로운 통치를 역행하여 모든 질서를 망가뜨린다는 뜻입니다.

그러니까 하나님의 자녀들이 할 일은, 꿈이나 계시로 길흉화복을 점쳐 액운을 피하고 복만 누리는 것이 아니라, 가난하고 소외된 이웃을 돌보는 사랑과 정의의 삶을 사는 일입니다.

예수님께서 말씀하십니다. "내가 아버지로 말미암아 여러 가지 선한 일로 너희에게 보였거늘 그중에 어떤 일로 나를 돌로 치려 하느냐"(요 10:32). 이에 대해 그들이 대답합니다. "선한 일로 말미암아 우리가 너를 돌로 치려는 것이 아니라 신성모독으로 인함이니 네가 사람이 되어 자칭 하나님이라 함이로라"(요 10:33).

예수님은 사랑과 정의의 선한 일에 초점을 맞추는 반면 종교 지도자들은 신성모독에 초점을 맞추고 있습니다.

도(道)가 타락하면 예(禮)만 남는다는 말이 있습니다. 하나님의 도를 한마디로 요약하면, 예수님께서 천명하신 대로, 하나님을 사랑하고 이웃을 내 몸과 같이 사랑하라는 것입니다. 그런데 그들은 이 하나님의 도는 망각하고 그저 하나님 앞에서 경건한 척 예의만 차리고 있는 것입니다. 이것은 슬프게도 오늘날의 많은 교회들의 모습이기도 합니다.

예수님은 사람들을 구원하고 살리고 그 생명을 더욱 풍성케 하시려고 이 땅에 오셨고, 오직 그 일만 하시다가 가셨습니다. 예수님은 당시의 전통과 관습, 즉 예는 중요하게 생각지 않으셨습니다. 거리의 여자나 세리 등 당시 천하게 여겼던 최하층 사람들과 기꺼이 함께하셨고, 죗값으로 병에 걸렸다며 따돌림 당한 병자들을 누구보다도 가까이하셨습니다.

하나님의 자녀들의 일

예수님께서 중요한 말씀을 하십니다. "만일 내가 내 아버지의 일을 행하지 아니하거든 나를 믿지 말려니와 내가 행하거든 나를 믿지 아니할지라도 그 일은 믿으라"(요 10:37-38).

예수님이라도 하나님의 일, 즉 소외되고 가난하고 연약한 사람들을 돌보는 일을 하지 않는다면 예수님을 믿지 않아도 된다는 엄청난 뜻입니다. 쉽게 말하자면, "좋다. 나를 믿지 않아도 된다. 그러나 내가 행한 일들은 사실이고, 하나님의 백성이라면 당연히 돌보고 살리는 일을 해야 한다"는 것입니다.

무신론 실존주의 작가 알베르 카뮈가 말합니다. "너희 그리스도인들이 해야 할 일은 그리스도인답게 살아주는 것이다." 너희는 너희대로, 무신론자인 나는 나대로 살겠다는 뜻이 아니라, 가련한 세상 사람들이 어떻게 살아야 하는지 보여주고 가르쳐달라는 간청의 말입니다.

16세기 종교개혁 이후 최고 신학자로 꼽히는 카를 바르트는 "종교는 하나님에 대한 인간의 교만이요 불신앙이다"라고 단언합니다. 복음, 예수님의 가르침을 행하지 않고 종교 행위로 바꾸어 하나님을 조작하고 자신의 뜻대로 움직이려 한 것이 기독교의 최대 실패입니다.

종교의 최대 폐해는, 눈으로 볼 수 없는 신을 섬긴다는 이유로 특정인들의 신비하고 영험한 체험, 초월 등의 경험을 절대화하여, 사람들을 오도 내지 미혹하는 것입니다. 기독교도 예외가 될 수 없습니다.

예수님께서 오신 이유가 바로 종교의 폐단을 격파하고, 오도되어 눈이 먼 사람들의 눈을 뜨게 하여, 하나님께서 원하시는 바를 올바로 깨닫고 이 세상에서 하나님의 자녀답게 살게 하기 위해서입니다.

마음에 새기십시오. 예수님께서 강조하시는 것이나 성경에서 말하는 영성은 종교에 뿌리박은 영성이 아닙니다. 실제 생활에, 현실에 뿌리 내린 영성입니다.

"이 바쁜 세상, 나 하나 내 가족 건사하기도 힘겨운 이 세상에서 무슨 힘으로 사랑과 정의를 실천할 수 있어요?"라고 항변할 수 있습니다. 그런데 사랑과 정의를 실천하는 일은 거창한 것이 아닙니다. 새해 결심이 무엇이냐는 질문에, 저는 '짜증을 내지 않으려고 해요', '어떤 경우에도 절망하지 않으려고 해요'라고 대답했습니다. 사랑과 정의도 마찬가지입니다.

갈라디아서에서 사도 바울이 육체의 일에 대해서 말합니다. "육체의 일은 분명하니 곧 음행과 더러운 것과 호색과 우상 숭배와 주술과 원수 맺는 것과 분쟁과 시기와 분 냄과 당 짓는 것과 분열함과 이단과 투기와 술 취함과 방탕함과 또 그와 같은 것들이라. 전에 너희에게 경계한 것같이 경계하노니 이런 일을 하는 자들은 하나님의 나라를 유업으로 받지 못할 것이요"(갈 5:19-21). 이 모두 현실에서 일어나는 일입니다. 중요한 것은 하나님의 나라를 유업으로 받지 못한다는 것입니다.

이런 일을 하는 사람의 마음자리는 곧 지옥입니다. 겉으로는, 일시적으로는 성공한 것처럼 보여도 오래가지 못합니다. 또 다른 이들도 이런 사람들을 좋아하지 않습니다.

요즈음 연일 '갑질'하는 사람들이 곤욕을 치르고 있습니다. 어렵고 더디더라도 좋은 세상이 오고 있다는 증거입니다. 힘내시기 바랍니다. 이런 일 대신에 사랑과 희락과 화평과 오래 참음과 자비와 양선과 충성과 절제의 삶을 사는 사람들이 결국 인정받습니다. 하나님께서 창조하신 세상이 원래 그런 것이기 때문입니다.

제가 자주 하는 이야기 중 하나가 '마더 테레사 효과'입니다. 선한 일을 구경만 해도 우리 몸에서 항암물질이 나옵니다. 구경만 해도 그럴진대 행하면 쏟아져 나올 것입니다. 마음은 평강, 몸은 튼튼, 영혼은 샬롬, 조금 어려워도 서로 격려하며 함께 선한 일을 행하면 형통한 삶을 하나님께서 보장하십니다.

교회는 주님의 몸이요, 우리들은 그분의 지체입니다. 그분은 단 한 번도 징조를 살피지 않았습니다. 십자가 고난과 죽음까지도 하나님의 뜻을 따라 받으셨고, 모든 시간을 묵묵히 살리는 일에 쓰셨습니다. 그분이 하신 일을 우리도 하는 것이 당연합니다.

직업은 돈 버는 수단이 아니라, 남을 살리고 도우며 의식주까지 해결할 수 있는 하나님의 선물입니다. 각자의 삶의 자리에서 감사하며 매사를 주께 하듯 합시다.

하나님께서 약속하십니다. "지혜 있는 자는 궁창의 빛과 같이 빛날 것이요 많은 사람을 옳은 데로 돌아오게 한 자는 별과 같이 영원토록 빛나리라"(단 12:3).

이 복이 우리 모두에게 임하기를 바랍니다.

27
그 사람 안에
빛이 없으므로

요 11:1-10

생로병사(生老病死). 우리의 인생을 한마디로 표현한 것입니다. 태어난 우리 앞에는 늙고 병들고 죽는 일만 남았다는 것입니다. 아무리 발버둥 쳐봐야 피할 수 없는 이 생로병사만 보면 우리 인생은 0 대 4로 지는 게임입니다.

희로애락(喜怒哀樂). 이 말 역시 인생을 한마디로 표현한 것입니다. 인생에는 화나고 슬픈 일만 있는 것이 아니라, 분명 기쁨과 즐거움도 있습니다. 희로애락을 놓고 보면 인생은 2 대 2 무승부입니다.

한 신문 칼럼에서 본 이 글이 참 그럴듯했습니다. 그런데 누구나 기쁨에서 시작해서 화나고 슬픈 일을 겪다가 기쁨으로 끝나는 것은 아닙니다. 잠깐의 웃음 뒤에 길고 깜깜한 고통의 삶을 사는 사람들이 점점 많아집니다. 2 대 2 무승부로만 끝나도 다행입니다.

부모로서 자녀들이 슬픔과 어두움 속에서 사는 것을 보는 일처럼 아픈 것도 없습니다. 육신의 부모가 그럴진대 우리 하나님 아버지께서는 오죽 더 아프시겠습니까? 우리들의 삶은 점점 더 버겁고 힘이 듭니다.

돈이 많으면 삶이 행복해질까요? 이 진부한 질문에 대해 우리 모두가 아는 답은 '아니오'입니다. 그래도 많아봤으면 원이 없겠다고 하시겠지만 돈을 좇아 달리는 우리를 멈추기 위해 예수님께서 이 땅에 오셨습니다. 그러고는 들에 핀 야생초와 하늘을 나는 새들을 가리키며 이들도 하늘 아버지께서 입히고 먹이시거늘, 하나님의 자녀들인 우리를 입히고 먹이시는 것이 당연하지 않겠느냐 하시며 더 중요한 것, 곧 하나님나라와 그분의 의를 구하라 하셨습니다. 하나님나라와 그분의 의를 구하라는 것은 전도나 종교생활의 열심을 말하는 것이 아닙니다.

하나님나라 전체를 조망하라는 말씀입니다. 생로병사나 희로애락은 인간의 눈으로 본 세상의 현상일 뿐입니다. 하나님의 시각으로 세상을 바라보고 무한한 사랑으로 통치하시는 그 나라에 참여하라는 말씀입니다.

정확한 원인을 알면 해결책이 나오는 법입니다. 삶을 망가뜨리는 원인 중 가장 큰 것은 하나님 아버지를 잊어버렸고, 그래서 이 땅에서의 여정이 끝나면 돌아갈 집을 모르기 때문입니다. 부모와 집이 없는 사람을 고아라고 하듯, 사람들은 '영적 고아'가 되어 온갖 것을 두려워하며 하루하루 살아갑니다.

"내가 너희를 고아와 같이 버려두지 아니하고 너희에게로 오리라"(요 14:18). 예수님께서 최후의 만찬을 마치시고 제자들에게 하신 말씀입니다. 예수님께서 이 땅에 오신 이유나, 또다시 오신다고 약속하신 이유도 모두 우리를 고아처럼 내버려두지 않으시기 위함입니다. 든든한 부모와 풍성한 집이 있으면 아무리 어려운 여행길이라도 견뎌낼 수 있습니다. 삶은, 돈이 아닌 소망, 굳건한 소망에 관한 문제입니다.

예수님을 믿고 동행함으로써 우리 모두의 인생이 기쁨으로 시작해서 중간의 분노와 슬픔을 이겨내고 영원한 즐거움으로 이어지기를 바랍니다.

'조에'와 '프시케'

본문의 이야기는 다음과 같습니다.

예루살렘 동편에 베다니라는 마을이 있고, 그곳에는 예수님께서 사랑하시는 남매 마르다와 마리아와 나사로가 살고 있었습니다. 이들은 예수님께서 예루살렘에 오실 때마다 대접을 잘 해드렸습니다. 예루살렘 근방에 머무시던 예수님께 급한 전갈이 왔습니다. 나사로가 병들어 위독하다는 것입니다.

그런데 이상하게도 예수님은 "이 병은 죽을병이 아니라 하나님의 영광을 위함이요 하나님의 아들이 이로 말미암아 영광을 받게 하려 함이라"(요 11:4)라는 이해할 수 없는 말씀을 하시고는 애타 하는 누이들을 아랑곳 않으시고 이틀이나 더 지체하셨습니다. 그러고는 제자들에게 나사로를 깨우러 가자고 하셨습니다. 그 말씀에 제자들은 나사로가 잠을 자는 것으로 오해했습니다. 그러자 예수님은 "나사로가 죽었느니라" 하고 말씀하셨습니다.

이어서 말씀하십니다. "내가 거기 있지 아니한 것을 너희를 위하여 기뻐하노니 이는 너희로 믿게 하려 함이라"(요 11:15). 그러자 도마가 다른 제자들에게 "우리도 주와 함께 죽으러 가자"(요 11:16) 하고 비장한 말을 합니다. 그야말로 동문서답이 아닐 수 없습니다.

제자들은 여전히 나사로가 잠자는 줄 알고 있습니다. 그래서 예수님의 말씀의 뜻을 전혀 파악하지 못합니다. 또한 도마의 뜬금없는 말은, 얼마 전 예루살렘 성전에서 종교 지도자들과 바리새인들이 예수님을 신성모독의 죄명으로 체포하려 했으니 또다시 예루살렘으로 가면 위험에 처할 줄 알고 하는 말입니다.

제자들은 어떻든 예수님을 따라갔습니다. 그런데 베다니의 나사로 집 근처에 당도했을 때 나사로는 죽은 지 나흘이나 되었고 장례를 마친 상태였습니다. 예수님께서 오셨다는 말에 천성이 부지런한 마르다가 달려 나와 예수님을 맞이하며 말합니다. "주께서 여기 계셨더라면 내 오라버니가 죽지 아니하였겠나이다. 그러나 나는 이제라도 주께서 무엇이든지 하나님께 구하시는 것을 하나님이 주실 줄을 아나이다"(요 11:21-22). 이에 대해 예수님께서는 "네 오라비가 다시 살아나리라"(요 11:23) 하고 대답하셨습니다. 이 말을 들은 마르다가 "마지막 날 부활 때에는 다시 살아날 줄을 내가 아나이다"(요 11:24)라고 답했습니다.

여러 사람들과 여러 문답이 오가고 나사로의 집에 당도하니 문상 온 사람들이 울고 있었습니다.

"예수께서 눈물을 흘리시더라"(요 11:35). 예수님께서 나사로의 죽음 앞에서 눈물을 흘리셨습니다. 사람들은 사랑하는 나사로의 죽음을 슬퍼하신다고 생각했지만 그게 아닙니다. 사람들이 나사로의 죽음을 슬퍼하는 것을 보고 "심령에 비통히 여기시고 불쌍히 여기셨기"(요 11:33) 때문입니다.

'비통히 여기다'의 헬라어 '엠브리마오마이'는 '격렬한 불쾌감'을 의미하고, '불쌍히 여기다'의 헬라어 '에타락센 헤아우톤'은 '불쌍하게 생각하다'라는 뜻입니다. 죽음을 모든 것의 끝으로 여겨 슬퍼하는 인생들, 영생의 빛이 없어 눈앞의 죽음에 절망하는 사람들을 가련하게 여기셨다는 뜻입니다.

예수님께서는 너무나 중요한 말씀을 하십니다. "나는 부활이요 생명이니 나를 믿는 자는 죽어도 살겠고 무릇 살아서 나를 믿는 자는 영원히 죽지 아니하리니 이것을 네가 믿느냐"(요 11:25-26).

예수님의 이 말씀은 우리 인간들의 삶에 관한 진실, 곧 하나님나라를 펼쳐 보이신 것입니다.

우리 인간들의 죽음은 그저 흙으로 만들어진 육체가 죽는 것입니다. 신약성경에서는 생명을 '조에'와 '프시케' 두 가지로 구별합니다. 흙에서 와서 흙으로 돌아가는 육체는 '프시케'이고, 영적 거듭남을 통하여 그리스도와 연합한 생명은 '조에'입니다. 예수님께서 말씀하시는 부활은 곧 '조에'를 의미합니다.

예수님과 사람들의 동문서답은 바로 '프시케'와 '조에'의 차이입니다. 예수님을 믿고 나의 죄 된 '프시케'를 십자가에 못 박고 다시 '조에'로 거듭난 사람이 바로 그리스도인들입니다. 그런데 여전히 죽음을 두려워하고 부활을 막연하고 추상적으로 생각하는 그리스도인들이 많습니다.

죽음을 경험한 이들의 변화

이 '조에'를 올바로 이해한 사람들은 죽음을 체험한 사람들입니다. 저는 죽음학 강의와 장례식 때마다 다음 이야기를 하곤 합니다.

돈 미겔 루이스라는 멕시코 외과의사가 있습니다. 그는 현대인들의 잃어버린 내면의 평화와 영혼의 행복을 일깨우는 작가이기도 한데, 그의 책 《네 가지 약속》(김영사, 2012)은 〈뉴욕타임스〉 베스트셀러로 30개국 언어로 번역되었습니다.

그가 잘나가던 의사에서 작가로 전업하게 된 계기가 바로 자신의 죽음 체험입니다. 어느 날 엄청난 자동차 사고로 그는 죽습니다. 사고가 난 직후 자신이 운전대를 잡은 채 피를 흘리고 죽어 있는 것을 보았습니다. 죽어버린 자신의 육체를 육체 밖에서 본 것입니다. 순간 스스로에게 질문을 던졌습니다. '죽어 있는 저 사람은 누구이며, 그를 보고 있는 나는 또 누구인가?' 동시에 전혀 생소한 또 다른 세계를 보았습니다. 그 세계는 온통 빛으로 가득 차 있었습니다. 그가 말합니다. "나는 빛 속에 있었고, 그것은 완전한 깨달음, 순수한 인식의 순간이었습니다. 그 빛에 모든 사물의 진실이 담겨 있음을 알았습니다. 그때 나는 절대자 하나님과 함께 있었습니다. 그렇게밖에는 설명할 길이 없습니다." 그의 영혼의 눈이 뜨인 것입니다.

어떤 연유와 과정인지는 모르지만 그는 다시 소생하였습니다. 그러고는 지금까지 살아온 방식과 추구하던 것들을 버렸습니다. 지금까지 옳다고 믿었던 것들이 대부분 거짓이고 잘못된 것임을 알았기 때문입니다. 그리고 그 빛의 세계에 대해서 증언하며 살겠다고 마음을 먹었습니다. '한 번도 그 빛을 본 적이 없는 사람들에게 그 빛을 어떻게 전할 수 있을까?' 고심하던 끝에 작가가 되었습니다.

죽음에 대한 여러 의사들의 공통된 견해는 다음과 같습니다.

1. 유체이탈 경험. 즉, 영혼이 육체에서 분리되어 죽은 자신의 몸을 보았습니다.
2. 터널을 통과하는데, 이것이 죽음에서 유일하게 무서운 경험입니다.
3. 눈부신 신비로운 빛과 만났습니다. 그 빛이 자신을 반기는 것처럼 보였

습니다.
4. 주마등처럼 과거의 삶을 회고하였습니다.
5. 특별한 지식을 순간적으로 깨달았습니다.
6. 모든 감각이 매우 예민해졌는데, 그 느낌은 두려운 것이 아니라 대단히 긍정적이었습니다.
7. 되돌아가라는 느낌을 받았을 때, 그냥 거기에 남아 있고 싶었습니다.

중요한 것은 죽음의 체험을 하고 다시 살아난 사람들의 변화입니다. 죽음은 더 이상 두려운 것이 아니라 오히려 기다리는 것이 되었고, 다시 죽게 되었을 때 마치 고향으로 돌아가는 양 기뻐했습니다. 이들은 자신감이 커졌고 영성은 더 강해졌으며 물질이나 지위나 권력에 대한 집착은 사라지고, 타인에 대한 관심이 늘어나 기꺼이 돕는 일에 앞장섰습니다. 즐겁게 살려고 노력하고, 남들을 행복하게 해주는 일에 더 열심을 내며 자신의 것을 나눠주었습니다. 삶의 신성함에 대한 믿음과 신의 존재에 대한 신념, 삶의 의미나 목적에 대한 인식이 깊어졌습니다. 영적 관심이 높아져 종교에 헌신하였지만 자신이 믿고 있던 기존 종교에 대해서 소홀해지는 경향을 보이기도 하는데, 그 이유는 그 종교의 가르침이 잘못이라는 것을 알기 때문입니다. 직업관도 바뀌었습니다. 이전에는 '무슨 짓을 해서라도 이겨 돈을 많이 벌어야 한다'고 생각했는데, 죽음을 체험한 뒤에는 자신의 직업을 통해 다른 사람들을 도우려 하였습니다. 그래서 자신의 직업에 더 이상 의미를 느끼지 못하는 사람들은 아무리 잘나가던 직업이라도 포기하고 새 직업을 구했고, 그 직업으로 다른 사람들을 도왔습니다. 사랑을 실천하다가 다시 죽게 되었을 때 집에 돌아가는 것처럼 기쁨으로 죽음을 맞이하였습니다.

죽음을 경험했던 사람들의 변화가 바로 하나님나라와 그분의 의를 구하는 삶 자체입니다.

돌아갈 집이 있다

이 땅에서의 삶은 여행입니다. 죽음은 영원한 고향으로 돌아가는 과정입니다. 죽음 이후 돌아갈 영원한 집이 있음을 아는 것은 대단히 중요합니다. 죽음의 실체를 올바로 이해한 사람만이 제대로 살 수 있습니다. 웰빙(Well-Being)은 웰다잉(Well-Dying)의 문제입니다.

예수님은 나사로를 살리셨습니다. 그가 살아난 것은 그의 좋은 믿음이나 예수님과의 친분 때문이 아닙니다. 부활의 실체를 나사로의 죽음을 통하여 보이신 것입니다. '예수님께서 부활이요 생명'이심을 증명하시며 하나님의 영광을 드러내셨습니다.

사도 바울이 말합니다. "만일 죽은 자의 부활이 없으면 그리스도도 다시 살아나지 못하셨으리라"(고전 15:13). 너무나 중요한 말씀입니다. 예수님으로부터 부활이 시작된 것이 아닙니다. 태초부터 하나님께서는 영생을 선물로 주셨습니다. 흙에서 온 '프시케'는 흙으로 돌아가더라도 그리스도의 생명과 연합한 '조에'는 다시 살아나 영생합니다. '프시케'의 무병장수는 별 의미가 없고, 준비 없는 장수는 오히려 저주입니다. 예수 그리스도는 '조에' 자체입니다. 그래서 부활하셨고 부활의 첫 열매가 되셨습니다.

본문에서는 '빛이 가득한 사람'과 '빛이 없는 사람'을 구별하고 있습니다. 하나님 아버지께서 우리를 사랑하사 이 아름다운 지구에 육체를 주시며 여행을 보내셨으며 이 육체를 벗고 난 후 하나님 아버지와 더불어 영생을 누리는 것이 인간과 삶의 본질임을 깨닫는 사람, 그의 안에 생명의 빛이 가득합니다. 생명의 빛이요 '조에' 자체이신 예수님을 따라가는 사람은 잠시 실수는 할 수 있지만 결코 실족하지 않습니다. 여행에서는 오히려 고생을 즐깁니다. 아무리 호화판 여행이라도 집 떠나면 고생인 법입니다.

예수님을 만나 그분을 따랐던 사도 바울, 자신의 모든 특권을 배설물로 여기며 그분을 위하여 고난에 즐거이 참여했던 사도 바울이 죽음에 대해 일갈합니다. "사망아 너의 승리가 어디 있느냐. 사망아 네가 쏘는 것이 어디 있느냐"(고전 15:55).

죽음 앞에서 두려워하지 마십시오. 죽음은 육신을 벗고 영원하신 하나님 아버지 앞으로 가 영생복락을 누리는 축복의 관문입니다.

사도 바울이 권면합니다. "그러므로 내 사랑하는 형제들아 견실하며 흔들리지 말고 항상 주의 일에 더욱 힘쓰는 자들이 되라. 이는 너희 수고가 주 안에서 헛되지 않은 줄 앎이라"(고전 15:58).

희로애락, 부활의 소망을 품고 분노와 슬픔을 견디어 이기고, 마침내는 영원한 즐거움에 참여하는 우리가 되기를 바랍니다.

28
하나님의 영광을 보리라

요 11:38-44

나사로가 죽은 지 벌써 나흘이나 지났습니다. 죽은 나사로는 동굴 무덤에 안치되고 무덤 입구는 커다란 돌로 막아놓았습니다. 무덤 입구에 다가선 예수님께서 둘러선 사람들에게 말씀하십니다. "돌을 옮겨놓으라." 이에 마르다가 "주여, 죽은 지가 나흘이 되었으매 벌써 냄새가 나나이다"라고 말했습니다. 그러자 예수님께서 말씀하십니다. "내 말이 네가 믿으면 하나님의 영광을 보리라 하지 아니하였느냐"(요 11:40).

사람들이 돌을 옮겨놓았고, 이어서 예수님께서 하늘을 우러러 하나님 아버지를 향하여 말씀하셨습니다. "아버지여 내 말을 들으신 것을 감사하나이다. 항상 내 말을 들으시는 줄을 내가 알았나이다. 그러나 이 말씀 하옵는 것은 둘러선 무리를 위함이니 곧 아버지께서 나를 보내신 것을 그들로 믿게 하려 함이니이다"(요 11:41-42). 그러고는 "나사로야 나오라"(요 11:43) 하고 큰 소리로 말씀하셨습니다.

과연 어떻게 될까, 사람들은 숨을 죽인 채 무덤을 주시하였습니다. 놀라운 일이 일어났습니다. 수족을 베로 동이고 얼굴에 수건을 덮은 나사로가 걸어 나오는 것입니다. 사람들은 경악했고, 예수님은 이들에게 "풀어놓아 다니게 하라"고 조용히 이르셨습니다. 그렇게 죽은 나사로가 다시 살아났습니다.

그 후 나사로는 어떻게 되었을까

이 본문에 기록된 사건의 핵심은 무엇일까요?
예수님의 말씀을 믿으면 기적이 일어난다는 것일까요? 대부분 그렇게 결론을 내리고 끝이 납니다. 기적을 기대하며 열심히 예수님을 믿었는데 아무 일도 없습니다. 어떨 때는 더욱 어려워집니다. 그래서 신앙에 혼란이 생기고 회의가 들고 잡다한 비본질적인 질문들로 생명을 허비합니다.

오늘 본문의 핵심은, "예수님을 믿으면 하나님의 영광을 보리라"는 말씀입니다. 그렇다면 기적이 곧 하나님의 영광일까요? 네, 그렇긴 합니다. 그러나 내게 기적이 일어나야만 하나님의 영광이 나타난 것은 아닙니다. 기적은 하나님의 영광 중 지극히 작고 작은 편린에 불과합니다.

불치병이 낫거나 죽었다 다시 살아나면 좋을까요? 마냥 좋은 것만은 아니고, 모두에게 좋은 것도 아닙니다. 유다의 히스기야 왕이 대표적 사례입니다.

그가 죽을병에 걸리자 하나님께 매달려 기도하였고 15년의 생명을 연장받았습니다. 그런데 그 일이 오히려 자신과 후대와 나라 전체에 화가 되었습니다. 하나님께서 자신을 인정하셨다는 큰 교만에 빠져 떠벌이며 바벨론 사신들에게 국고와 무기고 등을 다 보여주었는데, 하나님께 크게 책망을 듣습니다. 결국 이 일로 인해 유다는 바벨론에게 멸망당하고 맙니다.

히스기야 왕에 대하여 기억해야 하는 두 구절이 있습니다.

"히스기야가 마음이 교만하여 그 받은 은혜를 보답하지 아니하므로 진노가 그와 유다와 예루살렘에 내리게 되었더니"(대하 32:25).

"바벨론 방백들이 히스기야에게 사신을 보내어 그 땅에서 나타난 이적을 물을 때에 하나님이 히스기야를 떠나시고 그의 심중에 있는 것을 다 알고자 하사 시험하셨더라"(대하 32:31).

자신에게 임한 기적으로 인해 히스기야가 교만해졌고, 기적을 바벨론 사신들에게 떠벌이자 하나님께서 떠나가셨다는 것입니다.

다시 살아난 나사로는 좋았을까요? 잘 모르겠습니다. 당시는 좋았을지 모릅니다. 그러나 그 소식을 들은 대제사장들이 나사로를 예수님과 함께 죽이려고 하였습니다(요 12:10). 한 사람이 내게 원한을 품어도 힘든데, 최고지도자가 그러면 사는 게 사는 것이 아닙니다.

또 하나 있습니다. 나사로는 그 이후 성경에 언급되지 않고 있는데, 이는 예수님을 위해 별다른 일을 하지 않았다는 작은 증거일 수 있습니다. 혹시 자신의 안위만을 생각하고 도망만 다닌 것이 아닐까요? 그러니까 나사로의 부활은 일시적인 것이었습니다. 물론 그는 다시 죽었습니다.

"아버지께서 나를 보내신 것을 그들로 믿게 하려 함이니이다"(요 11:42). 나사로를 다시 살리신 목적은, 나사로의 생명 연장이 아니라, 예수님에 대한 믿음 심화에 있음을 분명히 하셨습니다.

기적에 관해 길게 말씀드리는 데는 그만한 이유가 있습니다. 기적에 매달리면 생각은 단세포적으로 반응하여 진짜 하나님의 영광을 보지 못하기 때문입니다. 그래서 예수님은 기적에 매달리는 사람들을 무시하거나 책망하셨습니다.

소망에 관하여

하나님의 영광의 실체를 알기 위해서는 몇 가지를 깊이 상고해봐야 합니다.

모든 사람들은 크고 작은 소망과 소원이 있습니다. 그 소망과 소원은 동물 수준의 가장 원초적이고 저급한 것에서 다른 사람들이 생각지도 못한 고귀한 것까지 매우 다양합니다. 우리는 그 소망과 소원을 이루기 위해 뭔가를 열심히 행합니다. 그러고는 자신의 노력이 보상받기를 기대합니다. 하나님을 믿는 믿음 역시 같은 맥락에서 이루어집니다.

먼저 우리들 각자의 소망과 소원이 의미하는 바가 무엇을 의미하는지 알아봅시다.

빈센트 반 고흐는 미(美)를 추구하였습니다. 빈궁과 질병도 무릅썼고, 자신이 추구하는 아름다움을 그려내지 못하자 정신착란에 자해까지 합니다.

고흐는 자신의 그림들 중에 '미의 완성'이라고 생각하는 작품이 있었을까요? 분명 없었을 것입니다. 이와 같은 성향은 참 예술가라면 누구나 가지고 있습니다. 자신의 몇몇 작품에 잠시 흡족했을지는 몰라도 '미의 궁극'이라고는 생각지 않을 것입니다.

사람이라면 누구나 '사랑'을 갈망합니다. 그 많은 커플들 중 자신들의 사랑이 더 이상 있을 수 없는 '지고의 사랑'이라고 생각하는 사람은 없습니다. 잠시 동안은 사랑에 취해 그렇게 생각할 수 있지만 오래가지는 못합니다.

인간의 모든 분야가 마찬가지입니다. 최고봉인가 싶지만 오르고 보면 '가야 할 길'과 '올라야 할 봉우리'는 끝도 없이 뻗어 있습니다. 그 길과 봉우리들을 발견하고 생각에 잠기고 다시 일어나 열심히 가는 유일한 존재가 바로 우리 인간들입니다. 등 따습고 배부르다고 만족하지 않고 더 깊고 넓고 심오한 뭔가를 더 원하고 더 갈망하고 더 누리고 싶어 합니다.

왜 그럴까요? 우리들이 영원하신 하나님의 자녀들이기 때문입니다. 우리들의 끝없이 갈망하는 그 마음을 솔로몬은 '영원을 사모하는 마음'(전 3:11)이라 이름 붙이고 하나님 아버지께서 주셨다고 하였습니다.

왜 하나님은 그런 마음을 주셨을까요? 이유는 단 하나. 훗날 이 땅에서의 여행이 끝나고, 우리들의 이기적이고 변덕스런 사랑이 아닌 완벽한 사랑으로 나를 영원히 사랑하시는 하나님 아버지를 찾아오라고 주신 것입니다.

솔로몬이 이어서 말합니다. "그러나 하나님이 하시는 일의 시종을 사람으로 측량할 수 없게 하셨도다"(전 3:11).

왜 그리하셨을까요? 내가 이룬 것이 최종적인 것이라고 자만하며 가는 길을 멈출까 봐 그렇게 하신 것입니다.

《엄마 찾아 삼만 리》는 아홉 살 소년 마르코가 돈 벌러 남미로 떠난 엄마를 찾아 그 먼 길을 가는 동안 겪어야 했던 위험과 고초를 그린 소설입니다. 소년 마르코의 마음에는 오로지 엄마를 만나야겠다는 열망 하나 외에는 없고, 그 마음으로 만난(萬難)을 이겨내고 마침내 엄마를 만납니다.

우리들을 '순례자'라 하는 이유는 하나님 아버지께서 기다리시는 영원한 본향을 향해 가는 존재이기 때문입니다. 순례자는 길에서 멈추지 않습니다. 힘들어도, 더디더라도 갑니다.

우리는 하나님의 자녀로서 영원하고 무한한 행복을 누릴 존재들입니다. 그러므로 이 땅에서의 행복은 아무리 대단해 보여도 가짜이거나 '천상 행복의 그림자'들이고, 악행들은 지옥의 상징과 경고들입니다.

빈센트 반 고흐가 그토록 찾던 미의 궁극도, 루트비히 판 베토벤이 그토록 찾던 음악의 궁극도 모두 천국에 있습니다. 하나님께서 이미 완성해놓으셨습니다.

그래서 예수님께서 "예수님의 말씀을 믿으면 하나님의 영광을 보리라"고 말씀하신 것입니다.

보상에 관하여

하나님의 영광은 믿음에 대한 보상으로 주어집니다. 그동안 저는 보상을 바라고 신앙생활 하지 말라고 늘 말씀드렸지만 보상에 대해서도 깊이 생각해보아야 합니다.

보상에는 여러 가지가 있습니다. 먼저, '부당한 보상'이 있습니다. 별로 사랑하지도 않는데 상대방의 미모나 돈과 지위를 보고 결혼하여 얻는 것은 부당한 보상입니다. 아부로 얻은 진급이나 속임수로 얻은 이익도 부당한 보상입니다. 이런 보상들은 마침내 자신을 무너뜨립니다.

하나님을 사랑하지도 않으면서, 세속적인 복을 바라며 신앙생활을 한다면 이것은 부당한 보상을 바라는 잘못된 믿음입니다. 이것이 바로 '첩

(charge) 믿음'입니다. 이것은 아무리 경계해도 지나치지 않습니다. 그래서 예수님께서는 기적만 쫓는 사람들을 외면하시고 책망하셨습니다.

그리고 '정당한 보상'이 있습니다. 진정으로 사랑하는 두 사람에게 결혼은 정당한 보상입니다. 성실과 정직과 부지런함에 대한 보상은 돈과 명예입니다. 그런데 이 정당한 보상이 제대로 이뤄지지 않아 살기가 힘듭니다. 한계가 있고 불합리한 사람들이 여러분의 아름다움을 일시적으로 보지 못하기 때문입니다. 그러므로 이 땅에서의 보상에 너무 연연해할 필요가 없습니다.

반면 하나님의 판단은 절대로 부당하지 않습니다. 공명정대하실 뿐만 아니라, 후하기까지 하십니다.

주인이신 하나님께서 다섯 달란트와 두 달란트를 더 남긴 종들에게, "잘하였도다. 착하고 충성된 종아, 네가 적은 일에 충성하였으매 내가 많은 것을 네게 맡기리니 네 주인의 즐거움에 참여할지어다"(마 25:23) 하면서 칭찬하시고 보상하셨습니다.

'주인의 즐거움'이 바로 '하나님의 영광'입니다. '내 즐거움'이 아님을 명심해야 합니다.

나는 어리석고 연약하고 얄팍합니다. 그래서 내 즐거움, 내 행복만을 추구하는 사람들은 무한하고 완벽한 하나님의 즐거움, 하나님의 영광을 보기가 대단히 어렵습니다.

세상의 영광은 서로 죽고 죽이는 경쟁에서 이기는 자들에게 주어집니다. 그래서 세상의 영광을 따라가다 보면 생명과 존엄을 잃어버리게 마련이고, 세상의 영광은 사람들을 교만하고 거만하게 만들기 십상입니다. 그래서 하나님의 영광을 보지 못합니다.

또 하나 중요한 것이 있습니다. 세상에는 아름다운 것들, 영광스러운 것들이 참 많습니다. 아침의 상쾌함, 바다의 장엄함, 겨울 산의 고요함. 그 아름다움은 일시적 감흥을 일으킬지 몰라도 우리를 변화시키지 못합니다. 비인격체로서 그냥 거기에 '대상'으로서 있는 것이기 때문입니다. 그러나 하나님의 영광은 그렇지 않습니다.

하나님께서는 "나의 즐거움에 '참여'하자"고 하십니다. 우리가 하나님과 연합하고 그 안으로 들어가고 그 안에 잠기고 그 일부가 되기를 원하십니다.

왜 선한 생각과 선한 행동을 해야 할까요? 왜 가난한 사람들을 불쌍히 여기고 도와줘야 할까요? 왜 원수라도 용서하고 사랑해야 할까요? 왜 정직해야 하고 악한 것은 그 모양도 취하지 말아야 할까요? 왜 해가 지도록 분을 품지 말아야 할까요? 이유는 딱 하나입니다. 사랑이신 하나님, 그분의 사랑에 참여하기 위해서입니다.

자신에게 한 번만 절하면 세상의 모든 권세와 영광을 주겠다는 사탄의 제안을 예수님은 거절하셨고, 오직 하나님께 경배하고 그분만 섬기라고 단호히 말씀하셨습니다.

그렇습니다. 하나님의 영광, 하나님의 즐거움에 참여하는 길은, 그분을 경배하고 그분의 말씀을 듣고 그분께 기도하고 예수님의 가르침을 온몸으로 살아내는 것입니다.

다행인 것은 아무리 세상과 사람들이 악하다고 해도, 하나님의 사랑에 참여하고 그 사랑을 실천하면 이 세상에서도 하나님의 보상과 그분의 영광을 맛볼 수 있다는 점입니다.

하나님의 영광만 가득한 그곳 천국에서 우리들은 최고의 환영과 영접과 인정을 받을 것입니다. 그곳에서 내 모든 부족한 것들이 채워지고 잘못된 것들이 교정되고 쓸데없는 것들이 제거되어 완전한 하나님의 작품이 될 것입니다.

"우리는 그가 만드신 바라. 그리스도 예수 안에서 선한 일을 위하여 지으심을 받은 자니 이 일은 하나님이 전에 예비하사 우리로 그 가운데서 행하게 하려 하심이니라"(엡 2:10).

29
옛터에
새 길을 내시는
하나님

요 11:45-53

삶은 욕구와 필요를 충족시키는 일로 이뤄집니다. 의식주에 필요한 것, 가족과 인간관계의 필요, 보호와 안전, 사랑과 인정, 그리고 지적 필요도 채워야 합니다. 힘이 들어서 그렇지, 우리는 이런 필요와 욕구를 충족시키는 방법을 대충 알고 있습니다.

그런데 이 모든 욕구와 필요의 중심에 자리한, 가장 근본적이고 중요한 것이 하나 있습니다. 하지만 이 중요한 것을 많은 사람들이 간과하거나, 절박할 때에나 느끼고 있습니다. 그것은 하나님에 대한 필요입니다. 그러나 하나님이나 신에 대한 필요를 어떻게 채워야 하는지 사람들은 알지 못합니다. 그분이나 신들을 육안으로는 볼 수 없기 때문입니다.

고래로 인간들이 나름 열심히 찾은 것이 점을 치거나 주문을 외우거나 제물을 바치거나 굿을 하는 일 따위인데, 이것들은 행하면 행할수록 하나님과는 점점 멀어집니다.

제사장의 실패

하나님께서 친히 하나님을 만나는 법을 가르치시기 위해 430년간 이집트에서 노예로 살고 있는 이스라엘 백성들을 택하셨습니다. 그런데 하나님의 첫 작업은 이상했습니다. 노예였지만 그럭저럭 먹고살았던 이들을 불러 시내 광야로 이끄신 것입니다.

광야는 씨를 뿌린다고, 또 노력한다고 소출을 얻는 곳이 아닙니다. 거기서 하나님 아버지께서는 만나와 메추라기와 물을 공급하시며 오직 하나님만을 의지해야 한다는 것을 깨닫게 하셨고, 첫 수업은 '성막'을 세우는 일로 시작하셨습니다.

성막은 하나님께서 임재하시는 곳으로, 하나님은 그곳에서 하나님과 백성들을 중재하는 임무를 제사장들에게 맡기셨습니다. 제사장들은 하나님이 누구신지, 무엇을 원하시는지, 어떻게 생각하시고 행동하시는지, 무슨 말씀을 하시는지 백성들에게 가르치며 하나님께 예배드리게 합니다.

하나님과 백성들의 다리 역할을 맡은 제사장들은, 역사적으로 보면, 안타깝게도 그 역할을 제대로 수행하지 못했습니다.

첫 제사장이었던 아론은 금송아지를 만들어 오히려 백성들을 하나님으로부터 더 멀어지게 하였고, 무능하고 게을렀던 엘리 제사장이나, 그의 아들로 동네 망나니만도 못한 홉니와 비느하스는 오히려 백성들에게 해를 끼쳤습니다. 눈물의 예언자 예레미야의 입을 막고 매질하고 감옥에 가둔 사람은 바로 제사장 바스훌이었습니다.

물론 좋은 제사장들도 있었지만 성경은 이들의 이름은 거론하지 않는데, 자신을 드러내지 아니하고 묵묵히 자신의 사명을 감당하는 것은 너무나 당연한 것이기 때문입니다.

날이 갈수록 종교 국가 이스라엘에서 대제사장은 절대적인 존재가 되었고, 이에 비례하여 점점 더 타락했습니다. 급기야 이스라엘을 식민지 삼았던 페르시아, 그리스, 로마의 지배정부와 대제사장직을 거래하기도 했고, 최고 가격을 제시하는 후보자에게 그 직책이 주어지기도 했습니다.

본문에 등장하는 가야바는 과연 어떤 대제사장이었을까요? 그의 됨됨이를 정확히 알기 위해서는 마카비우스 시절로 거슬러 올라가야 합니다.

주전 167년, 마카비우스의 반란으로 이스라엘이 로마로부터 일시적으로 독립했던 시절이 있었습니다. 특히 요한 히르카누스는 30년 동안 독립 국가를 정치적으로는 잘 통치하였는데, 엄청난 일을 저지르고 맙니다. 자신이 대제사장 자리까지 차지해버린 것입니다. 대제사장직은 더 이상 하나님과 백성들을 중재하는 자리가 아니라 통치와 권력의 자리로 변질되었고, 결코 회복되지 못했습니다.

가야바와 예수

주후 18년 가야바가 대제사장이 되었을 때, 철저히 로마화된 그는 부와 권력을 향유하며 예루살렘 성전에서 종교 장사를 하며 부를 축적했습니다. 그는 어느 대제사장보다 세속적, 정치적으로 유능하여 평균 3년인 재임 기간의 6배인 18년 동안 그 직을 유지하였습니다.

하나님을 가르치고 소망을 주어야 할 종교마저 철저히 부패하여 불쌍한 백성들을 갈취하는 상황에 예수님이 오신 것은 너무나 당연한 것이고, 백성들이 예수님께 열광하는 것도 당연한 일입니다. 게다가 나사로까지 살아나자 하나님께서 구원자 메시아를 보내셨다는 확신이 많은 백성들의 마음에 각인되었습니다.

그런데 대제사장 가야바는 산헤드린 공회를 소집하여 심각한 논의에 들어갑니다. 바리새인들과 의회 의원들이 이구동성으로 말합니다. "만일 그를 이대로 두면 모든 사람이 그를 믿을 것이요 그리고 로마인들이 와서 우리 땅과 민족을 빼앗아 가리라"(요 11:48). 그렇게 우성거리고 있을 때 가야바가 입을 열었습니다. "너희가 아무것도 알지 못하는도다. 한 사람이 백성을 위하여 죽어서 온 민족이 망하지 않게 되는 것이 너희에게 유익한 줄을 생각하지 아니하는도다"(요 11:50).

그런데 이 말에 대한 특이한 해석이 덧붙여져 있습니다. "이 말은 스스로 함이 아니요 그해의 대제사장이므로 예수께서 그 민족을 위하시고 또 그 민족만 위할 뿐 아니라 흩어진 하나님의 자녀를 모아 하나가 되게 하기 위하여 죽으실 것을 미리 말함이러라"(요 11:51-52).

가야바는 무슨 심오하고 선한 의도로 말한 것이 아닙니다. 단지 자신과 그 무리들의 안위와 기득권을 위해서 예수님을 희생양으로 삼자는 말입니다. 하지만 이 말은 하나님의 구원 계획과 예수님의 생각을 고스란히 드러내고 있습니다.

우리는 이 땅에 살러 왔지만 예수님은 죽으러 오셨습니다.

어느 날 예수님께서 베드로와 요한과 야고보를 데리고 기도하러 산에 올라가셨습니다. 기도하실 때에 예수님의 용모가 변화되어 그 옷이 희어져 광채가 나고, 이어서 놀라운 일이 일어났습니다. 모세와 엘리야가 나타나 예수님과 담화를 나누는 것이었습니다. 잠들었던 세 제자가 화들짝 놀라 깨어 이 엄청난 광경을 혼이 나간 상태로 바라보았습니다.

변화 산에서 일어난 일입니다. 그때의 일을 성경은 다음과 같이 서술하고 있습니다. "문득 두 사람이 예수와 함께 말하니 이는 모세와 엘리야라. 영광 중에 나타나서 장차 예수께서 예루살렘에서 별세하실 것을 말할새"(눅 9:30-31).

모세는 율법을 대표하고 엘리야는 예언을 대표하는바, 이 둘은 유대교를 떠받치는 두 기둥입니다. 이들은 예수님께 예수님께서 예루살렘에서 돌아가실 것을 말했습니다. 예수님께서 율법과 예언의 완성자이시며, 예수님의 죽음으로 율법과 예언이 완성된다는 사실을 천명한 것입니다.

제자의 길

예수님의 대속적 죽음은 신학적 의미만 있는 것이 아닙니다. 예수님의 영성은 종교가 아닌 현실과 삶에 뿌리박고 있는 살아 있는 영성입니다.

예수님께서 말씀하십니다. "무릇 자기 목숨을 보전하고자 하는 자는 잃을 것이요 잃는 자는 살리라"(눅 17:33).

또 예수님께서 제자들에게 말씀하십니다. "누구든지 제 목숨을 구원하고자 하면 잃을 것이요 누구든지 나를 위하여 제 목숨을 잃으면 구원하리라"(눅 9:24).

예수님을 위하여 자기 목숨을 버리라는 것은 예수님을 목숨 걸고 떠받들라는 단순한 뜻이 아닙니다. 예수님은 섬김을 받으러 오신 것이 아니기 때문입니다.

이 말씀은 "아무든지 나를 따라오려거든 자기를 부인하고 날마다 제 십자가를 지고 나를 따를 것이니라"(눅 9:23)는 말씀에 연이어 하신 것입니다.

자신을 부인하라는 것은 자신의 고집과 정당성과 생각과 감정과 기득권을 버리고, 나아가서는 왼뺨까지 내주고 목숨이라도 내주리라는 마음으로 살라는 것입니다.

그러기 정말 어렵습니다. 그러나 율법을 열심히 지키고 하나님의 말씀이 연일 선포되었지만 이스라엘과 제사장들은 하나님과는 점점 멀어져갔습니다. 모세와 엘리야, 율법과 예언이 이루지 못한 하나님나라는, 예수님의 이름으로 내가 죽을 때만 이뤄집니다.

목사가 죽어야 교인들이 살고, 교인들이 죽어야 교회가 삽니다. 또한 교회가 죽어야 세상이 삽니다. 남편이 죽어야 아내가 살고 아내가 죽어야 남편이 삽니다. 그래야 난제들이 해결됩니다. 이 모든 것을 위하여 예수님께서 먼저 우리 모두를 위해서 죽으셨습니다.

자신을 내세우며 하나님과 백성들의 관계를 자신이 통제하고 하나님의 일과 백성들의 구원을 자신이 관리하겠다고 나서는 순간, 가야바와 같은 나쁜 제사장이 됩니다.

예수님께서 베들레헴 마구간에서 태어나셨을 때 헤롯은 아기 예수님을 죽이려 하였습니다. 이제는 가야바가 하나님의 이름으로 예수님을 죽이려 하고 있습니다. 헤롯과 가야바는 정치와 종교라는 서로 별 관계 없는 분야의 수장이지만 자신을 내세우고 기득권을 강화하려 할 때 예수님을 죽이려 하였습니다.

시편 기자는 두 번째 시편에서 이를 신랄하게 드러내고 있습니다. "어찌하여 이방 나라들이 분노하며 민족들이 헛된 일을 꾸미는가. 세상의 군왕들이 나서며 관원들이 서로 꾀하여 여호와와 그의 기름 부음 받은 자를 대적하며 우리가 그들의 맨 것을 끊고 그의 결박을 벗어버리자 하는도다"(시 2:1-3).

이에 대해 하나님께서는 뭐라 하실까요? 시편 기자가 말합니다. "하늘에 계신 이가 웃으심이여. 주께서 그들을 비웃으시리로다"(시 2:4). 하나님께서 어이없어 하십니다.

이런 일들은 우리들의 일상생활에서도 흔히 일어납니다.

자신을 내세우려 할 때, 이득을 챙기려 할 때, 영향력을 확대하려 할 때, 화가 날 때, 미워하고 복수하려 할 때, 정신없이 세상일이나 쾌락에 몰두할 때 우리 안에서 예수님을 찾을 수 없습니다. 이는 예수님을 단순히 외면하는 것이 아니라 죽이는 것입니다.

가야바와 같은 사람이 지배하는 종교에서는 말씀과 기도는 하나님과 인간을 조종하는 수단과 복 받는 비결로 전락하고, 외형과 영향력에만 치중하며, 사업과 쇼가 판치게 됩니다.

오늘날 예수님을 만나기 위해 교회를 떠나는 사람들은 이러한 교회에 환멸을 느낀 것입니다. 그런데 기억해야 할 것은, 그토록 부패한 하나님의 성전에서 하나님의 아들 예수님은 가르치시고 기도하고 제사를 드리셨고, 사람들과 죄인들과 어울리셨다는 점입니다.

유진 피터슨이 의미심장한 말을 합니다. "예수님을 따르면서 예수님보다 더 영적이려 해서는 안 된다." 홀로 침잠하는 영성은 아주 빠르게 주관적이 되며 때로는 심각한 문제에 빠져 한 세대 이상 존속하지 못했습니다.

흩어진 자녀를 모아 하나 되게

예수님은 하나님의 성전과 율법과 유대교를 폐하러 오신 것이 아니라, 새롭게 완성하러 오셨습니다. 예수님께서 임무를 마치시고 부활 승천하신 후, 성령이 임하시고 교회가 태동되었습니다. 교회는 주님의 일을 계승한 주님의 몸으로서의 공동체입니다.

이와 같은 사실을 오늘 본문은 다음과 같이 말합니다. "흩어진 하나님의 자녀를 모아 하나가 되게 하기 위하여 죽으실 것"(요 11:52)이라고 말합니다.

예수님이 살아 계신 교회, 흩어진 하나님의 자녀들을 모으는 교회로 만들 책임이 우리 모두에게 있습니다. 그러기 위해서 두 말씀을 마음에 새겨야 합니다.

사도 베드로가 말합니다. "그러나 너희는 택하신 족속이요 왕 같은 제사장들이요 거룩한 나라요 그의 소유가 된 백성이니 이는 너희를 어두운 데서 불러내어 그의 기이한 빛에 들어가게 하신 이의 아름다운 덕을 선포하게 하려 하심이라"(벧전 2:9).

부활하신 예수님은 가야바 대신 우리들의 대제사장이 되셨고, 그리스도인들은 제사장이 되었습니다. 좋은 제사장이란 백성들을 하나님 앞으로 인도하는 사람입니다. 오직 그분의 말씀을 올바로 전하여 듣게 하고 그분 뜻에 따라 살도록 도와주는 사람입니다. 이것이 바로 우리가 해야 할 일입니다.

둘째, 예수님의 아름다운 덕을 전해야 합니다. 그러기 위해서는 내가 먼저 죽어야 합니다.

죽는다는 것을 사도 바울이 다음과 같이 말합니다. "내가 그리스도와 함께 십자가에 못 박혔나니 그런즉 이제는 내가 사는 것이 아니요 오직 내 안에 그리스도께서 사시는 것이라. 이제 내가 육체 가운데 사는 것은 나를 사랑하사 나를 위하여 자기 자신을 버리신 하나님의 아들을 믿는 믿음 안에서 사는 것이라"(갈 2:20).

목사가 죽고 교인이 죽고 교회가 죽는다는 것은, 성장과 성공의 개념 자체를 지워버리고 진정을 다한 예배를 드리고 하나님의 시각에서 하나님의 말씀을 전하고 또한 경청하고 전심을 다하여 기도와 찬양을 올리고, 그래서 삼위일체 하나님과 연합하는 것입니다. 그리하면 하나님께서 반드시 다시 살리십니다.

사도 바울이 우리 모두에게 권면합니다.

"시와 찬송과 신령한 노래들로 서로 화답하며 너희의 마음으로 주께 노래하며 찬송하며 범사에 우리 주 예수 그리스도의 이름으로 항상 아버지 하나님께 감사하며 그리스도를 경외함으로 피차 복종하라"(엡 5:19-20).

30
향내가 가득하더라

요 12:1-8

유월절 엿새 전이었습니다. 이번 유월절 기간 중에 예수님께서 십자가에서 고난 받으시고 돌아가십니다. 그러나 그 누구도 그 사실을 모릅니다.

얼마 전 예수님께서 살리신 나사로의 집에 주님께서 다시 가셨습니다. 유월절은 최대 명절로 어딜 가나 사람들로 가득했습니다. 마르다는 예수님과 제자들과 손님들을 대접하기 위해 동분서주하고, 사람들은 한데 모여 이야기를 나누고 있는데, 마리아가 지극히 비싼 향유 나드가 담긴 옥합을 들고 나타났습니다. 그러고는 예수님의 발아래 엎드려 나드 향유를 예수님의 발에 붓고는 자신의 긴 머리털로 예수님의 발을 씻는 것이었습니다. 사람들은 놀라 그 광경을 바라보았고 나드 향내는 온 집 안에 퍼져나갔습니다.

한동안 침묵이 흘렀습니다. 이해할 수 없는 마리아의 행동에 놀란 것입니다. 그때 정적을 깨는 소리가 들려왔습니다. "이 향유를 어찌하여 삼백 데나리온에 팔아 가난한 자들에게 주지 아니하였느냐"(요 12:5). 이 말을 한 사람은 며칠 후 예수님을 대제사장에게 팔 가롯 유다입니다.

'나드'는 동인도의 '나르도스타키스 자타만시'라는 식물에서 채취하는 향료로서, 최고의 혼수품인 나드 1그램 가격은 하루 품삯에 해당되는 고가입니다. 너무나 귀한 것이라 예쁜 옥합에 담아 보관하였는데, 마리아가 예수님의 발에 부은 나드 향유 한 근의 가격은 일반 노동자의 1년치 품삯에 해당되는 큰 액수입니다.

감사의 표현

찬송가 가사 중에 "값비싼 향유를 주께 드린 막달라 마리아 본받아서"라는 것이 있습니다. 뭔가 조금 이상하다는 생각이 듭니다. '마리아는 나사로의 누이인데. 그럼 나사로의 누이 마리아가 막달라 마리아인가?'

옥합을 깨뜨려 주님께 바른 기사는 복음서 네 군데에 나옵니다. 그런데 그 내용이 조금씩 다릅니다.

먼저 누가복음 7장 36절 이하에 기록된 내용은 이렇습니다. 한 바리새인이 예수님과 사람들을 초청하고 식사를 대접할 때 한 여인이 나타나 눈물을 흘리며 예수님의 발에 입을 맞추고 향유를 부어 자신의 머리칼로 씻었습니다. 그때 그 바리새인이 속으로 말합니다. "이 사람이 만일 선지자라면 자기를 만지는 이 여자가 누구며 어떠한 자 곧 죄인인 줄을 알았으리라"(눅 7:39). 바로 이 죄 많은 여인이 막달라 마리아이고, 이 일은 예수님의 초창기 사역 때 가버나움에서 있었던 일입니다.

일곱 귀신 들린 거리의 여자 막달라 마리아는 예수님을 만난 후 구원을 받고 전혀 새로운 삶을 살게 되었습니다. 그 구원이 너무나 고맙고 감사하여 그렇게 한 것입니다. 그 이후 막달라 마리아는 예수님의 사역을 돕는 가장 고귀한 여인으로 변신합니다. 부활하신 예수님께서 가장 먼저 만나주신 사람도 막달라 마리아입니다.

다음은 마태복음 26장 6절 이하의 기록입니다. 예수님이 베다니 나병환자 시몬의 집에 머무르실 때였습니다. 마태복음의 기록을 봅시다. "한 여자가 매우 귀한 향유 한 옥합을 가지고 나아와서 식사하시는 예수의 머리에 부으니 제자들이 보고 분개하여 이르되 무슨 의도로 이것을 허비하느냐. 이것을 비싼 값에 팔아 가난한 자들에게 줄 수 있었겠도다 하거늘"(마 26:7-9).

마태복음에는 마리아가 아닌 '한 여인'이 그랬으며, 가룟 유다가 아니라 제자들이 그런 말을 한 것으로 나와 있습니다.

마가복음 14장 3절 이하에서는, 앞의 내용은 마태복음과 같으나, 화를 내어 말한 사람이 누구인지 명시하지 않고 '어떤 사람들'이라고 하였습니다.

어떤 기록이 정확할까요? 각각의 차이는 복음서의 부정확성을 의미하는 것이 아니라, 기록한 사람들의 시각 차이를 보여줍니다. 또한 '한 근'은 350그램쯤으로 한 컵 정도 되는 양이어서, 몸에 붓는다고 해도 철철 넘칠 정도는 아닙니다.

귀한 손님이 오면 주인은 향유를 한 방울씩 손이나 옷에 떨어뜨려 땀 냄새를 없애주는 것이 당시의 예의이고 관습이었는데, 그 여인은 자신의 가장 소중한 것을 예수님의 몸에 온 정성 다해 발라드렸다는 뜻입니다.

여기서 가장 중요한 점은, 막달라 마리아든 나사로의 누이 마리아든 이들이 예수님께 올린 '최상 최고의 감사'입니다. 그 감사에는 어떤 의도나 바람도 없습니다. 예수님의 사랑과 구원이 그저 눈물겹도록 고맙고 감사하여 자신이 가진 최고의 것을 아낌없이 드렸습니다.

이는 머리 둘 곳도 없이 평생 노숙자로 사셨던 예수님께서 받으셨던 유일한 호사로, 예수님은 그녀들의 아름다운 마음을 기꺼이 받으셨습니다.

정당하지만 슬픈 일

'옥합헌금'이란 것이 있습니다. 교회를 건축하거나 큰돈이 필요할 때 실시하지만 항시 행하는 교회들도 많습니다. 거액의 옥합헌금을 내는 사람은 믿음이 좋다고 칭찬을 받습니다. 하지만 마리아와 같은 자발적인 옥합헌금은 아름다운 것이지만, 자존심이나 체면을 부추겨 억지로 내게 하는 것은 너무나 슬픈 일입니다.

한 권사님이 재산을 처분한 돈 9억 원을 신학교에 기부하려 하자 남편과 자녀들은 기쁘게 동의했지만, 담임목사만은 반대하고 나섰습니다. 본교회에 바치라는 것입니다.

권사님은 이북에서 빈손으로 내려와 밤낮없이 열심히 살아 네 자녀를 모두 훌륭하게 키웠는데 늘 마음에 걸리는 것이 하나 있었습니다. 그 많은 하나님의 은혜에도 불구하고 자녀 중 단 한 명도 목회자로 바치지 못했다는 것이었습니다. 그래서 신학교에 기부하여 좋은 목회자들을 잘 키워달라는 것입니다. 권사님과 가족들의 감사하는 마음은 참 아름답습니다. 그러나 그 감사를 축하하지 못하는 그 목사의 마음은 참 슬픈 것입니다.

그 향유를 삼백 데나리온에 팔아 가난한 사람들에게 주어야 한다는 가롯 유다나 제자들의 주장은 대단히 합리적이고 타당합니다. 그러나 깊고 깊은 예수님의 뜻이나 그 여인의 깊은 감사를 이해하지 못하는 그들의 마음은 슬픈 것입니다.

다른 복음서와 달리 요한복음에서는 가룟 유다에 대해서 "이렇게 말함은 가난한 자들을 생각함이 아니요 그는 도둑이라 돈궤를 맡고 거기 넣는 것을 훔쳐 감이러라"(요 12:6)는 평을 덧붙여놓았습니다. 이것 역시 슬픈 일입니다.

예수님이 그런 가룟 유다를 모르실 리가 없습니다. 그러나 단 한 번도 이에 대해 언급하지 않으셨습니다. 예수님을 대제사장에게 팔려고 할 때도, '네 할 일을 하라'고 하셨습니다.

가룟 유다는 제자들 중 가장 똑똑하고 유능했습니다. 다른 제자들은 모두 천대받는 땅 갈릴리 출신이지만 그만은 이스라엘의 중심부 출신입니다. 그는 열혈당원인데, 그들의 목표는 무력으로 독립을 쟁취하는 것입니다. 독립에 목숨을 건 그들을 백성들은 존경하고 열심히 도왔습니다. 일제 치하의 안중근 의사와 독립군들을 생각하면 쉽게 이해할 수 있습니다. 그는 예수님의 놀라운 능력을 보고 그분을 모시고 독립을 쟁취하자는 부동의 목적을 갖고 제자가 된 사람입니다.

그의 뜻은 옳고 가상한 것입니다. 그래서 열심히 예수님을 도왔습니다. 하지만 그의 실망은 점점 커졌습니다. 예수님은 그 엄청난 신적 능력이 있음에도 로마를 무력으로 무너뜨릴 생각조차 하지 않는 것입니다. 실망은 불만으로, 불만은 마침내 예수님을 제거하는 데까지 간 것입니다.

돈이 탐나서가 아닙니다. 예수님을 유대교 당국에 넘긴 후, 말로 다할 수 없는 예수님의 고초를 보고 그는 양심의 가책을 느껴 은 삼십을 성소에 던져버리고 스스로 목숨을 끊습니다. 가장 슬픈 것은 그는 절대로 예수님께로 가지 않았다는 것입니다.

기복신앙이 그 열심에도 불구하고 딱하고 슬픈 것은, 자신이 하나님께로 가지 아니하고 하나님을 자신 쪽으로 끌어오려고 몸부림을 친다는 것입니다.

우리들은 우리들을 어려움에 방치하시는 것 같아 하나님께 실망합니다. 불의와 악이 판치는 이 세상을 방관하시는 것 같아 하나님이 불만스럽습니다. 그래서 믿음이 흔들리고 최악의 경우 하나님께 등을 돌려버립니다. 그러나 그것이 가장 안타깝고 슬픈 일입니다.

제2차 세계대전 중 히틀러가 운영하던 많은 죽음의 수용소에서 신앙을 버린 유대인들이 많았습니다.

엘리 위젤은 열다섯의 어린 나이에 죽음의 수용소에 갇혔습니다. 훗날 기적적으로 살아남아 그 지옥에 대한 증언을 수많은 글로 남깁니다. 엘리 위젤은, 한 어린이가 어른들의 무기은닉을 도왔다는 이유로 고문받고 처형당하는 참혹한 모습을 보고, 침묵하시는 하나님을 버립니다. 너무나 슬픈 일입니다.

미국의 로저 보울린은 열여덟 살의 고등학생으로, 해상 수색 구조대에서 자원봉사를 합니다. 주말만 되면 로저와 그의 동료들은 가슴이 미어지는 비참한 일들을 겪곤 합니다. 참혹하게 살해된 시신도 여러 번 목격했는데, 안면이 있는 사람도 있었습니다.

어린 나이에 감당할 수 없는 세상의 부조리와 사악함을 수없이 목격한 로저 보울린이 이런 말을 합니다. "사람들은 죽음과 비극에 대해서 말하려고 하지 않습니다. 너무나 끔찍해서일까요? 그저 날씨나 옷이나 야구경기에 대한 이야기나 하면서 편안히 지내려고만 합니다. 정말 중요한 것, 죽음이나 하나님의 존재와 개입에 대해서 말하려는 사람은 아무도 없었습니다." 결국 로저는 그리스도인이 되었습니다. 세상의 부조리와 사악함으로 하나님을 버린 것이 아니라, 그로 인하여 오히려 하나님을 찾았습니다.

엘리 위젤이 로저 보울린보다 더 끔찍한 일을 당했다고, 그래서 하나님을 버렸다고 말한다면 그 또한 슬픈 일입니다.

하나님 자녀의 향기

사도 바울이 말합니다. "다만 네 고집과 회개하지 아니한 마음을 따라 진노의 날 곧 하나님의 의로우신 심판이 나타나는 그날에 임할 진노를 네게 쌓는도다"(롬 2:5).

가룟 유다도, 그 목사님도, 엘리 위젤도 나름의 타당하고 정당한 이유가 있습니다. 우리 모두 다 각각의 정당한 이유가 있습니다. 그래서 상대방을, 하나님과 예수님마저 내 생각으로 관철시키고 가르치려고 듭니다. 그것이 바로 고집이고 회개치 아니하는 것입니다.

체코 전 대통령 바츨라프 하벨이 말합니다. "인간이 하나님을 잃으면 자신과 모든 사물의 위치를 정해주는 절대적인 좌표를 상실합니다. 상대적 가치와 그 좌표에 자신을 맞추다 보면 필연적으로 인간의 존재도 서서히 분열되고 그가 속한 세계도 괴멸할 것입니다."

자신의 생각에 빠지며 자초하는 분열과 괴멸이 바로 사도 바울이 말한 '하나님의 진노를 쌓는 일'입니다.

회개란 단순히 잘못을 뉘우치는 것이 아닙니다. 회개는 헬라어 '메타

노이아'로 '돌아서다'는 뜻입니다. 자신의 생각이 아무리 정당해도 하나님의 생각과 충돌하면 자신을 버리고 하나님께로 돌아서는 것이 바로 '회개'입니다.

각자의 가치들이 충돌하고 폭발하여 갈등과 불행이 양산되는 세상에 절대 가치를 보여주신 것 자체가 은혜입니다.

예수님께서 말씀하십니다. "그를 가만두어 나의 장례할 날을 위하여 그것을 간직하게 하라"(요 12:7).

예수님께서 말씀하십니다. "내가 진실로 너희에게 이르노니 온 천하에 어디서든지 복음이 전파되는 곳에는 이 여자가 행한 일도 말하여 그를 기억하리라"(막 14:9).

예수님을 향한 마리아의 깊고 깊은 사랑과 헌신을 기념하리라는 것입니다. 이 사랑과 헌신을 옥합헌금으로 획일적으로 축소시켜서는 안 됩니다. 만약 그렇게 한다면, "물과 성령으로 거듭나야 한다 하셨다"면서 물세례 받고 방언이 터지면 구원은 종결되었다고 가르치고 또 그렇게 생각하는 것과 같이 슬픈 것입니다.

며칠 전 총명하고 믿음이 좋은 청년과 대화를 나누었습니다. 열심히 준비하고 열심히 살았는데 지금에 와서 뭘 해야 할지 모르겠다는 것입니다. 제가 보기에는 교회에서 잘못 가르친 좁은 신앙과 특히 선교에 대한 강박에 갇혀 있었습니다. 교회에서 전도와 선교를 강조하고 또 강조합니다. 그러다 보니 전도나 선교를 하지 않으면 책임을 다하지 못한 것 같습니다. 선교라는 좁은 종교의 틀 속에 그 아름다워야 할 청춘이 갇혀 버린 것입니다.

하나님은 우리를 전도나 선교의 도구로만 부르신 것이 아닙니다. 더 원초적인 것이 있습니다. 하나님의 자녀답게 사는 것입니다.

성경에 등장하는 인물들은 각각 독특합니다. 우리 또한 한 사람 한 사람이 나름의 개성을 가진 독특한 존재들입니다. 그 위에서 우리는 예수님을 향한 마리아의 사랑과 아낌없는 헌신의 이야기를 듣습니다. 복음서의 모든 이야기가 그렇듯이 우리를 그 이야기 속으로 초대하여 빠지게 합니다. 그러고는 다시 각각의 개성에 따라 나만의 또 다른 사랑과 헌신의 이야기를 쓰라는 것입니다. 그것이 우리들이 해야 할 일입니다.

"향유 냄새가 집에 가득하더라"(요 12:3).

내 주님과 이웃을 향한 사랑과 헌신의 향기를 발하는 것이 곧 최고의 삶을 누리고 베푸는 최상의 비결입니다. 여러분의 향기가 가정과 교회와 세상에 널리 퍼지기를 바랍니다.

31
다시 쓰는 종려주일

요 12:12-19

저는 지금까지 종려주일에 관한 설교를 할 수 없었습니다. 예루살렘에 입성하시는 예수님께 보였던 백성들의 환호는 '일시적인 가짜'이며, 일시적인 가짜 열광은 대단하면 대단할수록 혼란만 가중시키기 때문입니다.

예수님께서 예루살렘 성에 입성하셨습니다. 사람들이 몰려나와 종려나무 가지를 들고 환호했습니다. 가시는 길에 자신의 겉옷을 깔아드리며 최고의 존경을 표했습니다.

이스라엘 백성은 언제나 하나님의 구원자를 애타게 기다리고 있었습니다. 그분이 오셔서 로마와 독재 왕권을 무너뜨리고 하나님나라를 세워 주기를 간절히 원했습니다. 그래서 이스라엘 백성들은 대단한 사람이 나타났다 싶으면 혹시 그 사람이 하나님께서 보내신 구원자인가 궁금해하며 몰려들었고, 어떤 이들은 하나님의 메시아를 자처하기도 했습니다.

그런데 예수님께서 기적을 일으키시고 귀신을 내쫓고 병자들을 고치시고 죽은 사람도 살리셨다는 소문이 온 이스라엘 땅에 퍼졌습니다. 그 예수님이 예루살렘이 입성하신다는 것입니다. 그래서 저마다 종려나무 가지를 들고 거리로 뛰어나와 외쳤습니다. "호산나! 호산나! 다윗의 왕으로 오시는 이여!"

'호산나'는 '우리를 구원하소서'라는 뜻입니다.

그러나 예수님께서는 그들의 열광적인 환호를 전혀 기뻐하지 않으셨습니다. 오히려 슬퍼하셨습니다. 백성들의 열광적 환호는 정작 자신들이 무엇을 하는지 모르는 일시적인 해프닝이었습니다. 그렇게 열광하던 백성들은 며칠 못 가 예수님을 십자가에 못 박으라고 아우성을 쳤고, 십자가에 달리신 예수님을 조롱하기까지 했습니다.

그 가짜 환호성을 내세우며 "봐라, 이들이 예수님을 하나님의 구원자로 보고 있다. 그러므로 우리들도 예수님을 구원자로 모시자"라고 할 수 없는 일입니다.

예수님은 이들의 열광을 뒤로한 채 감람산에 올라 마주보이는 하나님의 성전을 보시고 우셨습니다. "가까이 오사 성을 보시고 우시며 이르시되 너도 오늘 평화에 관한 일을 알았더라면 좋을 뻔하였거니와 지금 네 눈에 숨겨졌도다"(눅 19:41-42).

열광적인 환호로 인해 예수님의 슬픔은 가중되었고, 한탄은 깊어졌습니다. 예수님의 슬픔과 한탄을 가중하는 것이 또 있습니다. 제자들의 반응입니다. "제자의 온 무리가 자기들이 본 바 모든 능한 일로 인하여 기뻐하며 큰소리로 하나님을 찬양하여 이르되"(눅 19:37-38).

제자들이 백성들의 열광적인 환호에 흥분하여, 서로 얼굴을 바라보며 "너 봤지!", "야, 말도 마라. 이 정도일 줄은 꿈에도 상상을 못했다", "이제 고생 끝, 행복 시작이야!" 하면서 저마다 우쭐대며 서로를 보고 떠들었습니다.

예수님의 심정은 어땠을까요?

예루살렘에 오시면서 제자들에게 예루살렘에는 십자가 처형이 기다리고 있다고 몇 번에 걸쳐 말씀하셨습니다. 그런데도 그 말씀은 귀에도 담지 않은 제자들의 희희낙락하는 모습에 너무나 기가 막히고 슬프셨을 것입니다. 임종을 앞둔 아버지 앞에서 웃고 떠드는 자녀들을 바라보는 심정과 같습니다.

이번에는 바리새인들이 들고일어났습니다. 제자들의 기고만장한 모습과 떠드는 소리를 듣고 바리새인들이 "선생이여 당신의 제자들을 책망하소서"(눅 19:39) 하였습니다.

이 바리새인들의 마음은 어땠을까요? 기가 팍 죽었을 것입니다. 그동안 예수님과 제자들을 사사건건 걸고넘어졌는데, 백성들의 환호를 보니 그게 아니었습니다. 이제 자신들의 세상은 가고 예수님의 제자들이 판을 치게 될 것 같아 불안해졌습니다.

예수님께서는 그들에게 이렇게 말씀하셨습니다. "내가 너희에게 말하노니 만일 이 사람들이 침묵하면 돌들이 소리 지르리라"(눅 19:40). 이 말씀은 제자들을 편들기 위해 하신 것이 아닙니다.

대리 영웅과 어린 나귀

예루살렘이 온통 난리법석으로 들끓고 있을 때, 유일하게 묵묵히 자기 일을 했던 것은 예수님을 태우고 가던 어린 나귀뿐입니다.

나귀는 그 크기가 조금 자란 송아지만 합니다. 그 위에 어른이 타면 나귀는 안쓰러워 보입니다. 그런 나귀를 타고 예루살렘으로 들어서시는 예수님을 상상해보면 어딘지 전혀 어울리지 않습니다. 분명 예수님은 그 어린 나귀가 가여웠을 것입니다. 또각또각 보폭도 좁은 어린 나귀 위에 불안정하게 앉으신 예수님은 속으로 이러셨을 것입니다. "할 수 없다, 요놈아. 이게 다 하나님의 예언을 실현하기 위한 것이란다. 힘들어도 좀 참아라. 알았지?"

예수님은 왜 어린 나귀를 타셨을까요?

"시온의 딸아 크게 기뻐할지어다. 예루살렘의 딸아 즐거이 부를지어다. 보라, 네 왕이 네게 임하시나니 그는 공의로우시며 구원을 베푸시며 겸손하여서 나귀를 타시나니 나귀의 작은 것 곧 나귀 새끼니라"(슥 9:9)라는 말씀을 이루기 위해서입니다.

예수님은 하나님의 예언을 실현하시기 위해, 자신들이 무엇을 하는지도 모르면서 환호하고 아우성치고 희희낙락하고 분노하고 실망하고 좌절하는 사람들을 구원하시기 위해 십자가를 향하여 뚜벅뚜벅 걸어가셨고, 어린 나귀는 그 예수님을 태우고 고개를 숙인 채 또각또각 갔습니다.

사람들은 다른 사람들에게 인정받기를 갈망합니다. 태어나자마자 부모에게 인정받기를 갈망합니다. 다른 사람들의 인정은, 자기 존중감을 심어주어 우리를 자기다워질 수 있게 하는 중요한 것입니다. 인정받지 못하고 성장한 사람은 자기 존중감이 낮고 언제나 다른 사람의 눈치를 보며 살아갑니다. 그런데 이런 인정은 인생 초기에 필요한 것입니다.

성인기가 되면 반드시 심리적으로 독립을 이루어야 합니다. 내가 누구이며 어떤 존재가 되고 싶은지를 알아야 하며, 남들의 인정에 좌우되지 않고 자기 소신에 충실할 수 있어야 합니다. 그래야 책임을 다하는 성숙한 인간, 하나님께서 원하시는 인생을 살 수 있습니다.

그러나 그것은 그렇게 간단한 일이 아닙니다. 인정은 마약처럼 중독

성이 너무나 강합니다. 다른 사람의 인정을 받지 못하면 사람들은 불안해하고, 행여 비판이라도 받게 되면 그 불안은 점점 증폭됩니다. 그래서 언제나 남들이 나에 대해서 뭐라고 하나 촉각을 곤두세웁니다. 비판을 견디지 못하고 스스로 목숨을 끊는 사람들까지 있습니다.

어니스트 베커는 그의 중요한 저서 《죽음의 부정》(인간사랑, 2008)에서 그 원인을 깊고도 명쾌하게 설명해주었습니다.

사람들의 공포의 근원은 바로 죽음에 대한 공포입니다. 사람들의 여러 가지 반응들은 알고 보면 모두 '이제는 살겠구나' 하는 환호와 '이제는 죽었구나' 하는 절망 사이를 오락가락하는 것입니다.

죽음의 공포를 잊기 위해 가장 흔히 쓰는 전략 중 하나는 '대리 권력자에게 빌붙는 것'입니다. 대리 영웅을 만들어 그 짐을 넘기고 그 곁에 껌처럼 붙어 있는 것입니다.

그 대리 영웅이 어린 시절에는 부모나 선생님, 연인이나 연예인 등이다가, 커서는 정치지도자나 교주, 교인들에게는 흔히 '영발' 있는 유명 목사이기가 쉽습니다.

자신이 내세운 대리 영웅에게 잘 보이려고 애를 쓰고, 대리 영웅이 잘못한 줄 알면서도 그가 무너지면 함께 무너지므로 목숨을 다해 옹위합니다. 그렇게 대리 영웅에 의해 일희일비하다가 끝내는 '전이공포'에 떨며 대리 영웅과 함께 몰락합니다.

예수님을 대리 영웅으로 따르는 경우가 굉장히 많고, 또 그렇게 하는 것을 좋은 믿음이라고 생각하는데, 이것은 심각한 오해입니다. 제자들이 좋은 예입니다. 예수님을 향한 환호에 우쭐하다가 예수님이 십자가에 달리시자 모두 낙담하며 도망가버렸습니다.

신 중의 신, 만군의 여호와를 믿는다는 이유로 타 종교나 세상 사람들을 멸시하는 것 역시 같은 오해에서 비롯된 추악한 행태들입니다.

예수님은 영웅 중의 영웅이 아니십니다. 군림과 지배와는 가장 거리가 먼 분이십니다. 그래서 백마 대신 어린 나귀를 타셨습니다.

서번트 리더십

헤르만 헤세의 《동방 순례》(이숲, 2013)에 예수님의 본질이 잘 묘사되어 있습니다. 주인공(H.H.)은 일군의 남자들과 함께 깨달음을 찾아 순례길에 오릅니다. 일행 중 레오라는 하인은 식사 준비나 허드렛일을 했고, 저녁이 되면 노래를 불러, 지친 사람들에게 활력을 불어넣곤 했습니다. 몇 해에 걸친 여행에서 많은 난관에 봉착하곤 했지만 위기를 잘 극복해 나갔습니다. 그러던 어느 날 레오가 사라져버립니다. 그 이후 순례단은 혼란에 빠지고 주인공은 거의 죽을 뻔합니다. 사람들은 자신들이 여기까지 오게 된 것이 하인 레오 덕분이라는 것을 깨닫습니다. 주인공은 레오를 찾아 몇 년을 헤맨 끝에 레오를 만나고 소스라치게 놀랍니다. 짐꾼이자 하인으로 알고 있던 레오가 사실은 최고 지도자이자 지도의 영(The Guiding Spirit), 위대하고 고귀한 리더였습니다.

로버트 그린리프는 헤세의 《동방 순례》에서 깊은 감명을 받고 《서번트 리더십 원전》(참솔, 2006)이라는 책에서 '서번트 리더십'을 제창합니다. 서번트 리더십. '종으로서의 리더'가 바로 예수님이시며, 예수님께서 우리에게 요구하시는 것도 이것입니다.

사람들은 리더가 될 사람은 따로 있다고 생각합니다. 그러나 결코 그렇지 않습니다. 최근 감명 깊게 읽은 책이 있습니다. 조셉 자보르스키가 쓴 《리더란 무엇인가》(에이지 21, 2010)입니다.

우리들은 각각 따로 떨어진 연약한 존재라고 생각합니다. 그래서 나 하나가 뭘 어쩐다고 세상이 변하지 않을 거라 생각합니다. 그러나 그렇지 않습니다.

끈끈한 액체인 글리세린이 담긴 투명한 통에 잉크를 한 방울 떨어뜨리면 잉크는 글리세린 위에 떠 있습니다. 그 통을 돌리면 잉크가 글리세린에 천천히 퍼져나가고 마침내 푸른색 글리세린이 됩니다. 그 통을 반대로 돌리면 놀라운 일이 일어납니다. 퍼져나갔던 길을 따라 잉크가 다시 모여들어 원래 위치로 돌아갑니다.

이 실험은 우리들이 각각 흩어진 모래와 같은 존재가 아니라, 생명의 근원이 되시는 하나님과 연결되어 있고, 온 우주와도 서로 통한다는 뜻이며, 작은 잉크 한 방울도 전체를 변화시킬 수 있다는 뜻입니다.

히브리서 기자가 말합니다. "거룩하게 하시는 이와 거룩하게 함을 입은 자들이 다 한 근원에서 난지라. 그러므로 형제라 부르시기를 부끄러워하지 아니하시고"(히 2:11).

하나님이 거룩하게 하시는 분이며, 거룩함을 입은 자들은 우리들입니다. 너무나 중요한 말입니다. 거룩함을 입은 우리들이 생명과 능력과 거룩의 원천이신 하나님과 연결되어 있고, 내가 참 생명의 일, 사람을 살리고 세상을 변화시키는 일을 행할 때 하나님은 수많은 하나님의 자녀들을 보내셔서 그 일을 도우십니다. 그리고 마침내 이루십니다. 세상의 변화는 잉크 한 방울과 같은 한 사람에게서 비롯된 것이고, 앞으로도 그럴 것입니다. 그런 사람을 성경은 작은 그리스도라 부르고, 예수님은 그런 사람을 형제요 친구라 부르기를 주저하지 않으십니다.

예수님이 이 땅에 오신 이유가 바로 그것을 깨닫게 하시기 위함이요,

그래서 예수님의 첫 수업 산상수훈의 첫 말씀은 심령이 가난한 자는 복이 있다, 애통하는 자는 복이 있다, 온유한 자는 복이 있다, 의에 주리고 목마른 자는 복이 있다, 긍휼히 여기는 자는 복이 있다, 마음이 청결한 자는 복이 있다, 화평하게 하는 자는 복이 있다, 의를 위하여 박해를 받은 자는 복이 있다는 것입니다.

사랑의 대상이신 예수님

스스로 율법을 통하여 영웅이 되고자 했던 사도 바울이 말합니다. "내가 확신하노니 사망이나 생명이나 천사들이나 권세자들이나 현재 일이나 장래 일이나 능력이나 높음이나 깊음이나 다른 어떤 피조물이라도 우리를 우리 주 그리스도 예수 안에 있는 하나님의 사랑에서 끊을 수 없으리라"(롬 8:38-39).

예수님은 '섬김의 대상'이 아니라 '사랑의 대상'이십니다. 가난하고 슬퍼하고 의에 주린 먼지만도 못한 우리들에게 그 엄청난 하나님을 사랑의 대상으로 내어주신 것 자체가 은혜 중의 은혜입니다. 그 하나님을 누구보다 사랑하고 예수님을 따르고 닮아갈 때 세상 그 어떤 피조물도 우리를 흔들 수 없고, 그 어떤 일에도 흔들리지 않습니다.

나는 무슨 일에 열광하고 있는가, 또 무슨 일에 낙담하고 있는가. 무슨 일에 흥분하며, 또 무슨 일에 분노하고 있는가 조용히 숙고해야 합니다.

세상일은 아무리 생생해도 일시적인 것입니다. 겉만 요란한 가짜들입니다. 진짜 일은 하나님께서 진행하시는 일입니다. 그 일들을 예수님께서 알려주셨습니다.

20세기 예언자로 칭송받는 마르틴 부버가 말합니다. "사물과 본능의 지배를 받는 자유롭지 못한 빈약한 의지를 버리고 위대한 의지를 따라야 한다. 그때 위대한 의지는 이상이 아닌 현실이 된다."

　예수님은 연약한 우리도 평범한 삶에서 가장 위대한 의지를 실행할 길을 보이시고 활짝 열어주셨습니다.

　예수님을 태우고 묵묵히 갈 길을 가는 어린 나귀처럼, 하나님께서 맡기신 나만이 할 수 있는 생명의 일을 하노라면 수많은 사람들이 내게로 와 돕는 것을 체험할 것입니다. 그리고 하나님 아버지께서 이루시는 것을 볼 것입니다. 그런 우리를 사람들은 하나님의 증인이요, 예수님의 친구라 부를 것입니다.

32

한 알의 밀이
죽을 때

요 12:20-26

본문의 이야기는 33절까지 연결되어 있는데, 예수님께서 무슨 의도로 하신 말씀인지 주의 깊게 듣고 깊이 생각해야 하는 내용입니다.

현재는 유월절 기간입니다. 예수님이 나귀를 타시고 입성한 지 몇 시간이나 흘렀을까, 헬라인 몇몇이 예수님을 만나러 왔습니다. 그 헬라인들은 '명절에 예배하러 올라온'(요 12:20) 사람들입니다. 이는 그냥 넘길 사안이 아닙니다. 헬라인들은 제우스를 필두로 여러 잡신을 섬겼습니다. 그런데 이들은 잡신들을 버리고 유대교로 개종한 아주 특이한 사람들입니다. 이들은 당시 지배자이고 주류들입니다. 그런데 식민지 이스라엘의 종교로 개종한 것입니다.

그런데 유대인들은 모든 이방인을 개로 여겼습니다. 식민지 예루살렘에 세워진 하나님의 성전에는 이방인, 유대인 여자, 유대인 남자, 제사장과 대제사장 간의 구분이 있었고 각각 출입할 수 있는 공간도 엄격히 구별되어 만약 이를 어기면 죽임을 당할 수도 있었습니다. 그럼에도 이 헬라인들은 차별을 감수하며 유대교로 개종하였고, 유월절에 하나님의 성전 맨 끝에서라도 하나님께 예배하기 위해 먼 길을 온 것입니다. 그러다가 예루살렘에서 예수님에 대한 소문을 듣고 그분을 꼭 만나고 싶어 했습니다.

이때 예수님과 제자들은 하나님의 성전에 머물고 계셨습니다. 그래서 헬라인들은 직접 예수님을 만나지 못하고 이방인의 뜰과 유대인의 뜰을 오가는 빌립에게 청을 하였습니다. 빌립은 유대인의 뜰로 가서 안드레와 상의하였고, 둘은 예수님께 가서 그 사실을 고했습니다. 그러자 예수님은 가타부타 말씀 없이 "인자의 영광을 얻을 때가 왔도다"(요 12:23)라는 뜬금없는 말씀을 하셨습니다. 그리고 이어서 "내가 진실로 진실로 너희에게 이르노니 한 알의 밀이 땅에 떨어져 죽지 아니하면 한 알 그대로 있고 죽으면 많은 열매를 맺느니라"(요 12:24)라고 하셨습니다.

그러고는 자기 생명을 사랑하는 자는 잃을 것이며 자기 생명을 미워하는 자는 영생토록 보존하리라고 하시면서 "사람이 나를 섬기려면 나를 따르라"(요 12:26)고 하셨습니다.

그러시고는 갑자기 전혀 다른 말씀을 하십니다. "지금 내 마음이 괴로우니 무슨 말을 하리요"(요 12:27)라고 하시면서 하나님 아버지께 기도를 올리십니다. "아버지여 나를 구원하여 이때를 면하게 하여주옵소서. 그러나 내가 이를 위하여 이때에 왔나이다. 아버지여, 아버지의 이름을 영광스럽게 하옵소서"(요 12:27-28). 이 기도는 겟세마네 동산에서 하셨던 것과 동일합니다.

그런데 놀라운 일이 일어났습니다. 하늘에서 하나님의 음성이 들려왔습니다. "내가 이미 영광스럽게 하였고 또다시 영광스럽게 하리라"(요 12:28). 이를 주변에 있던 사람들은 천둥소리였다고도 하고 천사의 음성이라고도 하였습니다. 그러자 예수님께서 말씀하셨습니다. "이 소리가

난 것은 나를 위한 것이 아니요 너희를 위한 것이니라. 이제 이 세상에 대한 심판이 이르렀으니 이 세상의 임금이 쫓겨나리라. 내가 땅에서 들리면 모든 사람을 내게로 이끌겠노라"(요 12:30-32) 하고 결론을 내려주셨습니다.

생각지도 못한 큰 이야기

예수님의 말씀들이 연결점이 없는 듯 들리는 것은 사람들이 생각지도 들어보지 못한 너무나 큰 이야기를 몇 마디 말씀으로 요약하셨기 때문입니다.

헬라인들이 십자가 처형을 앞둔 예수님을 찾아왔다는 것은 단순히 넘길 사안이 아닙니다. 성경의 모든 기록들은 대충 쓴 것이 아닙니다. 요한복음은 아흔 살 전후의 사도 요한이 가장 나중에 쓴 복음서입니다. 나이가 들수록 가장 중요한 에센스만이 기억에 남는 법입니다.

예수님께서 부활·승천하신 후 제자들의 전도에 의해 예수님을 믿은 헬라인들은 많지만, 예수님의 공생애 기간 중에는 이들이 처음입니다.

이방인들에 대한 이스라엘인들의 차별과 금기는 상상을 초월합니다. 갈라디아서에 이런 기록이 있습니다. "게바가 이방인과 함께 먹다가 그들이 오매 그가 할례자들을 두려워하여 떠나 물러가매 남은 유대인들도 그와 같이 외식하므로 바나바도 그들의 외식에 유혹되었느니라"(갈 2:12-13). 이를 두고 사도 바울이 베드로와 바나바와 그 자리에 있던 제자들을 엄히 꾸짖습니다. 오순절에 성령을 받고 목숨을 걸고 전도하던 제자들도 이방인들에 대한 편견에서 벗어나지 못했습니다. 당시 이방인에 대한 차별과 편견의 벽은 철옹성처럼 견고하고 높았습니다.

예수님께서 이들이 자신을 뵙기를 원한다는 말을 들으신 후에 "인자의 영광을 얻을 때가 왔도다"(요 12:23) 하고 말씀하신 것은, 단지 유대인의 구원이 아니라 전 인류의 구원을 위해 십자가에서 죽으심을 천명하신 것입니다. 이는 우리와 모든 기독교인들에게 자신을 가두고 있는 모든 고정관념과 편견을 깨뜨리라는 것입니다. 벽을 넘어서라는 뜻입니다. 그때 하나님의 영광이 나타나 내 삶이 풍요로워지기 시작합니다.

열네 번의 방문

복잡한 퍼즐과 같은 예수님의 말씀을 통전적으로 이해하기 위한 이야기 하나를 들려드리겠습니다.

이유석 씨는 요리사입니다. 프랑스 요리를 배우기 위해 프랑스로 갔지만 어려운 집안의 도움을 받을 처지도 못돼 얼마 버티지 못하고 당장 일자리를 구해야 했습니다. 요리를 공부한 적도 없고 프랑스어도 못하는 동양인에게 어떤 레스토랑도 인턴 자리를 내줄 리 없습니다. 하지만 수많은 문전박대를 당하면서도 그는 포기하지 않았습니다. 그가 가장 가고 싶어 한 레스토랑은 최고의 명성을 자랑하는 '랑브루아지'로서, 이곳은 요리법을 공개하지 않는 것은 물론 인턴을 뽑지 않는 것으로도 유명했습니다.

그는 무작정 이력서와 자기소개서를 들고 랑브루아지로 갔습니다. 30분간 서성거리는데 마침 유명한 주방장 베르나르 파코 씨가 문밖으로 나왔습니다. 인사를 하고는 준비한 서류를 건넸습니다. 잠시 이력서를 훑어본 그는 "돌아가"라고 말했습니다. 며칠 후 다시 찾아갔지만 대답은 똑같았습니다. 먹고살기 위해 닥치는 대로 일하며 한 달에 두 번씩 찾아갔지만 대답은 언제나 똑같았습니다. 열세 번째 갔을 때 영업 방해라며 경찰을 불렀습니다. 혼비백산 도망치며 그동안 쌓였던 서러움에 하염없이 울었습니다. 그러나 그는 포기하지 않았습니다.

열네 번째 찾아간 그는 파코 씨에게 이번이 마지막이라며 5분간만 말할 기회를 달라고 애원했습니다. 이에 불쾌한 표정을 짓고 있는 파코 씨에게 그는 떨리는 목소리로 이렇게 말했습니다. "오늘도 당신이 거절한다면 저는 한국으로 돌아갈 것입니다. 그렇다면 한국 사람들은 최고의 프랑스 요리를 맛볼 기회가 없을 것이며, 한국에는 엉터리 프랑스 요리가 판을 칠 것입니다. 당신은 한 개인에게 기회를 주지 않는 게 아니라, 한 나라에 진짜 프랑스 요리를 전파할 기회를 주지 않는 것입니다."

그 말에 파코 씨는 이력서와 자기소개서를 다시 훑어보고는 이렇게 말했습니다. "다음 주 화요일 여덟시까지 출근하게." 그렇게 해서 이유석 씨는 한국에서 프랑스 요리를 가장 잘하는 요리사가 되었습니다.

"한 알의 밀이 땅에 떨어져 죽지 아니하면 한 알 그대로 있고 죽으면 많은 열매를 맺느니라"(요 12:24)라는 예수님의 말씀을 이유석 씨가 행한 것입니다. 그는 자신의 자존심과 수치감을 죽이고 마침내 자신의 꿈을 이뤘고, 꿈을 이루는 과정에서 그는 또 수많은 것을 죽였을 것입니다.

한 알 한 알 고유한 밀알

흔히 예수님의 말씀을 종교적, 교리적으로만 해석하려 하고, 한 알의 밀알로 죽으라는 말씀을 안중근 의사나 유관순 열사처럼 살라는 거창한 것으로 생각합니다. 모두 잘못된 나쁜 버릇입니다.

예수님께서 이 땅에 오신 이유는, 하나님의 말씀을 종교와 율법으로 바꿔놓고 사람들을 가둬놓은 것을 바로잡기 위해서입니다.

예수님의 오시는 길을 예비한 세례 요한은 회개에 합당한 열매를 맺으라면서, 회개란 무엇이냐는 사람들의 질문에 명쾌하게 답합니다. "옷 두 벌 있는 자는 옷 없는 자에게 나눠줄 것이요 먹을 것이 있는 자도 그렇게 할 것이니라"(눅 3:11). "부과된 것[세금] 외에는 거두지 말라"(눅 3:13). "사람에게서 강탈하지 말며 거짓으로 고발하지 말고 받는 급료를 족한 줄로 알라"(눅 3:14).

기도하라, 예배에 목숨을 걸라, 십일조 떼어먹지 말라 하지 않았습니다. 정직과 성실과 구제에 대해서 말했습니다. 후에 오신 예수님께서 그 세례 요한을 세상에서 가장 큰 자라고 칭찬하셨습니다.

예수님께서 바리새인들을 '독사의 자식'이라 질책하시며 "맹인들이여 어느 것이 크냐 그 예물이냐 그 예물을 거룩하게 하는 제단이냐. 그러므로 제단으로 맹세하는 자는 제단과 그 위에 있는 모든 것으로 맹세함이요 또 성전으로 맹세하는 자는 성전과 그 안에 계신 이로 맹세함이요 또 하늘로 맹세하는 자는 하나님의 보좌와 그 위에 앉으신 이로 맹세함이니라"(마 23:19-22) 하셨고 이어서 "너희가 박하와 회향과 근채의 십일조는 드리되 율법의 더 중한 바 정의와 긍휼과 믿음은 버렸도다"(마 23:23) 하고 크게 책망하셨습니다.

예수님께서 천명하셨습니다. "내가 온 것은 양으로 생명을 얻게 하고 더 풍성히 얻게 하려는 것이라"(요 10:10). 막연히 그렇게 하시는 것이 아닙니다. "그가 자기 양의 이름을 각각 불러 인도하여내느니라"(요 10:3).

우리 한 사람 한 사람의 개성과 고유성과 가치를 소중히 여기시며 친히 내 이름을 부르시며 그 일을 행하십니다.

한 됫박의 밀이 있습니다. 구별이 안 됩니다. 그렇게 우리들은 한 알의 밀알과 같은 별 볼일 없는 존재들입니다. 그러나 예수님께서 보시기에는 한 알 한 알 고유한 이름을 가진 무한한 가능성과 독특한 개성의 씨앗들입니다. 그런데 그 씨앗이 열매를 맺기 위해서는 반드시 죽어야 한다고 말씀하십니다.

내게서 죽여야 할 것이 무엇입니까? 너무나 많습니다. 욱하는 성질머리, 게으름, 대충대충 넘어가는 아마추어 기질, 책임 전가하는 나쁜 버릇, 빡빡 우기는 황소고집, 우쭐거림, 터무니없는 교만과 편견, 차별의식, 걱정과 근심, 잔머리 굴리기와 의심, 탐욕과 이기심 등등.

나를 존귀하게 여기시며 내가 살고 내 생명이 더욱 풍성해지기를 원하시는 예수님께서 말씀하십니다. "자기의 생명을 사랑하는 자는 잃어버릴 것이요 이 세상에서 자기의 생명을 미워하는 자는 영생하도록 보전하리라"(요 12:25).

다른 사람들과 충돌과 갈등이 일어날 때, 나를 내세우는 것이 아니라, 얼른 멈추고 내 안에서 죽여야 할 것이 무엇인지 생각해보아야 합니다. 그런 사람이 곧 한 알의 밀알로서 자신을 죽이는 사람이며, 그렇게 해야 비로소 열매를 맺기 시작합니다. 그런데 그 열매가 더욱 풍성해지기 위해서는 한걸음 더 나아가야 합니다.

만약 이유석 씨가 요리사로서 성공하여 자신의 안위만 생각한다면 크게 잘못된 것입니다. 아직 죽지 않은 것이며 열매를 맺지 못하고 있는 것입니다.

예수님께서 한 알의 밀알로서 십자가 고난과 죽음을 당하신 것은 우리 모두, 나와 다른 사람들의 아름답고 풍성한 삶을 위해서입니다.

누군가를 돕는 건 거창한 일이 아닙니다

유엔이 선정한 올해의 교육기관에 '약속의 연필'이라는 재단이 있습니다. 설립자 애덤 브라운은 대학 시절 인도로 배낭여행을 갔다가 한 거지 소년을 만났습니다. 그 소년에게 물었습니다. "가장 갖고 싶은 게 뭐니?" "연필이요." "정말?" 그렇게 소박한 걸 갖고 싶다는 것이 충격적이었습니다. 그는 얼른 볼펜을 꺼내 아이에게 건넸고, 순간 아이의 얼굴은 보석이라도 보는 듯 환하게 빛났습니다.

애덤 브라운은 계획을 세우고 실행에 옮겼습니다. 그때 그가 가진 돈은 25달러가 전부였습니다. SNS를 통한 홍보로 시작해 가면무도회 등을 열고 후원금을 모았습니다. 사업을 시작한 지 5년, 전 세계에 221개의 학교를 세워 3만 명의 어린이들에게 기회를 열어주었습니다.

애덤 브라운이 말합니다. "누군가를 돕는 일은 거창한 게 아닙니다. 1년에 25달러면 아이 한 명을 가르칠 수 있고, 500달러면 교사 한 명을 양성할 수 있고 1만 달러면 교실 하나를 지을 수 있습니다. 이 일을 시작했을 때 저는 스물네 살이었습니다. 어린 나이가 약점이 아니라 사실은 엄청난 장점입니다. 사소한 결정은 머리로, 큰 결정은 가슴으로 내리면 됩니다."

변화를 이루기 위해선 노력도 중요하지만 상상력이 필요합니다.

이유석 씨나 애덤 브라운은 그리스도인일까요? 모릅니다. 그러나 그들이 갔던 방향은 예수님의 방향과 같습니다. 다만 세상 사람들은 자신의 의지와 노력으로 행하지만, 하나님의 자녀들은 예수님의 이름으로 하나님의 격려와 공급으로 행한다는 특징이 있습니다. 그래서 더 크고 신나는 일을 더 쉽고 즐겁게 행할 수 있습니다. 그러고는 모든 영광을 하나님께 올립니다.

먼저 자신만의 꿈을 위해 자신을 끝없이 죽이며 준비하고 도전하십시오. 나아가서 이웃에게 덕을 끼치기 위해 사십시오. 이것이 내가 살고 내 삶이 풍성해지는 유일한 비결입니다.

나와 내 이웃 모두를 위해 기꺼이 한 알의 밀알로 죽으셨던 예수님께서 말씀하십니다. "나를 섬기려면 나를 따르라. 나 있는 곳에 나를 섬기는 자도 거기 있으리니 사람이 나를 섬기면 내 아버지께서 그를 귀히 여기시리라"(요 12:26).

모든 일을 나를 위하여 하신 예수님께서 말씀하십니다. "주라. 그리하면 너희에게 줄 것이니 곧 후히 되어 누르고 흔들어 넘치도록 하여 너희에게 안겨주리라"(눅 6:38).

33
빛 가운데로 걸어가면

요 12:36-43

예수님께서 말씀하십니다. "이제 이 세상에 대한 심판이 이르렀으니 이 세상의 임금이 쫓겨나리라"(요 12:31).

이 말씀을 하신 지 2천 년이 지났지만 여전히 나쁜 통치자들이 끊임없이 등장했고, 그중에는 상상을 초월하는 독재자들과 국민의 안녕보다는 자신과 패거리들을 위하는 지도자들도 굉장히 많았습니다. 지금도 별로 달라진 것이 없는 것처럼 보입니다. 그래서 억울한 일들과 입이 다물어지지 않는 사건들이 꼬리에 꼬리를 물어, 사는 게 점점 더 힘겨워집니다.

"예수님, 이 어찌된 일입니까? 예수님도 거짓말을 하십니까?" 예수님께 항변하고 싶습니다. 그런데 격한 마음을 누르고 차분히 생각해봅시다.

1960년대 어느 날 솔제니친이라는 구소련의 작가가 "공산주의는 사기다!"라고 선언했습니다. 이 일로 인해 그는 십수 년을 동토 시베리아 강제수용소에서 노역을 해야 했습니다. 그러나 연필과 공책도 없는 그곳에서 오직 암기로 많은 작품을 썼고,《수용소군도》,《이반 데니소비치의 하루》등의 작품으로 노벨 문학상을 탑니다. 그의 작품에는 그 어두운 시대를 밝히고 춥고 삭막한 곳을 녹이는 따뜻한 웃음과 소망이 보석처럼 박혀 있습니다. 폭로와 비판으로 일관하지 않았습니다.

1989년 11월 베를린 장벽이 해체되면서, 세계의 절반을 지배했던 공산주의 정권들이 전쟁 없이 무너지고 6억 명의 인민이 자유를 얻습니다. 솔제니친은 30년 동안 탄압을 받았지만 30년 전 이미 공산주의는 그의 심판을 받은 것입니다.

빛의 자녀

오늘 본문 말씀은 예수님의 공생애 기간의 가르침을 요약하시고 마지막 결론을 내리신 소중한 말씀입니다.

그 결론의 말씀은 다음과 같습니다. "아직 잠시 동안 빛이 너희 중에 있으니 빛이 있을 동안에 다녀 어둠에 붙잡히지 않게 하라. 어둠에 다니는 자는 그 가는 곳을 알지 못하느니라. 너희에게 아직 빛이 있을 동안에 빛을 믿으라. 그리하면 빛의 아들이 되리라"(요 12:35-36).

2천 년 전 예수님께서 빛으로 오셨습니다. 그 빛은 세상이나 사람들의 빛과는 차원이 달랐습니다. 태양이 뜨면 모든 빛이 그 광채를 잃듯이 그동안 세상을 부분적으로 밝혔던 성현들의 빛이 예수님에게 흡수되었습니다. 작은 촛불 하나만 켜도 무지막지한 어두움이 뒷걸음질 칩니다. 인류를 비추던 여러 빛들이 그러했습니다. 하물며 작은 촛불 하나에도 물러가는 어두움은 예수님의 빛 앞에선 맥을 못 출 수밖에 없습니다.

종교, 정치, 경제, 사회, 모든 분야에서 나쁜 지도자들은 계속 나올 것입니다. 그러나 그들은 어두움입니다. 아무리 어두워도 영원한 빛에 비하면 찰나도 아닙니다. 예수님께서 이미 말씀하셨습니다. "벌써 심판을 받은 것이니라. 그 정죄는 이것이니 곧 빛이 세상에 왔으되 사람들이 자기 행위가 악하므로 빛보다 어둠을 더 사랑한 것이니라"(요 3:18-18).

아무리 잘나가는 것 같아도 어두움의 세력들은 이미 심판을 받고 정죄를 받고 있는 중입니다.

우리 모두에게 하신 마지막 당부의 말씀을 마음에 새기셔야 합니다. "너희에게 아직 빛이 있을 동안에 빛을 믿으라. 그리하면 빛의 아들이 되리라"(요 12:36).

빛을 비춰주신 것만으로도 은혜 중의 은혜이고, 그 빛을 보고 어디로 가야 할지 알게 된 것만으로도 족하고 족합니다.

필립 얀시의 책 《단단한 진리》(포이에마, 2012)를 읽다가 깊은 감동을 받고 생각을 멈추었습니다. 설교 쓰기에 골몰하던 중이었습니다.

예수님께서는 그 어떤 기록도 남기지 않으셨으나 단 한 번, 바리새인들이 간음한 여인을 끌고 와 이 여인을 어떻게 해야 하느냐며 예수님을 시험할 때, 예수님은 아무 말씀도 없이 몸을 수그리시고 땅에다 무엇인가를 쓰셨습니다. 그 살기와 분노와 공포와 절망과 수치가 얽히고설킨 긴박한 시간에 그렇게 하신 것입니다.

이에 대해 아일랜드 시인 셰이머스 히니는 이렇게 논평했습니다. "예수님은 일종의 시를 쓰신 것이다. 시는 일정한 틀이 없다. 무엇인가를 쓰시면서 여백으로 시선을 유도하셨다. 관심을 분산시키는 것이 아니라, 온전히 예수님께 집중하게 하셨다."

너도나도 뭔가를 써서 남기려 하는데, 매주 설교를 쓰며 감동과 변화를 기대하는데, 예수님께서는 자신에게 집중시키시며 동시에 아무것도 하지 않게 하셨던 것입니다. 왜 그러셨을까요? 빛이시며 동시에 영원한 공간과 시간이신 예수님께 집중할 때 분노도 살기도 적대감도 공포도 절망도 수치도 조용히 고개를 떨구기 때문입니다.

성공회 신학자인 오스틴 파러가 말합니다. "하나님께서 그대와 나를 지으신 것은 우주의 절반을 지으신 것과 같다." 내가 밝으냐 어둡냐에 따라 온 우주의 명암이 갈린다는 엄청난 뜻입니다.

빛의 자녀들은 어두움에 분노하고 절망하느라 귀한 생명을 낭비하지 않습니다. 그 대신 빛이신 예수님께 집중하며 그 빛을 받아 세상을 밝히고 사람들을 살리는 일에 집중합니다. 그리하여 내가 살아나고 더 풍성한 삶을 누리고 베풀게 됩니다.

하나님의 유기

사도 요한은 예언자 이사야의 글을 인용하며 예수님의 가르침에 대한 사람들의 반응을 다음과 같이 말합니다. "이렇게 많은 표적을 그들 앞에서 행하셨으나 그를 믿지 아니하니"(요 12:37).

하나님의 아들 예수님께서 이 땅에 오셔서 무진 애를 쓰셨는데, 결과는 제로라는 것입니다. 하지만 이 무섭고도 허무한 결론은 사실입니다.

여기서 '그들'이란 제자들을 포함한 모든 사람들을 의미합니다. 예수님의 공생애 기간 중에는 제자들도 예수님의 가르침을 올바로 받아들이지 못하고 엉뚱한 소리만 해댔습니다. 바리새인들과 종교 지도자들은 노골적으로 반대했고, 백성들은 생각 없이 이리저리 몰려다녔고, 호산나 외치다가 며칠 못 가 십자가에 못 박으라고 아우성쳤습니다. 예외가 있다면 그저 옥합을 깨뜨린 마리아 정도입니다.

우리들은 어떻습니까?

이 허무한 결과의 원인을 사도 요한은 이렇게 밝히고 있습니다. "그들이 능히 믿지 못한 것은 이 때문이니 곧 이사야가 다시 일렀으되 그들의 눈을 멀게 하시고 그들의 마음을 완고하게 하셨으니 이는 그들로 하여금 눈으로 보고 마음으로 깨닫고 돌이켜 내게 고침을 받지 못하게 하려 함이라 하였음이더라"(요 12:39-40).

하나님께서 사람들의 눈과 귀를 막고 고침을 받지 못하게 하셨다는 것입니다. 이 황당하기 짝이 없는 말씀을 어떻게 받아들여야 할까요?

이를 두고 '하나님의 유기(遺棄)'라고 합니다. 유기란 내버려둔다는 뜻입니다. 내 자신을 잘 들여다보십시오. 완악해진 마음처럼 되돌리기 어려운 것도 없습니다. 마음이 뒤틀리면 사람들은 더욱 반대 방향으로 치닫습니다. 그 완악해진 마음을 하나님께서 그냥 내버려두셨다는 것입니다.

이 하나님의 유기에 대하여 사도 바울이 로마서에서 가장 명확하게 설명하였습니다.

"하나님께서 그들을 마음의 정욕대로 더러움에 내버려두사 그들의 몸을 서로 욕되게 하게 하셨으니"(롬 1:24).

"하나님께서 그들을 부끄러운 욕심에 내버려두셨으니"(롬 1:26).

"또한 그들이 마음에 하나님 두기를 싫어하매 하나님께서 그들을 그 상실한 마음대로 내버려두사"(롬 1:28).

'내버려두다'라는 말을 반복하고 있습니다. 사람들이 그 일을 그냥 그렇게 하도록 방치하셨다는 것입니다. 그런데 이 하나님의 유기야말로 가장 무서운 벌입니다.

"사랑의 하나님이라며 어떻게 이 모든 악인들과 범죄를 내버려두실 수가 있어!" 하고 항변할 수 있습니다. 그러나 우리는 우리 자신을 보며 잘 생각해보아야 합니다.

윌리엄 톰슨은 그의 책 《타락한 몸에 빛이 내리는 순간》에서, 하나님 입장이 되어 우리들에게 질문 하나를 던집니다. "내가 나의 형상을 가진, 자유로운 존재를 만들면 어떨까? 그렇게 하면 악이 이 세상을 찾아오는 모험을 감수해야 하는데, 그들이 그 자유를 갖고 나를 사랑할까? 자발적으로 선한 일에 동참할까?"

하나님께서 주신 자유의지로 나는 무엇을 하고 있나 냉정히 생각해봐야 합니다.

최고의 선물 자유의지를 오용하고 남용하였다면 하나님께 남은 선택은 두 가지입니다.

첫째는 자유의지를 회수하는 것입니다. 그런데 자유의지를 박탈하면 인간들은 로봇이 되어버립니다. 자존하시는 하나님에게는 로봇이 필요 없습니다. 그럴 바에는 세상 문을 닫아버리는 것이 낫습니다.

둘째는 인간이 원하는 바를 다 들어주시는 것입니다. 이것이 우리들이 원하는 바이지만, 그렇게 해주신다면 세상이 어떻게 될까요? 예컨대 남북한은 서로 없어지기를 원합니다. 원수가 되어 사라져주기를 바라는 사람들이 많이 있습니다. 그들의 바람을 하나님이 모두 이뤄주신다면 세상에는 아무도 남아 있질 않게 될 것입니다.

'하나님의 침묵'은 '하나님의 부재'를 의미하는 것이 아닙니다. 그분의 '오래 참으심'이며 그분의 가슴 아픈 유기입니다.

하나님께서 내버려두시는 여러 종류의 삶을 사도 바울이 열거합니다.

첫째, "불의로 진리를 막는 사람들"(롬 1:18)을 내버려두십니다.

두 번째로, 하나님을 알지만 하나님께 감사하지도 영광을 돌리지도 않는 사람들을 내버려두십니다. "하나님을 알되 하나님을 영화롭게도 아니하며 감사하지도 아니하고 오히려 그 생각이 허망하여지며 미련한 마음이 어두워졌나니"(롬 1:21).

세 번째, 우상숭배로 전락한 삶을 하나님께서는 내버려두십니다. "썩어지지 아니하는 하나님의 영광을 썩어질 사람과 새와 짐승과 기어다니는 동물 모양의 우상으로 바꾸었느니라"(롬 1:23).

네 번째, 정욕의 노예로 사는 사람들을 내버려두십니다. "하나님께서 그들을 마음의 정욕대로 더러움에 내버려두사 그들의 몸을 서로 욕되게 하게 하셨으니"(롬 1:24).

다섯 번째로 '마음에 하나님 두기를 싫어하는 사람'들을 내버려두십니다. "또한 그들이 마음에 하나님 두기를 싫어하매 하나님께서 그들을 그 상실한 마음대로 내버려두사 합당하지 못한 일을 하게 하셨으니"(롬 1:28).

자, 어떻습니까? 그 어디에도 해당되지 않는다고 자신할 사람은 아무도 없을 것입니다. 만약 내가 어느 하나라도 해당된다면 하나님의 오래 참으심의 마음을 헤아리고 내 마음을 하나님께로 돌려야 합니다.

빛 가운데로

아브라함 헤셸의 말입니다. "어째서 정의롭고 사랑이 많으신 하나님께서 악이 존속하도록 허용하시는가 하는 문제는, 어떻게 인간이 하나님과 함께 그분의 공의와 사랑이 드러나게 할 것인가의 문제입니다."

그렇다면 남은 일은 무엇입니까? 하나님과 함께 그분의 공의와 사랑을 드러내는 일이 우리들이 해야 할 일입니다. 바로 빛의 자녀들이 해야 할 일입니다. 그래야 빛 가운데로 걸어갈 수 있습니다.

그런데 사도 요한은 우리 모두를 침묵시키는 지적을 합니다. "그들은 사람의 영광을 하나님의 영광보다 더 사랑하였더라"(요 12:43). 정말 통렬하기 짝이 없는 지적입니다.

그러나 여기서 끝내시는 예수님이 아니십니다.

우리를 내 자신보다 더 사랑하시는 예수님께서 말씀하십니다. "사람이 내 말을 듣고 지키지 아니할지라도 내가 그를 심판하지 아니하노라. 내가 온 것은 세상을 심판하려 함이 아니요 세상을 구원하려 함이로라. 나를 저버리고 내 말을 받지 아니하는 자를 심판할 이가 있으니 곧 내가 한 그 말이 마지막 날에 그를 심판하리라"(요 12:47-48).

예수님을 저버리고 예수님의 말씀을 받지 아니하는 자가 되지 말기를 간절히 바랍니다.

예수님의 가르침을 모두 지키는 사람은 단 한 명도 없습니다. 예수님도 잘 아십니다. 예수님의 가르침을 감사함으로 온전히 받고 아멘으로 화답하고서 그 말씀 따라 살려고 애를 쓰는 것만으로도 예수님께서는 대견해하시고 도와주십니다. 바로 그 마음이 가장 소중한 것입니다. 그 마음 위에 하나님의 능력과 영광을 부어주십니다. 그리고 마침내 하나님께서 완성시키십니다. 우리가 서로 격려하며 그 마음을 지키고 확대 심화시켜 하나님의 영광을 드러내는 빛의 자녀들이 되기를 바랍니다.

34
너희도 행하게 하려

요 13:12-20

누가복음은 예수님의 탄생의 때를 이렇게 전하고 있습니다. "그때에 가이사 아구스도가 영을 내려 천하로 다 호적하라 하였으니"(눅 2:1).

'가이사'는 로마 황제 카이사르를 뜻하고, '아구스도'는 초대 황제 아우구스투스(주전 63-주후 14)를 지칭합니다. 그는 당시 온 천하의 법 자체였습니다. 하나님의 독생자 예수님께서 베들레헴에서 태어나시게 된 것도 그의 명령에 따라 예수님의 육신의 부모 요셉과 마리아도 그들의 본적지인 베들레헴에 가야 했기 때문입니다.

아우구스투스 황제의 묘 앞에는 생전에 직접 쓴 '아우구스투스의 업적'이라는 제목의 청동 명판이 세워져 있는데, 자신의 업적을 열거하면서 몇 가지 항목은 "이는 현재까지 나 외에는 그 누구에게도 있지 않았던 명예다", "이후로 나의 영향력은 타의 추종을 불허한다"는 등의 더할 수 없는 자화자찬으로 끝맺고 있습니다. 아무리 황제라도 자화자찬은 지나치다는 생각이 듭니다. 그러나 당시는 별 볼일이 없는 평민들도 조상의 업적을 들춰내서라도 그렇게 했습니다. 명예를 최고의 덕목으로 생각했기 때문입니다. 그래서 당시 사람들에게 '겸손'은 굴욕과 비굴이나 초라함을 뜻했고, 아주 드물게 보는 겸손 비슷한 경우도 강자의 관용에 지나지 않았습니다.

바리새인들이 눈에 띄는 특정 복장을 하고 길거리에서 하늘을 우러러 큰소리로 기도하는 모습은 너무나 자연스러운 것이었습니다. 당시 사람들은 "저 사람 왜 저래?"라는 생각은 눈곱만큼도 없이 존경의 눈길로 바라보았습니다. 예수님은 그들을 '위선이 가득한 자', '외식하는 자'라고 비판하셨고, 이에 바리새인들은 반발하였고 일반 백성들은 의아해했습니다. 겸손의 개념조차 없던 당시의 너무나도 당연한 반응입니다.

제자들, 놀라다

본문 말씀은 이렇게 시작합니다. "유월절 전에 예수께서 자기가 세상을 떠나 아버지께로 돌아가실 때가 이른 줄 아시고 세상에 있는 자기 사람들을 사랑하시되 끝까지 사랑하시니라"(요 13:1).

유월절은 잘 아시다시피, 하나님께서 이집트의 노예로 살던 이스라엘 백성들을 모세를 통해 구원하신 일을 기념하는 이스라엘 최고의 명절입니다. 일주일간 진행되는 유월절은 저녁식사부터 시작하는데, 양고기를 구워서 '마짜'라는 무교병과 쓴나물을 먹으며 성경에 기록된 의식을 행합니다.

예수님께서도 십자가 죽음을 앞두고 제자들과 함께 마지막 유월절 식사를 하셨습니다. 마태, 마가, 누가의 세 복음서에는 오늘날 성만찬의 유래가 된 최후의 만찬에 대해서 상세히 기록해놓았는데, 요한복음에서

만은 그 내용을 생략하고 제자들의 발을 씻긴 내용만 자세히 다루고 있습니다. 사도 요한의 의도는 과연 무엇일까요?

본문 중 사도 요한이 방점을 찍은 구절이 있습니다. "자기 사람들을 사랑하시되 끝까지 사랑하시니라"(요 13:1)라는 구절입니다. 이어지는 구절들은 예수님께서 어떻게 '끝까지 사랑하셨는지' 보여주는 것입니다.

제자들과 함께 유월절 식사를 하시던 중 예수님은 갑자기 자리에서 일어나 겉옷을 벗으시고 수건을 허리에 두르시고는 대야에 담긴 물로 제자들의 발을 씻어주기 시작하셨습니다. 이에 제자들은 기절할 듯이 놀랐을 것입니다. 왜냐하면 발을 씻어주는 것은 가장 천한 노예들의 일이었기 때문입니다. 노예 외에는 그 누구도 남의 발을 씻지 않았고, 노예가 없으면 스스로 씻었습니다.

특히 자신들의 구원자로 따르던 예수님이 자신의 발을 씻긴다는 것은 상상조차 할 수 없는 일, 그야말로 경천동지(驚天動地)할 일입니다. 제자들은 너무나 놀랐기에 정신줄을 놓고 자신의 더러운 발을 예수님께 맡긴 채 그저 바라만 볼 뿐이었습니다.

영문 모를 무거운 침묵이 흐르는 가운데 베드로 차례가 되었습니다. 베드로는 수제자답게 놀란 마음을 가다듬으며 예수님께 조용히 여쭈었습니다. "주여, 주께서 내 발을 씻으시나이까?" 그러자 예수님께서 답하셨습니다. "내가 하는 것을 네가 지금은 알지 못하나 이후에는 알리라"(요 13:7). 그러나 베드로는 그럴 수가 없었습니다. 그래서 말합니다. "내 발을 절대로 씻지 못하시리이다"(요 13:8). 당연한 반응입니다. 그러자 예수님께서 놀라운 말씀을 하십니다. "내가 너를 씻어주지 아니하면 네가 나와 상관이 없느니라"(요 13:8). 그 말씀에 깜짝 놀란 베드로가 말합니다. "주여, 내 발뿐 아니라 손과 머리도 씻어주옵소서"(요 13:9). 이에 예수님께서 말씀하셨습니다. "이미 목욕한 자는 발밖에 씻을 필요가 없 느니라"(요 13:10).

이것이 예수님께서 보여주신 '마지막 사랑'입니다. 마지막 사랑치고는 그리 대단할 것도 없다는 생각이 듭니다. 그러나 여기에는 예수님의 큰 사랑과 함께 깊고 깊은 뜻이 담겨 있습니다.

마지막 선물

모든 일을 마치신 후에 예수님께서 제자들에게 물으셨습니다. "내가 너희에게 행한 것을 너희가 아느냐"(요 13:12). 제자들은 몰랐습니다. 그들 역시 겸손한 섬김에 대한 개념이 없었기 때문입니다. 예수님이 그의 의미를 설명하십니다. "내가 주와 또는 선생이 되어 너희 발을 씻었으니 너희도 서로 발을 씻어 주는 것이 옳으니라"(요 13:14). 누차 말씀 드리지만, 당시로서는 전혀 생각지도 못한 설명입니다.

예수님께서 베드로에게 하셨던 "내가 하는 것을 네가 지금은 알지 못하나 이후에는 알리라"는 말씀을 상기해야 합니다. 무슨 심오한 뜻이 있어서가 아닙니다. 선생이 제자들의 발을 씻어주라는 것은 물구나무서기를 하고서 설교하라는 것과 같이, 당시에는 너무나 생소하고 너무나 어색하고 너무나 뜬금없는 말이기 때문입니다.

예수님은 넋이 나간 표정의 제자들에게 말씀하십니다. "내가 진실로 진실로 너희에게 이르노니 종이 주인보다 크지 못하고 보냄을 받은 자가 보낸 자보다 크지 못하나니 너희가 이것을 알고 행하면 복이 있으리라"(요 13:16-17).

성경에서 '진실로'를 반복하시는 말씀은 정말 중요하다는 뜻입니다. 그러므로 '겸손한 섬김'이야말로 최고의 복 받는 비결이라고 결론을 내리셨습니다. 이 일은 알고 보면 실로 엄청난 일입니다. 예수님에 의해서 인류 역사상 처음으로 '겸손한 섬김'이 '최고의 덕목'이자 '최상의 복 받는 비결'로서, 아비규환의 어두운 인간 세상에 아침 해처럼 그 찬란한 빛을 발하며 높이 솟아 오른 것입니다.

로마의 아우구스투스는 로마 최초의 황제입니다. 최고의 지존이신 하나님의 아들 예수님의 탄생지도 그의 영(令)에 의해 결정되었고, 예수님은 냄새나는 마구간의 여물통에 누우셨습니다. 명예가 최고의 덕목이었던 세상에서 예수님의 탄생은 수치 그 자체입니다. 그런데 우리의 마음 속 깊이 새겨야 할 것이 있습니다. 지고하신 하나님 아버지께서는 바로 그 사실을 하나님의 아들이요, 세상의 구원자의 탄생의 증거로 삼았다는 사실입니다.

"무서워하지 말라. 보라, 내가 온 백성에게 미칠 큰 기쁨의 좋은 소식을 너희에게 전하노라. 오늘 다윗의 동네에 너희를 위하여 구주가 나셨으니 곧 그리스도 주시니라. 너희가 가서 강보에 싸여 구유에 뉘어 있는 아기를 보리니 이것이 너희에게 표적이니라"(눅 2:10-12).

하나님께서는 노예 다음으로 천한 광야의 목동들에게 천사들을 보내어 구세주의 탄생을 알리셨습니다.

명예가 최고의 덕목인 세상, 누구라도 피하려 하는 굴종과 비굴과 초라함을 하나님 아버지께서는 최고의 표적으로 삼으셨습니다.

우리는 무엇을 쫓아가고 있습니까? 아우구스투스입니까, 예수님입니까? 명예입니까, 겸손입니까? 군림입니까, 섬김입니까? 스스로를 점검해보아야 합니다.

하기 싫고 내키지 않고 어렵더라도 그리스도인이므로 겸손해야 하며 남들을 섬겨야 한다는 것이 절대로 아닙니다.

'자기 사람을 사랑하시되 끝까지 사랑하신' 예수님께서 제자들과 인류에게 주신 큰 사랑의 마지막 구체적인 선물이 곧 '겸손한 섬김'입니다. 마지막 선물이 가장 소중하고 크게 마련입니다. '겸손한 섬김'이 바로 그 선물입니다. 선물은 받아서 사용할 때 그 진가를 알 수 있습니다. 곧 예수님은 겸손과 섬김을 '당위'가 아닌 '향유'로 말씀하신 것임을 절대로 잊어서는 안 됩니다.

겸손의 힘

교리적으로 이론적으로 따질 것도 없습니다. 일상의 삶에서 진실로 겸손한 사람과 성실히 섬기는 사람을 누구나 좋아합니다. 그런데도 명예에 눈이 먼 사람들은 그런 사람들을 업신여기고, 대단해 보이는 사람 되기를 꿈꾸며 그런 사람들만을 좇아갑니다. 그래서 겸손을 가르치시는 예수님도 닮으려는 생각은 하지 않고 자꾸만 높입니다. 예수님과 마리아를 그린 성화들을 한번 보십시오. 얼마나 화려하게 그려놨는지. 하나님 아버지와 예수님께서 분명 혀를 차실 것입니다. 그래서는 영원히 미망을 헤맬 수밖에 없고, 예수님을 만날 수 없습니다.

조선의 간디로 추앙받는 조만식 선생은 집안이 가난하여 어린 시절부터 남의 가게 사환으로 살았습니다. 주인은 어느 날 열심히 요강을 닦는 소년 조만식의 모습을 발견하고 눈여겨보았습니다. 그의 성실한 태도는 한결같았습니다. 주인은 소년 조만식을 일본으로 유학 보냅니다. 조만식은 귀국하여 평양 오산학교 교사를 거쳐 서른세 살에 교장이 되어 수많은 기독 애국 청년들을 키워냈고, 제자와 백성들을 버릴 수 없다며 공산 치하의 북한에 끝까지 남아 순교당합니다.

"신발을 정리하는 일을 맡았다면 그 일에서 최고가 되십시오. 그리하면 누구도 당신을 심부름꾼으로 놔두지 않습니다." 일본의 기업가인 고바야시 이치조의 말입니다.

"남을 돕고자 하는 마음으로 산다면 이미 당신은 성공한 인생을 살고 있습니다." 소설가 마야 엔젤루의 말입니다.

앞에서도 말씀드렸지만 《리더란 무엇인가》의 저자 조셉 자보르스키는 오직 로버트 그린리프의 《서번트 리더십 원전》만이 진정한 리더십의 진수라고 말합니다. 탁월한 리더가 되기 위해서는 이래야 한다 저래야 한다 이야기하는 책이 수천을 헤아리는데, '서번트 리더십'만이 진정한 리더십이라는 것입니다. 로버트 그린리프가 주창한 '서번트 리더십'은 예수님께서 몸소 보여주신 최고의 리더십이며, 우리를 끝까지 사랑하신 예수님의 최고의 선물입니다.

'겸손과 섬김', '서번트 리더십'은 단순히 덕목으로 끝나는 것이 아닙니다. 실제 삶의 전 분야에서 가장 큰 힘을 발휘하는 실질적인 파워입니다.

스탠퍼드 대학의 짐 콜린스는 《좋은 기업을 넘어 위대한 기업으로》(김영사, 2005)에서 말합니다. "좋은 기업을 위대한 기업으로 키운 리더들을 5년 동안 조사하고 우리들은 충격에 빠졌다. 그들은 화성에서 온 사람들 같았다. 나서지 않고 조용하고 내성적인 데다 부끄러움을 많이 타는 그들은 역설적이게도 개인적인 겸손함과 단단한 의지가 융합되어 있었다. 이들은 시저보다 소크라테스와 비슷했다." "시저보다 예수님과 비슷했다"고 하는 게 더 마땅할 것입니다. 그들이 경영하는 기업은 평균보다 7.39배 높은 실적을 올리고 있었습니다.

기도와 예배, 겸손과 섬김

제가 늘 하는 이야기이지만, 기독교는 신들에게 치성을 드려 복을 받으려는 종교가 아닙니다. 예수님의 영성은 종교가 아닌 현실에 뿌리를 두고 있습니다.

예수님은 눈에 보이지 않는 신들을 감동시켜 현세적인 복을 얻으려는 헛된 몸부림을 종식시키고, 굿으로 전락한 예배와 주문으로 변질된 기도의 참 의미를 회복시켜, 하나님 아버지께서 창조하신 세상에서 하나님의 자녀답게 자유롭고 보람차고 풍성하게 살게 하시려고 하나님의 맏아들로서 이 땅에 오셨습니다.

그러므로 마지막 가장 큰 선물인 겸손과 섬김은 그 어떤 종교 행위보다 큰 의미를 갖습니다. 형식적인 성찬식보다 겸손한 섬김이 훨씬 더 '예수님적'입니다. 종교 행위를 폄하하자는 뜻이 결코 아닙니다. 본질을 놓치지 말아야 한다는 말입니다.

겸손한 섬김에 하나님 아버지와의 깊은 대화인 기도와 하나님 아버지와의 친견인 예배가 더해집니다. 이것이 세상에서 가장 큰 힘입니다. 세상의 모든 위대한 변화들은 바로 이 힘으로 이뤄진 것입니다. 그가 누구인지는 전혀 상관이 없습니다.

초대교회 교인들은 대부분 힘없는 하층민들이었습니다. 그러나 온몸으로 기도와 예배와 겸손과 섬김 일체를 살아냈습니다. 마침내 최강의 로마가 그들 앞에 무릎을 꿇습니다. 시간이 흘러 교회가 겸손과 섬김을 버리고 종교 행위에 집중합니다. 그러자 세상은 암흑기로 바뀝니다.

20세기 초 20만 명의 조선 그리스도인들이 기도와 예배와 겸손과 섬김의 삶을 삽니다. 마침내 조국을 해방시킵니다. 20세기 말, 한국 교인들이 섬김과 겸손을 버리고 예배와 기도에 치중합니다. 그러자 맛을 잃은 소금이 되어 세상 사람들이 발에 짓밟힙니다.

우리들이 어느 길로 가야 하는지는 너무나 자명합니다.

사도 요한은 제자 중 유일하게 천수를 누린 제자로서, 훗날 예수님의 육신의 어머니 마리아와 함께 에베소 교회에서 마지막 생애를 마쳤습니다. 전승에 의하면, 아흔 중반의 사도 요한은 에베소 교회에서 하나님의 말씀을 전할 때 단 위에 눕다시피 해 오직 한 말씀만을 전했다고 합니다. "서로 사랑하십시오."

사실일 것입니다. 사도 요한의 마지막 서신 중 하나인 요한 1서에서도 그는 똑같은 말을 합니다. "사랑하는 자들아, 하나님이 이같이 우리를 사랑하셨은즉 우리도 서로 사랑하는 것이 마땅하도다. 어느 때나 하나님을 본 사람이 없으되 만일 우리가 서로 사랑하면 하나님이 우리 안에 거하시고 그의 사랑이 우리 안에 온전히 이루어지느니라"(요일 4:11-12).

사랑의 사도 요한은 마침내 "내가 하는 것을 네가 지금은 알지 못하나 이후에는 알리라"(요 13:7)라는 예수님의 말씀이 무엇을 의미하는지, 예수님의 끝없는 사랑이 무엇인지 깨달았습니다.

겸손은 다른 사람의 유익을 위해 자신의 지위와 자원과 영향력을 사용하고 행사하는 고귀한 선택입니다. 예수님의 마지막 최고의 선물 겸손과 섬김을 일상에서 온몸으로 살기로 합시다. 반드시 풍성하고 위대한 삶을 하나님께서 온전히 이루어주십니다.

35
그대와 함께라면

요 14:1-7

"어머, 너 예뻐졌다. 무슨 좋은 일이 있구나?"

"나 약혼했어."

"정말? 좋겠다. 그런데 신랑은 누군데? 잘생겼어?"

"인물은 좀 그런가봐. 얼굴은 보지 못했어. 그런데 굉장히 좋은 분이야. 또 시아버지 되실 분이 엄청 부자래."

"얼굴도 안 보고 결혼하니? 지금이 조선 시대야? 하기야 결혼을 인물 보고 하는 건 아니지. 그래 시아버지가 얼마나 부자신데?"

"빌 게이츠는 비교도 못할 정도로 부자시래."

"뭐? 너 지금 농담하는 거지?"

"아니, 진심이야."

"그래 신랑 이름이 뭔데."

"예수."

"뭐어?"

웃자는 이야기가 결코 아닙니다. 또 예수님은 그다지 미남은 아니셨나 봅니다. 예수님의 모습에 대한 묘사가 성경에 딱 한 군데 나오는데, 이렇습니다. "연한 순 같고 마른 땅에서 나온 뿌리 같아서 고운 모양도 없고 풍채도 없은즉 우리가 보기에 흠모할 만한 아름다운 것이 없도다" (사 53:2).

이 설명은 십자가 고난을 당하시는 모습에 관한 것이긴 하지만, 예수님은 분명 미남은 아닐 것입니다. 외모와 겉모습만 중시하는 사람들의 얄팍한 안목에 좌우되시는 분이 아니기 때문입니다.

정혼 기간을 사는 성도

예수님은 신부를 구하러 이 땅에 오셨고, 모든 사람들에게 프러포즈 하셨습니다. 본문 말씀은 예수님의 프러포즈를 받아들인 사람들에게 하신 말씀입니다.

"너희는 마음에 근심하지 말라. 하나님을 믿으니 또 나를 믿으라. 내 아버지 집에 거할 곳이 많도다. 그렇지 않으면 너희에게 일렀으리라. 내가 너희를 위하여 거처를 예비하러 가노니 가서 너희를 위하여 거처를 예비하면 내가 다시 와서 너희를 내게로 영접하여 나 있는 곳에 너희도 있게 하리라"(요 14:1-3).

이 말씀을 제대로 알아듣기 위해서는 예수님 당시 이스라엘의 결혼 제도를 알아야 합니다.

남자가 마음에 드는 여자를 만나면 먼저 장인 될 어른을 찾아갑니다. 그분이 그 남자가 마음에 들어 결혼을 허락하면, 남자는 포도주 한 잔을 여자 앞에 내놓습니다. 만약 여자가 그 포도주를 마시면 결혼을 허락한 것입니다.

예수님께서 유월절 만찬에서 제자들에게 포도주 한 잔을 따라주셨고 제자들은 그 포도주를 마셨습니다. 우리들도 성찬식에서 포도주를 받았고 마셨습니다. 이는 예수님을 신랑으로 받아들이겠다는 뜻입니다.

그렇게 결혼을 허락받은 신랑은 고향으로 돌아가서 신혼집을 마련합니다. 그 기간이 대략 1년인데 이를 '정혼 기간'이라고 합니다. 1년 후에 다시 돌아와 마을 사람들을 위한 잔치를 베풀고, 여자와 함께 고향에 마련해둔 신혼집으로 돌아가 결혼생활을 시작합니다.

곧, 예수님의 고별설교는, 처소를 마련하고 다시 신부인 우리들을 데리러 오시겠다는 의미입니다. 그러니까 현재 이 땅에서의 삶은 신랑 되시는 예수님을 기다리며 사는 '정혼 기간'이라고 할 수 있습니다.

신부는 신랑을 기다리는 정혼 기간 동안 달라진 것이 딱 하나 있습니다. 여전히 아침 일찍 일어나 부모님을 도와 열심히 일을 해야 합니다. 하지만 신분이 달라진 것입니다. 한 남자의 아내 될 사람으로서 살아가야 합니다. 다른 남자들에게 한눈을 팔아서는 안 됩니다.

우리들도 예수님의 배우자로서 흠이 될 일을 해서는 안 됩니다. 한눈을 팔아서는 안 됩니다. 우리들에게 남은 일은, 하나님의 자녀이자 예수님의 신부로서, 하나님 아버지께서 창조하신 이 세상에서 당당하게, 담담하고 초연하게, 어려운 일이 있으면 참고 견디며, 이미 허락하신 복을 누리며, 베풀며 사는 것입니다.

예수님께서만 우리더러 당신의 신부요 배우자라고 하신 것이 아닙니다. 여호와 성부 하나님께서도 이사야 선지자와 호세아 선지자를 통해서 구약 백성들에게 같은 말씀을 하셨습니다.

호세아 선지자가 말합니다. "내가 네게 장가들어 영원히 살되 공의와 정의와 은총과 긍휼히 여김으로 네게 장가들며 진실함으로 네게 장가들리니 네가 여호와를 알리라"(호 2:19-20).

무려 세 번에 걸쳐서 하나님은 우리와 결혼하리라 다짐하십니다. 그냥 하시겠다는 것이 아닙니다. '영원히', '공의와 정의'와 '은총과 긍휼히 여김'으로, '진실함'으로 하시겠다는 것입니다.

'장가들다'에 해당되는 히브리어 '아라스'는 '재혼하다'라는 의미인데, 여기에는 훨씬 더 깊은 뜻이 있습니다. 간음하여 죽게 된 여인의 과거를 묻지 않고 순수한 처녀로 인정하여 새로운 결혼을 한다는 것입니다. 죄의 용서뿐만 아니라, 신분의 회복까지 포함합니다. 즉, 현재까지의 내가 누구이든 상관하지 않겠다는 것입니다.

이사야 선지자를 통해서는 더욱 분명하게 단도직입적으로 말씀하십니다. "너를 지으신 이가 네 남편이시라. 그의 이름은 만군의 여호와이시며 네 구속자는 이스라엘의 거룩한 이시라"(사 54:5).

그래도 하나님의 프러포즈를 거절한다면, 이보다 더 어리석은 일은 없습니다. 그러나 불행히도 구약 백성들은 하나님의 프러포즈를 거절하고 다른 신을 좇았습니다. 이스라엘 백성들이 한눈을 팔았습니다. 그의 이름은 바알입니다.

여기서 한눈을 판다는 것이 무엇인지 분명해집니다. 바알 신은 건장한 남자 몸에 머리는 황소입니다. 바알은 가나안 사람들이 섬기는 '풍요와 번영의 신'입니다. 떠돌이 유랑민 이스라엘이 가나안 땅에 들어오자 눈이 휘둥그레졌습니다. 도시가 화려하고 물자가 넘쳐났습니다. 그래서 자신들도 그 풍요를 누리고자 바알을 섬기게 된 것입니다.

그러나 그 결과에 대해서 호세아 선지자가 계속 경고합니다. "그들은 번성할수록 내게 범죄하니 내가 그들의 영화를 변하여 욕이 되게 하리

라. … 그들이 먹어도 배부르지 아니하며 음행하여도 수효가 늘지 못하니 이는 여호와를 버리고 따르지 아니하였음이니라"(호 4:7, 10).

그렇습니다. 하나님의 사랑을 버리고 풍요를 추구하는 것이 바로 한눈을 파는 것입니다. 사랑하지도 않으면서 돈이 많다고 결혼하는 것과 똑같습니다. 그러므로 현세적인 복을 바라는 기복신앙은 사악하고 잘못된 신앙입니다. 그렇다고 부자가 되는 것도 아닙니다.

그러나 이스라엘 백성들은 돌아서지 않았고 마침내 나라를 잃습니다. 하지만 하나님의 프러포즈는 계속되고, 마침내 하나님께서 육신을 입고 이 땅에 오셔서 그 모습을 보이셨습니다.

그래서 육신을 입은 하나님이신 예수님께서 말씀하십니다. "너희가 나를 알았더라면 내 아버지도 알았으리로다. 이제부터는 너희가 그를 알았고 또 보았느니라"(요 14:7).

결혼의 두 단계

하나님의 배우자로서 올바로 제대로 살기 위해서는 결혼의 본질에 대한 이해가 깊어져야 합니다.

결혼은 두 단계에서 이루어지는 사건입니다. 하나님께서 천지를 창조하신 다음 곧이어 아담과 이브를 결혼시키십니다. 이는 결혼이 우리 인간에게는 가장 중요한 사건이라는 뜻입니다. 결혼을 안 하거나 못하면 안 된다는 것이 아닙니다. 훨씬 더 깊은 뜻이 있습니다. 결혼은 꼭 사람들끼리 하는 것이 아닙니다. 그 대상이 훨씬 더 다양합니다. 평생 독신으로 살면서 더 깊은 것, 예컨대 삼위일체 하나님만, 혹은 진선미를 추구하는 사람들도 많습니다.

결혼의 첫 단계는 다음과 같이 진행됩니다.

아담이 하와를 처음 보았을 때 외칩니다. "이는 내 뼈 중의 뼈요 살 중의 살이라"(창 2:23). 이 외침은 상대방에 대한 원초적 '감동'이요 '감탄'이며 새로운 '기쁨'의 표현입니다. 이것이 결혼의 첫 번째 차원입니다.

이어지는 두 번째 단계를 성경은 다음과 같이 말합니다. "남자가 부모를 떠나 그의 아내와 합하여 둘이 한 몸을 이룰지로다"(창 2:24). '부모를 떠나'. 즉, 결혼의 두 번째 단계는 '떠남'입니다. 한 몸을 이룬 사람의 새로운 세계를 향한 여정이 곧 결혼입니다.

우리들과 사람들의 결혼을 점검해봅시다. 행복한 부부들도 있지만 많은 부부들이 불행합니다. 사는 게 그런 것이라며 자조적인 삶을 삽니다. 그 이유가 무엇일까요?

서로에 대한 감동과 감탄과 기쁨은 대부분 일시적인 것으로 끝납니다. 서로 속이고 속은 것일까요? 아닙니다. 자기애와 집착에 머물기 때문입니다. 새로운 차원으로 성장하지 않기 때문입니다. 곧, '떠나지 않기' 때문입니다. 그저 하는 일이란, 본토 친척 아버지 집을 강화하는 일입니다.

예수님 당시 많은 사람들이 예수님을 좇았습니다. 어느 날 예수님은 이들을 피해 다른 곳으로 가셨고, 사람들은 열심히 수소문한 끝에 예수님을 만났습니다. 그러나 예수님의 표정은 밝지 않았습니다. "내가 진실로 진실로 너희에게 이르노니 너희가 나를 찾는 것은 표적을 본 까닭이 아니요 떡을 먹고 배부른 까닭이로다"(요 6:26). 이어서 말씀하십니다. "썩을 양식을 위하여 일하지 말고 영생하도록 있는 양식을 위하여 하라"(요 6:27).

이어서 결론을 말씀하십니다. "내 살은 참된 양식이요 내 피는 참된 음료로다. 내 살을 먹고 내 피를 마시는 자는 내 안에 거하고 나도 그의 안에 거하나니 살아 계신 아버지께서 나를 보내시매 내가 아버지로 말미암아 사는 것같이 나를 먹는 그 사람도 나로 말미암아 살리라"(요 6:55-57).

예수님을 믿는다는 것은 곧 예수님의 살과 피를 먹는다는 것입니다. 예수님의 말씀을 올바로 깨닫고 그 말씀대로 사는 것을 의미합니다.

다윗이 권고합니다. "너희는 여호와의 선하심을 맛보아 알지어다"(시 34:8).

예레미야가 말합니다. "내가 주의 말씀을 얻어 먹었사오니 주의 말씀은 내게 기쁨과 내 마음의 즐거움이오나"(렘 15:16).

하나님의 말씀을 묵상하고 깨닫고 말씀대로 살면, 그분이 어떤 분인지 감동하고 감탄하고 하나님의 샬롬을 알게 됩니다. 결혼의 첫 단계입니다. 그리고 그분과 함께 전혀 새로운 차원의 여정을 떠납니다. 곧 결혼의 두 번째 단계에 들어섭니다. 이것이 신앙생활의 참모습입니다.

본문 중 가장 중요한 것이 있습니다. 예수님은 하늘나라에 처소를 마련하시고는 다시 와서 우리들을 데리고 가시겠다고 분명히 말씀하셨습니다. 우리더러 예수님이 계신 곳을 찾아오라는 것이 아닙니다. 너무나 중요하고 신나는 약속입니다.

성경은 인생의 의미를 추구한 사람들이 남긴 기록이 아닙니다. 하나님의 사랑을 깨닫고 그분의 프러포즈를 받아들이고 그분만을 열망했던 사람들의 기록입니다. 순종을 이끌어내시고 의지를 변화시키고 찬양을 이끌어내시고 마침내 춤을 추게 하시는 하나님과의 깊은 사랑의 기록입니다.

그래서 예수님께서 말씀하십니다. "너희는 마음에 근심하지도 말고 두려워하지도 말라"(요 14:27).

36
또 다른 보혜사

요 14:23-28

여러분들은 성령을 받으셨습니까?

성령을 받는다는 것은 과연 무엇일까요?

한 청년이 인터넷을 통해 '성령 세례'와 '기름 부음'은 어떻게 다르냐는 질문을 하였습니다. 같은 교회를 다니는 어떤 처녀가 매일 몇 시간씩 교회에서 방언 기도를 하며 때로는 황홀경에 빠져 소위 '영무(靈舞)'까지 추는데, 그 청년에게 '당신은 성령을 받았는지는 몰라도 기름 부음은 받지 못했으며 기름 부음을 받아야 진짜 성도다'라는 말을 하였다는 것입니다. 자신은 열심히 일하며 나름 성실히 신앙생활을 하고 있는데, 그 말을 들은 후 자신의 삶과 신앙에 대한 깊은 회의가 들었다는 것입니다.

그 질문을 읽으며 어쩌다 이 지경이 되었나 하는 한탄이 절로 나왔습니다. 교회에서 살다시피 하는 그 처녀는 믿음이 좋은 것으로 치부되며 건실한 청년이 오히려 문제가 있는 것으로 여겨지는 이 풍토는 성령 하나님에 대한 매우 잘못된 이해와 터무니없는 왜곡에 기인한 것입니다.

성령을 치유, 환상, 예언, 투시, 통변, 진동과 같은 '희한한 신적 능력'이라고만 생각하며, 성령을 받으면 방언이라도 해야지 그렇지 않으면 '신앙의 루저'라고 여기는 것, 뿐만 아니라 스스로도 그렇게 생각하는 것은 너무나 잘못된 것입니다. 안타깝게도 이와 유사한 일들이 오늘날 교회에 부쩍 많아졌습니다.

성령론의 대가로 알려진 아서 핑크(1886-1952)는 성령의 은사는 초대 교회 당시에만 나타난 것이며, 오늘날에는 더 이상 나타나지 않는다고까지 말하고 있습니다. 즉, 오늘날은 더 이상 은사 시대가 아니라는 것입니다. 그의 주장은 대단히 일리가 있습니다.

사도 바울은 특히 고린도전서에서 성령의 은사에 대해 자세히 정리를 했습니다. 고린도 교회는 교회의 모든 말썽과 문제가 한꺼번에 나타난 골치 아픈 교회였고, 이를 바로잡기 위해 사도 바울이 그 교회에 서신을 보냈습니다. 고린도전·후서는 주후 53-55년경의 문서로, 당시는 아직 복음서가 기록되지 않았던 때였습니다. 최초의 복음서인 마가복음은 대략 주후 70년 전후에 기록되었고, 요한복음은 90년경에 기록된 것으로 봅니다. 즉, 기준이 되는 예수님의 가르침과 성경 말씀이 없던 때에 하나님께서 교회를 바로 세우기 위해 성령의 은사들을 특정한 사람들에게 보내셨고, 성경이 정립된 이후로는 '오직 성경만'이 기준이 되었다는 것입니다.

이는, 자신은 기름 부음을 받고 성령의 은사를 받은 특별한 사람이라는 특권의식에 빠져 기독교와 교회를 혼란스럽게 만드는 사람들에 대한 통렬한 비판의 소리입니다. 핑크는, 성령의 은사의 왜곡은 무절제한 방종을 조장하여 영혼들을 미혹하고 파멸시키는 사탄에게 문을 활짝 열어주는 것이라고 강조합니다.

성령 하나님은 분명 능력으로 임하시고, 또한 성령의 은사 시대가 끝난 것은 아니지만, 받은바 성령의 능력을 어떻게 사용해야 하는지 예수님께서 친히 가르쳐주셨습니다.

또 다른 보혜사

오늘 본문 말씀은 예수님께서 제자들에게 행하신 마지막 고별설교의 내용으로서 아서 핑크의 말대로 절대 기준이 되는 말씀입니다.

예수님께서 말씀하십니다. "내가 아버지께 구하겠으니 그가 또 다른 보혜사를 너희에게 주사 영원토록 너희와 함께 있게 하리니 그는 진리의 영이라. 세상은 능히 그를 받지 못하나니 이는 그를 보지도 못하고 알지도 못함이라. 그러나 너희는 그를 아나니 그는 너희와 함께 거하심이요 또 너희 속에 계시겠음이라"(요 14:16-17).

'보혜사'란, '하나님의 은혜를 보존해주시는 존재'라는 뜻으로서 헬라어 '파라클레토스'를 번역한 것입니다. '곁'을 의미하는 '파라'와 '변호자, 위로자, 중보자'를 뜻하는 '클레토스'가 합해진 단어로서, 성령님의 역할을 드러냅니다.

성령 하나님은 그 누구보다 가까운 곳에 계십니다. 예수님은 육체를 입으셨기에 거리가 있지만 성령님은 영이시므로 그 누구보다 우리와 가까이 계십니다. 또한 우리를 위해 변호하시고 위로하시고 중보하시는 분입니다. 당연히 성령의 은사를 받은 사람들은 다른 사람들을 변호하고 위로하고 중보하고 살리는 일을 해야 합니다. 특권의식이나 군림은 절대로 있을 수 없습니다.

성령님을 '또 다른 보혜사'라고 하셨습니다. 그렇다면 원래 보혜사는 누구일까요? 네, 예수님이십니다. 그러니까 예수님과 성령님이 하시는 일은 똑같다는 뜻입니다. 예수님께서 이 땅에 오셨습니다. 스스로를 낮추신 것입니다. 성령님도 마찬가지십니다. 예수님께서 하신 일을, 오고 오는 그리스도인들이 계승하도록 성령님을 보내신 것입니다.

그래서 "보혜사 곧 아버지께서 내 이름으로 보내실 성령 그가 너희에게 모든 것을 가르치고 내가 너희에게 말한 모든 것을 생각나게 하리라"(요 14:26)고 말씀하십니다.

예수님께서 하신 일과 그분의 가르침을 생각나게 해서 그 일을 수행토록 하시는 분이 바로 성령님이십니다. 그러므로 하루 종일 교회에서 기도하고 영무를 추고 애먼 소리를 하는 그 처녀는 크게 잘못되었음을 아실 것입니다. 잘 생각해보십시오. 교회에서 행하는 일들, 예컨대 방언을 가르치는 일들이 과연 예수님께서 행하신 일인가, 교회의 가르침들이 예수님의 가르침과 같은가 깊이 생각해야 합니다.

진리의 영

무엇보다도 성령님은 '진리의 영'입니다. 이 이름은, 성령님의 가장 우선이 되는 존재 목적이 무엇인가 굉장하고 희한한 능력을 발휘하게 하시는 것이 아니라, 올바른 것을 깨닫도록 하시는 데 있음을 뜻합니다.

여기서 깊이 생각해야 하는 문제에 도달하게 됩니다.

여러분은 성령을 받으셨습니까?

성령을 받는 것을 방언이나 환상이나 전율과 같은 특이한 체험으로 생각하는 사람들은 이에 대한 확답을 주저할 것입니다. 하지만 그렇지 않습니다. 사도 바울의 후계자는 디모데입니다. 바울은 그를 '믿음으로 낳은 아들'이라고 불렀습니다. 그런데 사도 바울이 다메섹 도상에서 특별하기 그지없는 체험을 한 반면, 디모데는 조용한 성품의 사람으로서 특정한 체험을 했다는 언급이 없습니다. 그럼에도 바울이 그를 자신의 후계자로 삼은 이유는 디모데 역시 성령을 받았기 때문입니다.

성령을 받았음을 확인할 수 있는 가장 확실한 증거는, 내가 삼위일체 하나님을 나의 유일한 구원자로, 또한 성경을 하나님의 말씀으로, 예수님의 가르침을 진리로 믿고 있느냐는 것입니다. 이에 '네'라고 대답하는 사람들은 이미 성령을 받았습니다. 비록 내가 특별한 체험이 없지만 삼위일체 하나님의 말씀이 진리인 것을 믿어 의심치 않으면 성령의 '인 치심'을 받은 것입니다. 성령의 도우심이 없다면 절대로 그렇게 대답할 수 없습니다. '인 치심'이란 성령님의 확인 도장을 받았다는 뜻입니다.

여기서 한걸음 더 깊이 들어가야 합니다. 진리 자체는 사람을 변화시키지 못합니다. 이상하게 들리시겠지만 사실입니다. "어, 이상하네요. 예수님께서 진리가 너희를 자유롭게 하리라고 하셨는데요?"라고 하실 수도 있습니다.

예수님께서 "진리를 알지니 진리가 너희를 자유롭게 하리라"(요 8:32)고 분명히 말씀하셨습니다. 여기서 진리란 곧 예수님 자신을 뜻합니다. '안다'는 것은 그분이 나의 구세주이시며 진리 자체임을 인정하는 것입니다. 그런데 그렇게 인정하는 것은 내가 아니라 성령님께서 그렇게 하도록 도와주셨기 때문입니다. 내가 아니라 성령님이 주어입니다.

예수님께서 말씀하십니다. "나를 보내신 아버지께서 이끌지 아니하시면 아무도 내게 올 수 없으니"(요 6:44).

신실하고 성경적인 설교라도 그 설교 자체가 사람들을 예수님께 인도하고 구원에 이르게 할 수 없습니다. 반드시 사람들의 마음을 여시고 그 설교를 아멘으로 받아들이게 하시는 성령님의 역사가 우선합니다. 내가 내 발로 교회에 나온 것이 아닙니다. 내가 예배에 참석하고 설교를 듣고 찬양을 올리는 그 일을 하게 하신 삼위일체 하나님께 감사드릴 뿐입니다.

예수님이 떠나신 것이 은혜라

성령님을 생각할 때 잊지 말아야 할 것이 있습니다.

예수님께서 부활하시고 승천하신 것이 얼마나 고마운 처사인지 모릅니다. 부활하신 예수님의 승천은 삼위일체 하나님만이 진정한 하나님이라는 가장 큰 증거 중의 하나입니다. 그분이 구름을 타고 하늘로 오르셨다는, 인간으로서는 불가능한 사건 자체가 큰 증거라는 말이 아닙니다.

교황이나 달라이 라마를 알현하러 그 먼 길을 가고, 알현하고 나면 마치 하나님을 보기라도 한 듯 영광스러워 합니다. 이슬람교도들은 마호메트의 묘에 참배하러 많은 시간과 비용을 들여 사우디아라비아로 갑니다. 오늘날에도 유대교인들은 반드시 예루살렘을 순례해야 합니다. 그렇게 한 사람은 특별한 신도가 되고 그렇게 하지 못하면 뭔가 부족한, 신실치 못한 신도가 됩니다.

예수님은 하나님이시므로 만약 이 땅에 머무셨다면 지금까지도 지구 어디에서인가 계실 것이며, 그분을 만나러 우리들도 갈 것입니다. 돈이 없어 못 가는 사람들은 어찌 될까요? 이 모든 일은 육체를 입은 우리들의 한계와 제약과 모순과 과장과 비본질을 드러내는 것입니다.

그런데 예수님은 승천하셨고 우리에게 성령을 보내주셨습니다. 성령님은 영이시므로 시간과 공간의 제약을 받지 않으십니다. 온 우주에 가득하시면서 특별히 내 안에 거하십니다. 배우자나 애인이나 가족이나 친구보다도 가까이에, 가장 가까운 곳에 거하십니다. 세상에서는 큰 것이 작은 것 안에 들어갈 수 없습니다. 그런데 가장 크신 분이 먼지 같은 내 안에 거하십니다. 이처럼 큰 기적, 이처럼 감사한 일은 없습니다. 이를 아는 참 하나님의 자녀들은 어떤 어려움이 닥치더라도, 잠시 흔들릴 수는 있어도 끝내 견뎌 이겨내고 마침내 하나님의 영광에 이르게 됩니다. 성령께서 내 안에 거하시는 것 또한 삼위일체 하나님의 큰 사랑입니다.

성령의 사역

여기서 더 깊은 차원으로 들어가는 문 앞에 서게 됩니다. 이상하게 들릴 말씀을 또 하겠습니다. 예수님의 십자가 구속만으로 구원에 이를 수 없습니다. 이 무슨 말인가 싶겠지만, 예수님에 의해서 완전한 속죄가 행해졌고 완전한 의가 생겼고, 하나님과 화목하게 되었습니다. 이는 분명한 사실입니다. 그러나 예수님의 십자가 사건이 내 사건이 되어야 합니다. 이를 가능하게 하시는 분이 바로 성령님이십니다. 나를 거룩하게 하시는 성령님의 성화 사역이 없이는, 예수님의 십자가 구속은 저기에 있고, 죄를 반복하는 나는 여기에 있을 뿐입니다.

사도 바울이 말합니다. "너희 중에 이와 같은 자들이 있더니, 주 예수 그리스도의 이름과 우리 하나님의 성령 안에서 씻음과 거룩함과 의롭

다하심을 얻었느니라"(고전 6:11).

중요한 말씀입니다. 구원은 예수 그리스도의 이름만으로 또는 성령님의 사역만으로 이뤄지는 것이 아니라, 예수 그리스도의 이름'과' 성령님의 성화 사역이 더하여져 성부 하나님의 영광에 이르게 된다는 말씀입니다. 예수님은 구원의 문을 여셨고 성령님은 나로 하여금 그 구원의 문에 들어가게 하시는 분입니다.

그래서 성령님의 이름은 여러 가지입니다. 가장 먼저, '진리의 영', '내 주하시는 영'입니다. '죄를 조명하시고 확신시키시는 영', '믿음을 주시는 영', '증언하시는 영', '중생시키시는 영', '인도하고 이끄시는 영', '가르치시는 영', '그리스도와 연합하게 하시는 영', '변화시키시는 영', '위로하시고 보호하시는 영', '도우시고 간구하시고 중보하시는 영', '인 치시고 보증하시는 영', '마침내 열매 맺게 하시는 영' 등 실로 다양합니다.

이 모든 명칭들이 우리를 참 하나님의 자녀답게 만들어 이 땅에서 하나님의 영광을 맛보며 살게 하시고 마침내 하나님나라에 이르게 하시는 성령님께서 하시는 일을 드러냅니다.

그러므로 '반드시' 성령을 받으셔야 합니다. 성령을 받지 않으면 내 구원은 허사가 됩니다.

사도행전 8장에 특이한 이야기가 있습니다. 빌립 집사가 사마리아에 가서 복음을 전하자, 사마리아 사람들이 복음을 받아들입니다. 이에 예루살렘에 있던 제자들이 놀랍니다. 사도행전의 기록입니다. "예루살렘에 있는 사도들이 사마리아도 하나님의 말씀을 받았다 함을 듣고 베드로와 요한을 보내매 그들이 내려가서 그들을 위하여 성령 받기를 기도하니 이는 아직 한 사람에게도 성령 내리신 일이 없고 오직 주 예수의 이름으로 세례만 받을 뿐이더라. 이에 두 사도가 그들에게 안수하매 성령을 받는지라"(행 8:14-17).

어떻게 성령을 받을 수 있을까요? 목사가 안수해야 성령을 받는다는 것은 확대해석입니다. 각자 성령님의 중요성을 인식하고, 간절한 마음으로 성령 받기를 위해 열심히 기도해야 합니다. 하나님께서 반드시 허락하십니다.

성령님의 도우심은 마침내 나로 하여금 성령의 열매를 맺게 하십니다. 사도 바울은 그 성령의 열매를 다음과 같이 말합니다. "오직 성령의 열매는 사랑과 희락과 화평과 오래 참음과 자비와 양선과 충성과 온유와 절제니 이 같은 것을 금지할 법이 없느니라"(갈 5:22-23).

이는 생각나는 대로 단순히 적어 나열한 것이 아닙니다.

처음 세 가지, 사랑과 희락과 화평은 하나님께 대한 것입니다. 하나님을 누구보다 사랑합니다. 하나님의 처사에 감사하고 기뻐하며 하나님과 영원한 화평을 누립니다.

두 번째 세 가지, 오래 참음과 자비와 양선은 타인에 대한 것입니다. 아무리 화가 나고 속이 상해도 오래 참습니다. 이웃에 대해 자비를 베풀고 선을 행합니다.

마지막 세 가지, 충성과 온유와 절제는 내 자신에 대한 것입니다. 맡은 일을 충실하게 행합니다. 내 뜻을 하나님의 뜻에 복종시키는 온유와 자신을 잘 다스리는 절제의 삶을 살아갑니다.

성령님의 역사는 기이한 종교적 능력이 아닌, 일상의 삶에서 모든 이들이 사랑하며 흠모할 만한 아름다운 능력으로 내게 임합니다. 자연히 내 삶은 백배의 풍성하고 실제적인 열매를 맺게 되고, 나와 남을 살리게 됩니다. 우리가 그 복을 받아 누리고 베풀기를 바랍니다.

37
친구를 위하여
목숨을 버리면

요 15:7-17

미국 사람들은 군인을 좋아하거나 믿는 편이 아니지만 제2차 세계대전 이후 황폐한 유럽을 재건시킨 마셜 장군만은 존경합니다. 그를 국방장관으로 거느렸던 해리 트루먼 대통령은 마셜 장군에 대해 이렇게 극찬했습니다. "금세기 위인 중에서도 가장 위대한 인물이었다. 내가 죽으면 마셜이 나를 자신의 부관으로 임명하여 그가 나를 위해 했던 일들을 내가 그를 위해 할 수 있게 되기를 진심으로 바란다."

누구나 일인자를 꿈꾸는 세상에서 마셜 장군은 기꺼이 이인자가 되어 리더가 성공할 수 있도록 온 힘을 다해 도왔던 위대한 인물입니다. 트루먼 외에도 처칠, 아이젠하워도 마셜이야말로 최고의 인물이라고 말했습니다. 마셜은 상관들보다 더 큰 능력을 가졌음에도 혼신의 힘을 다할 뿐, 대가를 바라지 않았습니다. 세상 사람들의 주목을 받을 때도 그 품성이 그대로 드러납니다. 마셜은 은퇴 후 회고록을 쓰면 수백만 달러를 주겠다는 제의를 거절합니다. 과거 자신이 모셨던 상관들에게 해가 될까 염려하였기 때문입니다. 세상은 그에게 노벨 평화상을 수여하여 그

공로를 치하하였습니다.

위대한 이인자들

마셜 장군과 같은 헌신적이고 훌륭한 협력자를 누구나 간절히 바랍니다. 성경의 인물 중에도 마셜 장군과 같은 사람이 있습니다. 갈렙과 요나단입니다.

갈렙은 여호수아보다 뛰어난 사람입니다. 이스라엘 백성이 홍해 바다를 건너 시내 산에 당도하고 하나님과 시내 산 계약을 맺고 광야에서 1년 동안 제사장 교육을 받은 후, 하나님께서 열두 명의 정탐꾼을 뽑아 가나안 땅을 정탐하라는 명령을 내리셨습니다. 이들은 40일 동안 정탐한 후 돌아왔습니다. 여호수아와 갈렙을 제외한 열 명은 가나안 땅 주민들의 장대함에 놀라 스스로를 메뚜기라 부르며 두려움에 울고불고 난리를 쳤습니다. 이때 그들 앞에 당당히 나선 것은 여호수아가 아니라 갈렙이었습니다. "다만 여호와를 거역하지는 말라. 또 그 땅 백성을 두려워하지 말라. 그들은 우리의 먹이라. 그들의 보호자는 그들에게서 떠났고 여호와는 우리와 함께하시느니라"(민 14:9). 그러나 두려움에 찌든 백성들은 오히려 돌을 들어 갈렙을 치려 하였고, 그때 여호와께서 나타나셨습니다.

어찌 된 영문인지 하나님께서는 여호수아를 백성들의 지도자로 세우셨고, 갈렙은 평생 동안 온 힘을 다해 여호수아를 보필하였습니다.

여호수아 14장에 기록된 다음 장면은 개인적으로 구약성경 중 가장 아름다운 장면이라 생각합니다. 갈렙이 여호수아 앞에 무릎을 꿇고 말합니다. "오늘 내가 팔십오 세로되 모세가 나를 보내던 날과 같이 오늘도 내가 여전히 강건하니 내 힘이 그때나 지금이나 같아서 싸움에나 출입에 감당할 수 있으니 그날에 여호와께서 말씀하신 이 산지를 지금 내게 주소서"(수 14:10-12).

갈렙이 여호수아에게 달라고 한 땅은 비옥한 땅이 아닙니다. 기럇 아르바라는 곳으로 가나안 지역 중 가장 강대한 족속들이 살아 아무도 가려 하지 않는 골치 아픈 곳입니다. 85세의 갈렙은 자신이 그 땅을 평정하여 가나안 정복을 완수하겠다는 것입니다.

이에 성경은 다음과 같이 기록하고 있습니다. "여호수아가 여분네의 아들 갈렙을 위하여 축복하고 헤브론을 그에게 주어 기업을 삼게 하매"(수 14:13). 그 땅을 정복한 후, 갈렙은 그 지역 이름을 '헤브론'이라 바꿨는데 '헤브론'은 '협력하다'라는 뜻으로, 갈렙은 여호수아에게 협력하여 그 땅에 전쟁이 그치게 하였습니다.

이와 같이 갈렙은 자신의 온 기량과 능력을 마지막까지 지도자 여호수아를 위하여 쏟은 '위대한 이인자'입니다.

요나단은 이스라엘의 초대 왕 사울의 장자로서, 왕위계승자입니다. 그럼에도 아버지의 최대 정적인 다윗을 아버지를 배신하면서까지 도왔습니다. 아버지의 증오의 칼을 피해 다윗의 목숨을 구해준 것도 요나단입니다. 요나단은 아버지 사울 왕의 잘못을 지적하며 다윗을 두둔합니다. "원하건대 왕은 신하 다윗에게 범죄하지 마옵소서. 그는 왕께 득죄하지 아니하였고 그가 왕께 행한 일은 심히 선함이니이다"(삼상 19:4). 다윗에게도 온 마음을 다해 말합니다. "네 마음의 소원이 무엇이든지 내가 너를 위하여 그것을 이루리라"(삼상 20:4). 요나단은 그의 맹세대로 다윗을 보호하였습니다. 그러나 훗날 다윗을 구한 일로 요나단은 아버지 사울 왕으로부터 엄청난 책망을 듣습니다. "패역무도한 계집의 소생아 네가 이새의 아들을 택한 것이 네 수치와 네 어미의 벌거벗은 수치됨을 내가 어찌 알지 못하랴"(삼상 20:30).

성경은 다윗을 향한 요나단의 사랑을 "자기 생명을 사랑함같이 그를 사랑함이었더라"(삼상 20:17)라고 최상급으로 서술합니다.

왕세자인 요나단과 같은 강력하면서도 신실한 친구가 있다면 세상이 별로 두렵지 않을 것입니다.

갈렙과 여호수아, 요나단과 다윗 중에 누가 주인공입니까? 용감하고 당당한 갈렙이 아니라 여호수아가 주인공이고, 왕세자 요나단이 아니라 목동 다윗이 주인공입니다. 하나님께서는 여호수아와 다윗에게 하나님의 계획을 펼쳐나가게 하셨고, 조력자로서 갈렙과 요나단을 붙여주셨습니다.

하나님이 보시기에 내가 더 중요할까요, 예수님이 더 중요할까요? 굉장히 이상한 질문일 수 있습니다. 그런데 깊이 생각해보면 답이 나옵니다. 하나님께서는 나를 위하여 예수님이 십자가 고난과 죽음을 담당하게 하셨습니다. 하나님이 보시기에 예수님보다도 내가 더 중요합니다. 하나님이 보시기에 여호수아와 다윗이 더 중요하듯, 하나님은 나를 더 중히 여기십니다. 나더러 여호수아와 갈렙처럼 살라는 뜻입니다.

자녀, 신부, 친구

요한복음 15장은 예수님의 고별설교입니다. 십자가 죽음을 앞두시고 최후의 만찬을 하신 다음 제자들에게 당부하신 마지막 말씀입니다. 예수님께서 말씀하십니다. "사람이 친구를 위하여 자기 목숨을 버리면 이보다 더 큰 사랑이 없나니"(요 15:13).

그렇게 말씀하신 후, 제자들을 예수님의 친구로 세우셨습니다. "너희는 내가 명하는 대로 행하면 곧 나의 친구라. 이제부터는 너희를 종이라 하지 아니하리니 종은 주인이 하는 것을 알지 못함이라. 너희를 친구라 하였노니 내가 내 아버지께 들은 것을 다 너희에게 알게 하였음이라"(요 14:14-15).

그렇게 말씀하신 다음 제자들과 우리 모두를 위하여 십자가에 달리셨습니다. 세상에서 가장 큰 사랑을 실제로 보이신 것입니다.

하나님은 나와 여호와 하나님과의 관계를 부모와 자녀, 신랑과 신부 사이로 설명하셨습니다. 그 관계가 얼마나 중요한지 성경책의 시작과 끝에 명기하셨습니다.

성경의 첫 책인 창세기에서 우리 한 사람 한 사람을 하나님의 형상을 가진 하나님의 자녀들이라 하였습니다(창 1:27). 그뿐만 아니라, 마지막 책인 요한계시록에서는 우리 한 사람 한 사람을 아름답게 치장한 어린 양의 신부들이라 하였습니다(계 21:2).

이러한 관계는 하나님 보시기에 내가 가장 소중한 존재임을 드러내고 있습니다. 세상의 부모들도 자녀들을 위하여 밤낮으로 일합니다. 자녀들이 제대로 사는 것을 보면 죽어도 여한이 없다고 말합니다. 세상의 신랑들도 신부를 위하여 밤낮으로 열심히 일합니다. 요즈음 부부관계가 많이 파괴되기는 했어도 올바른 관계라면 그렇게 합니다. 하나님은 더더욱 자녀이자 신부인 우리들을 위하여 최고의 것을 공급해주십니다. 사실입니다. 내가 원하는 것을 하나님께서 거절하셨다면 하나님 잘못이 아니라 분명 내가 바른 것을 올바른 때에 구하지 않았기 때문입니다.

시간이 지나서 하나님의 시각으로 되돌아보면 하나님께서 가장 적절한 것을 가장 적절한 때에 공급하셨음을 깨닫게 됩니다.

예수님의 마지막 고별설교에서 친구의 우정과 사랑을 말씀하신 데는 매우 중요한 뜻이 있습니다.

요한복음 15장의 시작은 이렇습니다. "나는 참포도나무요 내 아버지는 농부라. 무릇 내게 붙어 있어 열매를 맺지 아니하는 가지는 아버지께서 그것을 제거해버리시고 무릇 열매를 맺는 가지는 더 열매를 맺게 하려 하여 그것을 깨끗하게 하시느니라"(요 15:1-2). 핵심 포인트는 '열매'입니다. 뭔가를 이룬다는 것입니다. 예수님은 자신이 떠나도 제자들이 많은 일을 이루기를 바라신다는 뜻입니다.

특히 열매를 맺는다는 요한복음 15장의 핵심 주제는, 돌봄이 주된 관심사인 부모와 자식 관계나 신랑과 신부의 관계보다는 우정과 의리의 측면에서 이해하는 것이 훨씬 더 설득력이 있습니다.

남자들에게 하나님과의 관계를 부모와 자녀의 관계로 보는 것은 충분히 이해가 되는 일이지만, 남자가 그리스도의 신부가 된다는 것은 좀 이상합니다.

그런데 남자들은 아내의 뜻을 저버리고 친구의 뜻을 따르는 경우가 종종 있습니다. 남자들의 굳건한 의리와 우정이 큰일을 이룬 사례를 세계사 곳곳에서 찾을 수 있습니다. 물론 우정과 의리가 남자들의 전유물은 아니지만, 이 남자들의 우정과 의리가 뭔가를 이룩하여 사회를 풍요롭게 만드는 아주 중요한 원동력입니다. 열사의 사막의 대공사나 전쟁터를 생각하시면 이해가 빠를 것입니다. 이를 생각하면 예수님께서 하신, 친구를 위하여 목숨을 버리는 것만큼 큰 사랑이 없다는 말씀에 쉬 공감할 수 있습니다.

이 세 가지 관계의 유비가 의미하는 아주 중요한 것이 또 하나 있습니다. 하나님과 나 사이에 그 누가 개입해서도, 그 누구를 개입시켜도 안 된다는 것입니다.

누차 말씀드리는 바입니다만, 하나님과 평신도 사이에 목회자가 제사장으로서 중재한다고들 생각하는데 바로 이 점이 교회를 타락시키는 가장 큰 요인입니다.

내 자신이 각자 삶의 현장에서 하나님의 제사장이 되어 모든 피조물들을 하나님의 뜻에 합당하게 돌봐야 하며, 동시에 모든 피조물들을 이끌고 하나님께로 나아가야 합니다. 우리 한 사람 한 사람이 하나님의 왕 같은 제사장이 되어야 합니다. 430년간 이집트의 노예로 살던 이스라엘 백성들을 구원하셔서 시내 산 계약을 통해 제사장 나라를 만드신 것도, 우리를 예수님의 보혈로 구속하신 것도 이 때문입니다.

예수님이 하신 일보다 더 큰 일도 하리라

예수님께서 말씀하십니다. "내가 진실로 진실로 너희에게 이르노니 나를 믿는 자는 내가 하는 일을 그도 할 것이요 또한 그보다 큰 일도 하리니 이는 내가 아버지께로 감이라"(요 14:12).

예수님께서 제자들과 우리들에게 원하시는 일은 예수님께서 행하신 일을 계승하고 더 큰 업적을 이루는 일입니다. 어떻게 예수님보다 더 큰 일을 할 수 있을까 반문하시겠지만, 실제 그렇습니다. 마더 테레사나 슈바이처 박사는 예수님보다 훨씬 더 많은 사람들을 돌보고 살렸습니다. 많은 노숙자 쉼터는 5천 명보다 훨씬 더 많은 사람들을 매일 먹이고 있습니다. 이런 일들을 위하여 평범한 한 사람을 세우고 꿈과 비전을 주셔서 일을 시작하게 하시며, 수많은 갈렙과 요나단 같은 사람들을 보내셔서 도우십니다.

이사야 선지자가 하나님의 약속을 전합니다. "외인은 서서 너희 양 떼를 칠 것이요 이방 사람은 너희 농부와 포도원지기가 될 것이나 오직 너희는 여호와의 제사장이라 일컬음을 받을 것이라. 사람들이 너희를 우리 하나님의 봉사자라 할 것이며 너희가 이방 나라들의 재물을 먹으며 그들의 영광을 얻어 자랑할 것이니라"(사 61:5-6).

우리가 여호와의 제사장이나 하나님의 봉사자라 칭함을 얻으면, 사람들을 보내셔서 내 가정과 사업을 돌보게 하시며 만방에서 후원금을 보내주시겠다는 약속입니다.

이런 꿈같은 일은 거저 일어나는 것은 아닙니다.

첫째, 어떤 상황에서도 포도나무인 예수님께 붙어 있어야 합니다. 어떻게 예수님께 붙어 있을 수 있을까요? "내가 아버지의 계명을 지켜 그의 사랑 안에 거하는 것같이 너희도 내 계명을 지키면 내 사랑 안에 거하리라"(요 15:10).

둘째, 서로 사랑해야 합니다. 서로가 서로를 살리는 일에 진력해야 합니다. 예수님께서 말씀하십니다. "내가 이것을 너희에게 명함은 너희로 서로 사랑하게 하려 함이라"(요 15:17).

셋째, 성령의 인도하심을 받아야 합니다. 육신의 예수님은 부활 승천하셨습니다. 이 땅에 안 계십니다. 그 대신 성령을 보내셨습니다. 성령님의 가장 큰 역할은 우리들에게 예수님의 가르침을 생각나게 해서 그 일을 계승하게 하시는 일입니다. "보혜사 곧 아버지께서 내 이름으로 보내실 성령 그가 너희에게 모든 것을 가르치고 내가 너희에게 말한 모든 것을 생각나게 하리라"(요 14:26).

이 세 가지를 마음에 새기며 생명을 살리는 일을 시작하는 것이 내가 해야 할 일입니다. 내가 누구든지, 처지나 상황에 관계없이 예수님보다 더 큰 일을 하게 됩니다.

예수님은 포도나무이며 나는 가지입니다. 포도나무에 열심히 붙어 예수님의 일을 한다면 농부이신 하나님 아버지께서 필요한 모든 것을 풍성히 공급하셔서 수많은 열매를 맺게 하십니다. 포도나무는 예수님인데 가냘픈 가지인 내게 포도열매가 주렁주렁 열립니다. 이 자체가 은혜이고 영광이고 기적입니다.

38
조금 있으면
나를 보리라

요 16:16-24

세상은 난제로 가득 차 있습니다. 지구 온난화로 인한 자연 파괴와 잦은 지진·화산 피해, 경제 불황이나 테러와 같은 전 지구적 문제부터 각 개인이 감당해야 하는 소소한 문제에 이르기까지, 생각만으로도 가슴이 답답해집니다. 이 난제들은 한 개인이나 국가가 해결할 수 없는, 오로지 하나님만이 풀 수 있는 것들도 많습니다. 그런데 구원자이신 예수님은 어렵게 세상에 오셔서는 단지 3년간 이 땅에 머물다가 하나님 아버지께로 돌아가시겠다는 것입니다. 그것도 숱한 문제들을 시원찮은 제자들에게 일임하고 떠나신다는 것입니다. 너무 야속하고 무책임하다는 생각마저 듭니다.

요한복음 14장에서 16장까지는 예수님의 고별사입니다. 미덥지 못한 제자들이 이 말씀만 잘 이해하면 그 숱한 난제들을 감당할 수 있다고 생각하신 것입니다. 그렇다면 정신 바짝 차리고 그 말씀을 경청해야 합니다. 그 말씀에는 어떤 난제도 감당할 수 있는 창조주 하나님의 지혜가 담겨 있기 때문입니다.

가장 먼저 해야 할 일은, 시원찮은 제자들과 우리들이 난제들을 해결할 수 있는 가장 기초가 되는 것이 무엇인지 정확히 아는 일입니다.

예수님께서 말씀하십니다. "이는 너희가 나를 사랑하고 또 내가 하나님께로부터 온 줄 믿었으므로 아버지께서 친히 너희를 사랑하심이라" (요 16:27).

첫째는 우리와 제자들의 예수님에 대한 사랑입니다. 우리가 명심해야 할 것은 예수님은 섬김의 대상이 아니라, 사랑하고 따라야 하는 분이라는 사실입니다. 둘째는 우리와 제자들을 향한 하나님 아버지의 사랑입니다. 이 두 가지가 난제들을 감당하는 데 가장 필수적인 요소입니다.

예수님을 사랑하고 믿고 따르는 것은 우리의 삶의 태도를 결정하고, 하나님의 사랑은 우리의 삶과 결단을 완성시킵니다. 이것이 문제해결의 가장 튼튼한 기초가 됩니다.

이제 시원찮은 제자들과 우리들을 영적 계승자요 작은 그리스도로 세우시는 하나님의 계획을 살펴봅시다.

사도 바울은 하나님의 사랑에 대해서 다음과 같이 말합니다. "모든 것을 참으며 모든 것을 믿으며 모든 것을 바라며 모든 것을 견디느니라" (고전 13:7).

아무리 결점이 많고 부족하고 연약하더라도 예수님을 사랑하는 사람들은 반드시 어떤 일이라도 감당할 수 있음을 하나님께서는 믿고 바라고 참으십니다. 그리고 '하나님의 열심'으로 반드시 이루십니다. 이것이 난제들을 제자들과 우리들에게 맡기시는 근본적인 이유입니다.

예수님께서 거룩한 사명을 그 미덥지 못한 제자들에게 맡기시는 깊은 뜻은 기독교 교리 중 가장 오묘한 진리인 삼위일체 하나님으로 우리를 이끕니다.

3막의 구원 역사

성경을 3막으로 구성된 구원의 역사라는 관점에서 살펴봅시다.

성부 하나님께서 1막을 주도하셨습니다. 구약에서 하나님께서는 인간의 일에 일일이 대단히 구체적으로 개입하십니다. 아담과 하와 등 사람들과 친히 문답하셨고, 노아와 아브라함과 다윗 등을 친히 부르셨고, 홍해 바다를 가르셨고, 광야에서 매일매일 구름기둥과 불기둥으로 이스라엘 백성들을 인도하시고 만나와 메추라기로 먹이셨습니다. 그 외에도 수많은 일들을 통해 인간사의 세세한 부분까지 관리하셨습니다.

2막은 성자 예수님의 무대입니다. 그런데 예수님은 성부 하나님과는 다른 방식으로 일하셨습니다. 주변에서 일어나는 일들만 해결하셨습니다. 예수님께서는 그 활동무대를 이스라엘과 불과 몇천 명의 사람들로 제한하셨습니다. 수많은 나라들과 수십억의 사람들은 예수님의 존재조차도 알리지 않은 채 방치하셨습니다. 무소부재 전지전능하신 하나님의 능력을 대단히 제한적으로만 사용하시면서 주로 하나님나라의 본질 등을 가르치는 일과 제자들을 양육하는 일에 전념하셨습니다.

3막의 주인공은 성령 하나님이십니다. 오순절 성령께서 임하셔서 그리스도인들의 심령에 자리 잡으셨습니다. 사도 바울은 우리가 '그리스도의 몸'(고전 12:27)인 동시에 '성령께서 거하시는 성전'(고전 3:16)이라고 확언합니다. 이 사실은 너무나 중요합니다.

예수님께서 고별설교에서 가장 많이 언급하신 것은 성령 하나님이십니다.

"보혜사 곧 아버지께서 내 이름으로 보내실 성령 그가 너희에게 모든 것을 가르치고 내가 너희에게 말한 모든 것을 생각나게 하리라"(요

14:26).

"내가 아버지께로부터 너희에게 보낼 보혜사 곧 아버지께로부터 나오시는 진리의 성령이 오실 때에 그가 나를 증언하실 것이요 너희도 처음부터 나와 함께 있었으므로 증언하느니라"(요 15:26-27).

"그러나 내가 너희에게 실상을 말하노니 내가 떠나가는 것이 너희에게 유익이라. 내가 떠나가지 아니하면 보혜사가 너희에게로 오시지 아니할 것이요 가면 내가 그를 너희에게로 보내리니"(요 16:7).

"그러나 진리의 성령이 오시면 그가 너희를 모든 진리 가운데로 인도하시리니 그가 스스로 말하지 않고 오직 들은 것을 말하며 장래 일을 너희에게 알리시리라"(요 16:13).

예수님께서 강조하시는 점은, 성령 하나님은 무엇보다도 진리의 영으로 제자들과 우리들에게 예수님께서 가르치신 모든 것을 생각나게 하는 영이라는 것입니다.

여기서 다음과 같은 대단히 중요한 결론에 도달합니다. "나는 성령께서 거하시는 곳이다. 성령 하나님은 예수님의 가르침을 생각나게 하시는 영이다. 그러므로 내가 성령 하나님의 인도하심을 정확히 올바로 받고 행한다면, 내가 곧 그리스도의 몸으로서 내가 있는 곳에서 예수님의 사역은 계속된다." 그런 사람들이 있는 모든 곳에서, 세계 각처에서 예수님이 하시던 것과 같은 사역과 기적이 계속 일어나게 됩니다.

이 사실을 이미 잘 알고 계신 예수님께서 분명히 말씀하셨습니다. "나를 믿는 자는 내가 하는 일을 그도 할 것이요 또한 그보다 큰 일도 하리니 이는 내가 아버지께로 감이라"(요 14:12). 이 말씀은 사실입니다. 험악한 일들이 매일매일 일어나고 있어도 성령의 인도함을 정확히 받고 행하는 사람들로 인하여 세상은 점점 더 하나님을 향해 가고 있습니다. 슈바이처 박사나 마더 테레사는 예수님보다도 훨씬 더 많은 생명들을 살리고 돌보았습니다. 예수님은 어린이를 사랑하셨으나 노동에서 해방시키지는 않았습니다. 성령을 받은 수많은 '작은 그리스도들'에 의해서 여자와 노예 등이 억압에서 해방되었습니다.

조금 있으면 나를 보리라

본문에서 예수님은 이상한 말씀을 하십니다. "조금 있으면 너희가 나를 보지 못하겠고 또 조금 있으면 나를 보리라"(요 16:16). 이 말씀을 들은 제자들은 의아하다는 표정으로 서로의 얼굴을 쳐다보며 무슨 뜻이냐고 물었습니다.

그 모습을 보신 예수님께서 말씀하십니다. "내가 진실로 진실로 너희에게 이르노니 너희는 곡하고 애통하겠으나 세상은 기뻐하리라. 너희는 근심하겠으나 너희 근심이 도리어 기쁨이 되리라. 여자가 해산하게 되면 그때가 이르렀으므로 근심하나 아기를 낳으면 세상에 사람 난 기쁨으로 말미암아 그 고통을 다시 기억하지 아니하느니라"(요 16:20-21).

이 말씀의 뜻은 무엇일까요? 예수님의 십자가 죽음과 부활을 의미합니다.

며칠 후면 예수님은 십자가 처형을 당하십니다. 예수님의 죽음은 세상 사람들에게는 기쁨입니다. 특히 유대 종교 지도자들에게는 그렇습니다. 반면 제자들은 애통하고 곡하고 근심합니다. 이것이 바로 예수님께서 "조금 있으면 나를 보지 못한다" 하신 말씀의 뜻입니다.

그러나 예수님은 3일 만에 부활하셨습니다. 이것이 근심이 도리어 기쁨이 된다는 뜻이며, 여인의 해산으로 새 생명이 탄생하여 그 기쁨으로 인하여 과거의 근심과 고통은 기억하지 않는다는 뜻입니다. 동시에 "조금 있으면 나를 보리라"는 예수님 말씀의 진의입니다.

예수님께서 말씀하십니다. "지금은 너희가 근심하나 내가 다시 너희를 보리니 너희 마음이 기쁠 것이요 너희 기쁨을 빼앗을 자가 없으리라"(요 16:22).

부활의 기쁨은 세상의 기쁨과는 차원이 다릅니다. 세상의 기쁨은 한정적이고 일시적인 것에 기반을 두고 있지만 부활의 기쁨은 영원하신 하나님이 그 원천입니다. 이 기쁨은 세상이 알지 못하고 알 수도 없어서 결코 빼앗지 못합니다. 이 기쁨은 내가 스스로 버리지 않는 한 영원한 것입니다. 예수님께서 말씀하십니다. "이것을 너희에게 이르는 것은 너희로 내 안에서 평안을 누리게 하려 함이라. 세상에서는 너희가 환난을 당하나 담대하라. 내가 세상을 이기었노라"(요 16:33).

'세상에서는 환난을 당하나.' 여기엔 세상의 난제들은 우리들의 힘으로 완전히 해결할 수는 없다는 뜻도 내포되어 있습니다. 그렇다고 낙담해서는 안 됩니다. 부활의 소망과 기쁨으로 아픔을 이겨내고 다시 담대히 일어나 예수님께서 맡기신 일들을 계승하라는 예수님의 격려의 말씀입니다. 우리들의 삶은 녹록하지 않고 수많은 난제들이 있지만 알고 보면 이미 예수님께서 이기신 세상을 사는 것입니다.

또 하나 중요한 것이 있습니다. "조금 있으면 나를 보리라"라는 예수님의 말씀은 예수님의 부활만을 의미하는 것은 아닙니다. 부활하신 후 40일 동안 예수님은 제자들과 함께 계셨습니다. 그리고 제자들이 보는 가운데 승천해버리셨습니다.

예수님께 드린 제자들의 마지막 질문은 "주께서 이스라엘 나라를 회복하심이 이때니이까?"(행 1:6)였습니다. 제자들은 예수님께서 사망 권세를 이기시고 부활하셨으니 자신들과 함께 이스라엘을 회복하시고 더불어 영원히 왕 노릇할 줄 생각한 것입니다. 그런데 승천해버리신 것입니다. 망연자실 하늘을 바라보며 서 있는 제자들에게 예수님은 천사를 보내셔서 말씀을 전합니다. "어찌하여 서서 하늘을 쳐다보느냐"(행 1:11). 예수님의 촉구는 그렇게 서서 멍하니 하늘만 바라보지 말고 맡기신 일을 시작하라는 뜻입니다. 이제 제자들과 우리들이 주인공이라는 뜻입니다.

그리고 오순절 날 성령이 임하셨습니다. 성령을 받은 제자들은 거리로 뛰쳐나갔습니다. 그리고 목숨을 바쳐 예수님의 사역을 계승하였습니다. 명실공히 시원찮았던 제자들은 위대한 주인공들, 뒤에 남겨진 작은 예수들이 되었습니다. 그들에 의해서 하나님나라가 조금씩 확장되었고, 그 일은 세상 끝날까지 계속될 것입니다.

성령의 강림이 바로 "조금 있으면 나를 보리라"는 말씀의 두 번째 실현입니다.

예수님께서 말씀하십니다. "그날에는 너희가 아무것도 내게 묻지 아니하리라. 내가 진실로 진실로 너희에게 이르노니 너희가 무엇이든지 아버지께 구하는 것을 내 이름으로 주시리라"(요 16:23).

내가 성령을 받고 정확히 성령의 인도함을 받을 때 더 이상 궁금한 것이 없습니다. 오직 구할 것은 예수님 사역의 계속을 위해 필요한 것들이며, 이미 모든 것을 아시는 하나님 아버지께서, 우리가 구하기 전에 충분히, 풍성하게 공급하십니다.

이렇게 삼위일체 하나님께서는 입체적으로 우리가 예수님의 사역을 계승하도록 도우십니다.

오늘날 하나님은 어디 계실까요? 모든 곳에 계십니다. 그런데 성령님의 강림으로 하나님은 바로 내 안에 계십니다. 내 안에 계셔서 나를 통하여 세상에 나타나십니다.

사도 요한이 말합니다. "어느 때나 하나님을 본 사람이 없으되 만일 우리가 서로 사랑하면 하나님이 우리 안에 거하시고 그의 사랑이 우리 안에 온전히 이루어지느니라"(요일 4:12).

하나님은 언제나 대리자를 통하여 일하십니다. 예수님께서 주신 사명을 받아들인 보통 사람들을 통하여 하나님을 나타내시고 그분의 일을 계속하십니다. 우리는 하나님의 손에 들린 자랑스러운 도구입니다.

39
예수님의 마지막 기도

요 17:20-26

우리들은 예수님의 마지막 기도는 겟세마네 동산의 기도라고 알고 있습니다. 그런데 "내 원대로 마시옵고 아버지의 원대로 되기를 원하나이다"(눅 22:42)라는 그 피맺힌 기도를 사도 요한은 기록하지 않았습니다. 요한복음 17장에 기록된 예수님의 마지막 기도는 14장에서 16장에 이르는 고별설교 후에 하신 것입니다. 기도를 마치신 후 예수님은 제자들과 함께 겟세마네 동산으로 가셨습니다. "예수께서 이 말씀을 하시고 제자들과 함께 기드론 시내 건너편으로 나가시니 그곳에 동산이 있는데 제자들과 함께 들어가시니라"(요 18:1) 하는 기록이 그 사실을 입증합니다.

왜 사도 요한은 그 중요한 겟세마네의 기도를 기록하지 않았을까요? 세월이 지나면 기억은 쇠퇴하지만 정말 중요한 일이나 말은 어제 일처럼 생생하게 기억이 납니다. 제자들 중에 천수를 누린 사도 요한이 예수님의 고별설교와 기도를 기록한 것은 시간이 지날수록 겟세마네 기도보다 이것이 훨씬 더 중요하다고 생각되었기 때문일 것입니다.

사도 요한은 예루살렘 교회를 이끌다가 훗날 에베소 교회에서 생을 마감합니다. 요한은 다른 어느 제자들보다 교회 일을 많이 했습니다. 교회의 중요성을 누구보다도 잘 알았고, 하나님의 자녀들이 진정한 '작은 그리스도'가 되고 성도들의 공동체인 교회가 진정한 '예수님의 몸'이 되어야 한다는 것을 절감했을 것입니다. 예수님께서 성도들과 교회의 중요성을 아셨기에 고별설교에서도 사악하고 험난한 세상을 이기고 하나님나라를 건설하는 데 필수적인 요소를 강조하셨고, 사도 요한은 시간이 지나면서 당연히 예수님의 마음을 절감하였을 것입니다.

겟세마네 기도가 십자가 고난과 죽음을 앞둔 예수님 자신을 위한 기도라면, 요한복음 17장의 기도는 예수님의 거룩한 사명을 계승하고 감당해야 하는 하나님의 자녀요 성도들인 우리를 위한 기도입니다.

왜 하나 되지 못할까

예수님의 마지막 기도의 핵심 주제는 "하나 되게 하옵소서"입니다. 예수님은 네 번씩이나 하나 되게 해달라고 기도하셨습니다.

그런데 예수님의 간절한 기도가 오늘날 이루어졌을까요? 아닙니다. 정반대입니다. 셀 수 없이 많은 교단들이 하나가 되지 못했음을 드러냅니다. 개 교회에서도 하나가 되어야 한다며 '입조심'과 '일사분란'을 강조하며 획일화를 조장합니다. 그러나 '하나 됨'과 '획일화'는 전혀 다른 것입니다. 북한을 생각하면 획일화가 얼마나 숨이 막히는 것인지 금방 이해할 수 있습니다. 하나님은 온 우주만물과 사람에게까지 개성과 다양성을 부여하셨습니다. 70억의 사람 가운데 똑같은 사람은 한 명도 없습니다. 오늘날 교회에서 강조하고 시행하는 하나 됨은 하나님의 창조 섭리에 역행하는 것입니다.

왜 이렇게 된 것일까요? 원인을 파악해야 합니다. 문제를 정확히 인식하고 올바로 서술할 수 있다면 아무리 어려운 문제라도 장악할 수 있습니다.

"말씀이 육신이 되어 우리 가운데 거하시매 우리가 그의 영광을 보니 아버지의 독생자의 영광이요 은혜와 진리가 충만하더라"(요 1:14). 사도 요한의 예수님에 대한 설명입니다. 예수님은 은혜와 진리가 충만하셨습니다.

교회의 장구한 역사를 잠깐 되돌아봅시다. 그동안 교회는 '진리' 면에서 쉬지 않고 열심히 일했습니다. 공의회를 소집하고 신조와 교리를 채택하고 방대한 신학 체계를 정립했습니다. 수많은 신학자들의 논쟁과 이론이 이어졌습니다. 물론 올바른 신학을 정립하는 것은 절대적으로 필요합니다. 그러나 수많은 논쟁은 분열을 초래하였습니다.

반면 은혜 부분에서는 대단히 소홀했습니다. 은혜와 사랑 역시 교리와 이론상으로는 흠잡을 데가 없이 정리되었지만 그 실천에서는 미미하기 짝이 없었습니다. 머리로는 열심이었으나 손과 발은 게을렀다는 것입니다. 물론 온몸을 바친 수많은 하나님의 봉사자들이 있었지만, 일반 그리스도인으로 옮겨가 보면 성과는 미미합니다.

진리만을 강조한 결과 그리스도인들이 세상 사람들에게는 '은혜를 나눠주는 사람들'보다는 '죄책감을 나눠주는 사람들'로 인식되었습니다. 교인들은 세상 사람들을 하나님의 진리를 모르는 사람, 그래서 진리에 역행하는 사람, 회심시켜야 하는 죄인들로 인식하고 접근합니다. 이런 태도에서 설득력이 나올 수 없습니다. 이러한 시각과 태도는 즉각 바로 잡아야 합니다. 어떻게 바꿔야 할까요?

예수님과 사마리아 여인의 대화에서 올바른 시각을 찾을 수 있습니다. 사마리아 여인은 예수님께 합당한 예배 장소가 어디인지를 물었습니다. 진리의 관점에서 나온 질문입니다. 그러나 예수님은 여인의 해소되지 못한 목마름으로 화제를 돌리셨습니다. 예수님은 문제 많은 이 여인에게 한 점의 죄책감도 느끼지 않게 하시면서 '은혜를 나눠주는 사람'으로 다가서셨습니다.

가톨릭 신부인 헨리 나우웬은 샌프란시스코의 한 병원에서 에이즈 환자들을 일주일 동안 문병하고 돌아온 후 기도 제목이 바뀌었습니다. "하나님, 다른 사람들을 하나님을 섬기지 않는 죄인이 아닌, 목말라 하는 사람들로 여기게 하옵소서. 그리고 하나님의 생수를 내밀 용기와 그들을 가련히 여기는 마음을 제게 허락하소서."

서로가 서로를 긍휼히 여기는 이런 마음가짐이 하나님의 은혜에 관한 좋은 소식을 이웃들에게 전할 수 있게 하고, 우리로 하여금 하나님의 은혜 가운데 하나 되게 합니다.

하나님 아버지는 우리가 얼마나 많은 논쟁에서 승리하는지에 관심이 없습니다. 얼마나 사랑하는지를 보십니다. 사랑이 없으면 우리의 어떤 말이나 행위도 성가신 징이나 꽹과리가 될 뿐입니다.

기독교는 은혜와 사랑의 종교입니다. 최근 기독교 정당이 동성애자나 이슬람교도들을 향한 증오심을 부추기며 상당한 득표를 했는데, 이는 참으로 잘못된 일입니다.

진주 팔기에서 보물찾기로

영국의 유대교 랍비 조너선 색스는 구약성경에 '네 이웃을 네 몸과 같이 사랑하라'고 명령한 곳은 한 군데인 데 반해, '낯선 사람이나 원수를 사랑하고, 그를 위해 기도하라'는 구절은 36개나 된다고 하였습니다. 예수님도 "너희 원수를 사랑하며 너희를 박해하는 자를 위하여 기도하라"(마 5:44)고 명하셨습니다. 이 명을 준행한 사람이 스데반 집사입니다. 그는 자신에게 돌을 던지는 사람들을 위하여 기도했습니다. "주여 이 죄를 그들에게 돌리지 마옵소서"(행 7:60). 이 모습을 눈여겨본 사람이 바로 사도 바울입니다. 스데반의 기도가 사울을 깨워 사도 바울이 되게 한 것입니다.

예수님께서 말씀하십니다. "이같이 한즉 하늘에 계신 너희 아버지의 아들이 되리니 이는 하나님이 그 해를 악인과 선인에게 비추시며 비를 의로운 자와 불의한 자에게 내려주심이라"(마 5:45).

누가복음에서는 이렇게 말씀하셨습니다. "지극히 높으신 이의 아들이 되리니 그는 은혜를 모르는 자와 악한 자에게도 인자하시니라"(눅 6:35).

바꿔야 하는 태도가 또 있습니다. 헨리 나우웬이 말합니다. "교회 사역의 접근 방식을 '진주를 파는 것'에서 사람들이 이미 하나님으로부터 부여받은 '보물을 찾는 것'으로 바꿔야 합니다. 그것이 종교가 아닌 은혜를 나눠주는 것으로의 전환입니다. 내 이웃을 잠재적 회심자로 여기느냐 아니면 하나님께서 이미 사랑하고 계신 사람으로 여기느냐 하는 것은 세상에 매우 중요한 영향을 끼칩니다."

언제나 상대방의 내면에 가득한 영적 갈증에 초점을 맞추는 태도를 통해 우리는 하나님의 큰 은혜를 나눠주는 환영받는 사람으로 거듭남을 잊어서는 안 됩니다. 그때 한 사람 한 사람에게 하나님께서 주신 개성과 존엄성과 다양성이 발휘되면서 하나가 될 수 있습니다.

상대방에 내재된 이미 받은 보물을 찾아주는 시각, 상대방의 영적 갈증에 초점을 맞춘 시각을 필립 얀시는 '은혜로 치유된 눈(grace-healed eyes)'라고 명명하였습니다. 이 눈으로 남편과 아내가 서로 바라보고, 부모와 자녀가 서로 바라보고, 성도와 성도들이 서로 바라보고, 낯선 사람들과 원수까지도 그렇게 바라볼 때, 서로가 가진 다양성과 특성들이 시너지 효과를 내서 세상을 변화시킵니다. 이것이 다양성 안에서 하나가 되는 길입니다.

신약 성경은 '서로'라는 말을 29회나 사용하고 있습니다. 서로 사랑하라. 서로 용서하라. 서로 기도하라. 서로 짐을 지라. 서로 헌신하라. 서로 자기 자신보다 남을 더 중요하게 여기라. 서로 험담하지 말라. 서로 판단하지 말라. 서로 관용을 베풀라. 서로 친절히 대하라. 서로 진리를 말하라. 서로 세워주라. 서로 위로하라. 서로 돌보라. 서로 사랑과 선한 행실을 할 수 있도록 격려하라.

'서로'라는 말이 올바로 발휘되기 위해서는 어떤 편견과 차별도 없이 상대방을 하나님의 자녀로 존중해야 합니다.

예수님의 마지막 기도에서도 면면히 흐르는 개념이 '서로'입니다. 하나님 아버지께서 성자 예수님께 은혜와 사랑과 영광과 말씀을 주셨고, 예수님은 제자들에게 받은 바 모든 것을 주셨다고 하셨습니다. 그 은혜와 사랑과 영광과 진리를 받은 제자들을 통해 하나님 아버지께서 영광을 받으십니다. 이렇게 서로가 서로에게 맞물리며 연결되어 있습니다. 시원찮고 미덥지 못한 우리가 그 엄청난 은혜의 고리 한 부분을 차지하고 있다는 것은 하나님께서 얼마나 우리를 귀하게 사랑하시는지를 단적으로 보여줍니다.

내가 그 고리 역할을 올바로 감당하기 위해서는 사도 바울의 권고대로, '무엇에든지 참되며 무엇에든지 경건하며 무엇에든지 옳으며 무엇에든지 정결하며 무엇에든지 사랑받을 만한가'(빌 4:8)를 점검해야 합니다.

하나가 되는 길

오늘날처럼 그리스도인들이 무시당하는 시대도 없었습니다. 교인이라는 사실을 밝히지 않는 것이 사회생활에 유리하다고 할 정도입니다. 모두 다 우리의 잘못 때문입니다.

내가 얼마나 사랑을 잘하는지 알 수 있는 아주 손쉬운 방법이 있습니다. 다른 사람들이 나와 함께 있기를 좋아하는가를 점검해보는 것입니다. 만약 그렇지 않다면 내 시각과 태도를 반드시 바꿔야 합니다. 은혜로 치유된 눈으로 이웃을 바라보아야 합니다. 그래서 사랑받을 만한 존재가 되어야 합니다.

다양성이 아름다운 꽃처럼 발휘되면서도 하나가 되는 구체적인 길을 예수님께서 제시하십니다.

첫째, 하나님의 말씀 안에서 하나가 됩니다.

"나는 아버지께서 내게 주신 말씀들을 그들에게 주었사오며 그들은 이것을 받고 내가 아버지께로부터 나온 줄을 참으로 아오며 아버지께서 나를 보내신 줄도 믿었사옵나이다"(요 17:8).

말씀 안에서 하나님과 예수님이 온전히 하나가 되었듯이, 그 말씀 안에서 사람들도 하나가 됩니다. 부부도, 부모와 자식도, 성도들도 하나님의 말씀 안에서 하나가 됩니다.

둘째로, 온전히 하나님의 소유가 되어야 합니다.

"내가 그들을 위하여 비옵나니 내가 비옵는 것은 세상을 위함이 아니요 내게 주신 자들을 위함이니이다. 그들은 아버지의 것이로소이다"(요 17:9).

성경의 역사는 각자 소견대로 살아가는 우리들을 불러 하나님의 소유로 만드는 과정의 기록입니다. 하나님의 소유가 될 때 내 삶이 위축되고 제한을 받는다고 생각하는데, 크나큰 착각입니다.

가난하기 짝이 없는 내 소견을 따라 살 때 온갖 것에 의해서 제한을 받습니다. 온 우주만물의 소유주이신 하나님의 소유가 될 때 나는 그 누구보다도 풍요로워집니다.

하나님의 구원을 의미하는 히브리어 '하야'는 '넓게 확장하는 것'을 의미합니다. 예수님의 말씀처럼 '양으로 생명을 얻게 하고 더 풍성히 얻게 하는 것'(요 10:10)이 곧 기독교의 구원입니다.

셋째로, 세상에 속하지 말아야 합니다.

"내가 아버지의 말씀을 그들에게 주었사오매 세상이 그들을 미워하였사오니 이는 내가 세상에 속하지 아니함같이 그들도 세상에 속하지 아니함으로 인함이니이다"(요 17:14).

세상 사람이나 사건에 일희일비하며 휘둘리는 것은 세상에 속했기 때문입니다. 성도들은 세상에서 살지만 이미 세상을 초월한 '세상이 감당치 못하는 존재'들입니다.

이렇게 살아갈 때에 각자의 특성과 다양성은 존중되는 가운데 온전히 하나가 되어 예수님의 기도가 응답을 받게 됩니다.

우리가 각자 속한 가정과 교회와 기업이 생명 공동체가 되어 구성원들이 은혜로 치유되기를, 그리하여 세상 사람들에게 존경받는 매력적인 공동체가 되기를 바랍니다.

40
예수님의 가시는 길에서

요 18:33-40

내일은 내가 십자가를 지고 형장의 이슬로 사라지는 날
내 지은 죄로 고통의 쓴잔을 마시는 날
나의 모든 시간과 계획과 사고와 생명이 다하는 날
두려움과 공포 속에서 날이 밝기를 오히려 기다리며
애써 태연하려고 다시 한 번 나를 달랜다

내일 내가 달려야 했던 그 언덕에 다시 한 번 가봐야겠다
예수라는 그가 내 대신…
다시금 주어진 내 생명, 그 많은 시간들…

주님, 난 아직도 십자가에 못 박힐 수밖에 없는 죄인입니다.
주님이 날 위해 못 박혔던 그 자리에서
두 팔을 벌려봅니다…

한 무명 시인이 바라바의 심정을 그린 시입니다.

누가복음에 바라바가 누구인지 한 줄로 기록되어 있습니다. "이 바라바는 성중에서 일어난 민란과 살인으로 말미암아 옥에 갇힌 자러라"(눅 23:19). 바라바는 당시 가장 악명 높은 범죄자로 십자가형이 확정된 인물입니다.

빌라도가 예수님을 놓아주려 하자 대제사장과 바리새인들은 백성들을 선동했습니다. 그러자 백성들이 소리칩니다. "이 사람을 없이하고 바라바를 우리에게 놓아주소서"(눅 23:18). 소리가 점점 높아지고 빌라도는 예수님 대신 바라바를 석방하였습니다. 이스라엘의 최대 명절인 유월절에는 죄인을 석방하는 관례가 있었기 때문입니다. 그렇게 예수님의 십자가형이 확정되고 말았습니다.

바라바는 어땠을까요?

"뭐, 석방이라고?" 갑자기, 느닷없이 찾아온 행운에 정신이 없었을 것입니다. 그는 영문도 모른 채 옥문을 나섰을 것입니다. 그리고 나중에야 그 이유를 알게 되었습니다. 예수라는 사람 대신에 자신이 석방되었다는 것입니다. 그는 어떻게 되었을까요? 모릅니다. 어떻든 바라바는 예수님의 십자가로 인하여 생명을 얻은 최초의 사람이 되었습니다.

훗날 바라바는 문학과 영화의 소재가 되었고, 스웨덴 작가 페르 라게르크비스트는 소설 《바라바》(문예출판사, 1999)로 1951년 노벨상을 수상하게 됩니다. 라게르크비스트는 바라바가 예수님의 부활을 전하다가 순교당하는 것으로 그의 소설을 끝맺습니다. 정말 그랬을 것입니다. 예수님으로 인하여 살아난 사람이 어찌 아무런 변화도 없이 되는대로 살아갈 수 있겠습니까?

비아 돌로로사

겟세마네 동산에서 기도를 마치신 후 예수님은 자고 있는 제자들을 깨우며 말씀하셨습니다. "일어나라. 함께 가자. 보라, 나를 파는 자가 가까이 왔느니라"(마 26:46).

피땀 흐르는 기도로 마음을 정리하신 예수님은 앞으로 닥칠 고난과 죽음을 맞이하러 길을 나섰습니다. 그렇게 비아 돌로로사의 여정이 시작되었습니다.

비아 돌로로사(Via Dolorosa). '슬픔의 길'이라는 뜻의 라틴어입니다. 바로 예수님께서 가신 고난의 길을 말합니다. 그 길을 가시는 예수님을 수많은 사람들이 지켜보게 됩니다.

예수님께서 체포되는 순간 도망쳐버린 제자들. 끌려가는 예수님을 먼 발치에서 쫓아갔던 베드로. 예수님을 희롱하고 때리며 가지고 놀았던 군인들. 밤새도록 예수님을 들볶으며 심문하던 대제사장과 서기관들. 날이 새자 예수님을 세워 공청회를 열었던 산헤드린 공회원들. 예수님을 무죄석방하려 했던 로마 총독 빌라도.

왜 총독 빌라도는 예수님을 석방하려 했을까요? 의로운 사람이었기 때문에? 이스라엘은 로마 식민지였기에 로마 총독에게 재판권과 형 집행권이 있었습니다. 그러나 빌라도는 이 일에 관여하고 싶지 않았습니다. 유대인들의 종교적인 문제일 뿐, 너무나 골치 아팠기 때문입니다. 그래서 그는 헤롯 왕에게 이 일을 떠넘겨버렸습니다.

이 사건을 넘겨받은 헤롯 왕에 대하여 성경은 다음과 같이 전합니다. "헤롯이 예수를 보고 매우 기뻐하니 이는 그의 소문을 들었으므로 보고자 한 지 오래였고." 예수님을 보고 헤롯 왕이 기뻐하였습니다. 그런데 기뻐한 이유가 딴 데 있었습니다. "또한 무엇이나 이적 행하심을 볼까 바랐던 연고러라"(눅 23:8).

헤롯 왕은 예수님에 대한 소문을 익히 들었는데, 예수가 희한한 능력을 가진 사람이라는 것이었습니다. 그런데 그 사람이 지금 자기 앞에 끌려와 있습니다. 그래서 신기한 구경이나 해야겠다는 마음으로 이것저것 물어보았으나, 예수님은 아무 말씀도 하지 않으셨습니다.

흥미를 잃은 헤롯 왕은 예수님을 희롱하고는 다시 빌라도 총독에게 보내버렸습니다. 성경은 이렇게 상황을 전하고 있습니다. "헤롯과 빌라도가 전에는 원수였으나 당일에 서로 친구가 되니라"(눅 23:12).

그렇게 다시 빌라도 총독에게 보내진 예수님은 십자가형이 확정되고, 채찍으로 서른아홉 대를 맞으신 후, 살점이 뜯기고 뼈가 드러난 몸으로 그 무거운 십자가를 지시고 골고다 언덕을 향해 걸어가셨습니다. 수많은 사람들이 그 광경을 보러 거리에 나와 있었습니다.

가시다가 예수님은 십자가의 무게를 도저히 견딜 수가 없어 넘어지고 또 넘어집니다. 마침내 예수님의 몸은 무거운 십자가 밑에 깔리고 말았습니다. 빨리 일어나라는 로마 군인들의 무자비한 채찍질이 쏟아졌지만 예수님은 도저히 일어서실 수가 없었습니다. 마침 가장 가까이 있던 구레네 사람 시몬이 끌려왔습니다. 군인들은 그에게 십자가를 대신 지게 했습니다.

성경은 이렇게 전합니다. "그들이 예수를 끌고 갈 때에 시몬이라는 구레네 사람이 시골에서 오는 것을 붙들어 그에게 십자가를 지워 예수를 따르게 하더라"(눅 23:26).

그리고 예수님의 고난과 죽음의 전 과정을 지켜본 로마 백부장은 두려움에 토로합니다. "이는 진실로 하나님의 아들이었도다"(마 27:54).

예수님께서 체포되시고 숨을 거두시기까지, 도망친 제자들부터 시작하여 예수님께서 하나님의 아들이라고 토로한 백부장에 이르는 수많은 사람들이 그 광경을 지켜보았습니다. 그들에게는 저마다 크고 작은 느낌이 있었을 것입니다. 우리들도 예수님의 고난과 죽음에 대한 각각의 느낌이 있습니다.

그런데 예수님의 가신 길, 비아 돌로로사는 예사 길이 아닙니다. 그 사실을 사람들은 전혀 몰랐습니다.

칼이 네 마음을 찌르듯 하리니

예수님의 십자가 사건으로부터 30여 년 전 일입니다. 아기 예수님이 태어난 지 40일째 되는 날, 마리아와 요셉은 아기 예수님을 안고 하나님의 성전을 찾았습니다. 율법에 따라 정결예식을 치르기 위해서입니다. 그때 한 할아버지를 만납니다. 이름은 시므온. 아기 예수님을 본 그는 마리아에게 청하여 한번 안아보기를 원했습니다. 아기를 품에 안자 그는 기쁨의 찬양을 하나님께 돌리며 이런 말을 하였습니다.

"주재여 이제는 말씀하신 대로 종을 평안히 놓아주시는도다. 내 눈이 주의 구원을 보았사오니 이는 만민 앞에 예비하신 것이요 이방을 비추는 빛이요 주의 백성 이스라엘의 영광이니이다"(눅 2:29-32).

그 말에 마리아는 적이 놀라지 않을 수 없었습니다. 그런데 놀란 마리아에게 그가 이런 말을 하였습니다.

"보라, 이는 이스라엘 중 많은 사람을 패하거나 흥하게 하며 비방을 받는 표적이 되기 위하여 세움을 받았고 또 칼이 네 마음을 찌르듯 하리니 이는 여러 사람의 마음의 생각을 드러내려 함이니라"(눅 2:34-35).

정말 시므온 할아버지의 말이 맞았습니다. 예수님의 고난은 어머니 마리아의 마음을 갈가리 찢어놓았습니다. 그리고 예수님의 고난을 보았던 모든 사람들의 마음의 생각을 드러내었습니다. 제자들, 대제사장과 서기관들, 빌라도 총독과 헤롯 왕, 바라바와 구레네 지방에서 온 시몬, 그리고 백부장과 병사들과 길거리에 늘어서 있던 모든 사람들의 마음의 생각을 드러내었습니다. 또한 우리들의 마음의 생각도 드러내고 있습니다.

여러분들은, 비아 돌로로사를 가시는 예수님에 관하여 들으며 무슨 생각이 드십니까? 마음이 아프십니까? 아니면 2천 년 전 한 사내의 고난일 뿐입니까? 그저 그런 이야기입니까? 그 사건이 나와 무슨 관계가 있는지 궁금하십니까? 예수님의 고난과 죽음에서 정말 내 구원의 가능성이 있을 것 같아 소망이 보입니까? 무슨 생각이 드십니까?

그런데 그 마음의 생각들은 그저 스쳐 지나가는 것이 아닙니다. 모든 사람들의 흥함과 패함을 결정하는 표적이 되는, 너무나 중요한, 가장 중요한 기준이 됩니다. 그렇다면 어떤 반응을 보인 사람이 구원을 받을까요? 나아가서, 누가 흥하고 누가 패할까요?

예수님이 받으신 고난과 죽음에 마음 아파하는 사람들은 구원을 받을까요? '과연 하나님의 아들이라'고 토로했던 로마 백부장은 구원을 받았을까요? 이에 대한 정확한 답은 그럴 수도 있고, 그렇지 않을 수도 있다는 것입니다.

예수님을 은 삼십에 팔았던 가룟 유다도 예수님의 고난을 보며 마음이 찢어졌습니다. 가룟 유다 자신도 그럴 줄 몰랐습니다. 그래서 은 삼십을 성소에 던져 넣고 스스로 목숨을 끊고 말았습니다. 그는 가장 마음이 아픈 사람 중 하나였지만 구원과는 거리가 멀었습니다.

예수님의 죽음에 마음이 아픈 것이나, '과연 예수님은 하나님의 아들이라' 하고 고백하는 것만으로는 부족하다는 것입니다. 그렇다면 어떻게 해야 하는 것일까요? 어떻게 반응해야 하는 것일까요? 구레네 시몬이 올바로 반응하는 길을 가르쳐줍니다.

구레네 시몬의 반응

예수님의 십자가를 대신 졌던 사람이 구레네 사람 시몬이라는 것을 어떻게 알았을까요? 당시에는 그 일을 기록한 사람, 기자와 같은 사람은 없었습니다.

마가복음에 이런 기록이 있습니다. "마침 알렉산더와 루포의 아버지인 구레네 사람 시몬이 시골로부터 와서 지나가는데 그들이 그를 억지로 같이 가게 하여 예수의 십자가를 지우고"(막 15:21).

로마서에는 이런 기록도 있습니다. "주 안에서 택하심을 입은 루포와 그의 어머니에게 문안하라. 그의 어머니는 곧 내 어머니니라"(롬 16:13). 사도 바울이 어머니라 부를 정도로 훌륭한 그 여인이 누구일까요?

루포의 아버지가 바로 구레네 사람 시몬입니다. 루포의 어머니는 곧 시몬의 아내입니다. 시몬의 아내를 사도 바울이 어머니라고 부른다는 것입니다.

이 두 구절에 담긴 이야기 속으로 들어가 보면 어떻게 반응해야 구원을 받는지, 나아가서는 흥하게 되는 알게 됩니다.

구레네는 아프리카 북쪽에 위치한 곳으로, 오늘날로 치면 리비아의 수도 트리폴리를 말합니다. 예루살렘까지는 육로로는 2천 킬로미터 이상, 바닷길로도 1천 킬로미터 이상 떨어진 머나먼 곳입니다. 그 먼 곳에서 예루살렘까지 오게 된 이유는 시몬이 디아스포라 유대인으로 평생에 한 번은 유월절에 하나님의 성전에 와야 한다는 율법을 지키기 위해서였습니다. 그 옛날 그 머나먼 길을 가기 위해서는 평생을 준비해야 합니다. 그래서 천신만고 끝에 하나님의 도성 예루살렘에 왔습니다. 얼마나 감격스러웠겠습니까? 그런데 꿈에 그리던 하나님의 도성에 왔다가 봉변을 당한 것입니다.

십자가는 최고의 저주 그 자체입니다. 그것을 지라고 했을 때 그의 마음은 얼어붙었을 것입니다. '하나님의 성전에 예배하러 그 먼 길을 왔는데, 이 무슨 변고인가! 하나님께서 내게 왜 이러시나!' 그러나 서슬 퍼런 로마 군인들의 명을 거역할 수는 없는 법. 어쩔 수 없이 십자가를 졌습니다. 마음은 이미 무너졌습니다. '내게 저주의 십자가를 지게 하시다니, 하나님은 정말 살아 계신 걸까?' 신앙마저 흔들렸을 것입니다. 그렇게 정신 줄을 놓고 십자가를 지고 가는데 이상한 생각이 들기 시작합니다. 수많은 사람들이 슬퍼하고, 또 수많은 사람들이 야유하는 것입니다. 그래서 이 죄인의 일거수일투족을 지켜보았습니다. 다른 죄인들과는 달랐습니다. '도대체 이 사람이 누구이기에 이러는 것일까?'

시몬은 예수님의 십자가 고난과 죽음을 눈여겨보지 않을 수 없었고, 또 후에 예수님을 알아보지 않을 수 없었습니다. '아, 이런 분이셨구나.' 그런데 며칠 후 이상한 소문이 돌기 시작했습니다. 그분이 살아나셨다는 것입니다. 그 소문의 진위를 알아보았습니다. 그리고 그 예수님을 믿지 않을 수 없었습니다. 그래서 기꺼이 초대교회 일원이 되었습니다.

그것으로 끝난 것이 아닙니다. 고향으로 돌아간 시몬은 온 가족에게 예수님이 그리스도이며 구원자임을 알렸습니다. 그리고 온 가족은 가장 충성스러운 교회 일꾼이 되어 사도 바울까지 힘써 도왔습니다. 사도 바울을 도왔다는 것은 트리폴리를 떠나 아예 이스라엘로 이주하였다는 것입니다. 사도 바울의 선교 사역은 오늘날의 이스라엘 북쪽과 터키와 유럽 지역인데 리비아와는 엄청나게 떨어진 지역입니다. 신앙을 위해 모든 것을 뒤로하였다는 뜻입니다. 사도 바울은 시몬 집안의 주님에 대한 충성이 너무나 고마워 루포와 알렉산더의 어머니, 즉 시몬의 아내를 어머니로 여길 정도였습니다.

거기서 끝나는 것이 아닙니다. 훗날 구레네까지 기독교 도시, 축복받은 도시로 변했습니다.

시몬과 다른 사람들과의 차이점이 무엇일까요?

시몬은 예수님께 반응했습니다. 반면 다른 사람들은 자신에게 반응했습니다. 예수님께 반응한다는 것이 무엇일까요?

참혹한 십자가 고난을 봅시다. 어떤 이들은 늘 보아오던 거라 그러려니 합니다. 어떤 이들은 안됐다는 생각이 들기도 하고, 또 마음 아파합니다. 어떤 이들은 기득권에 코를 박고 있는 종교 지도자들이나 압제자들에게 이를 갈며, 목숨 걸고 이들을 반드시 무너뜨리겠다고 다짐합니다. 그러고는 집으로 돌아갑니다. 가룟 유다처럼 너무나 괴로워 스스로 목숨을 끊습니다. 그러나 이 모든 것들은, 아무리 비장해도 그저 내 생각, 내 감정에 반응하는 것입니다.

그런데 시몬은 그가 누구이며, 왜 그런 고난을 받아야 하는지를 알아봅니다. 그 이유를 알게 됩니다. 나를 구원하기 위해서라는 말을 듣습니다. 그분의 가르침을 듣습니다. 그 가르침과 내 생각이 충돌합니다. 내 생각을 버리고, 그분의 가르침에 동의합니다. 그리고 따라갑니다. 고난과 어려움이 생깁니다. 그러나 그분의 가르침으로 이겨냅니다. 점점 그분께 가까워지고 그분과 하나가 되어갑니다.

예수님께, 예수님을 향하여 반응한 사람 시몬에게서 비롯된 루포와 그의 어머니를 성경은 "주 안에서 택하심을 입은 사람"이라고 부릅니다.

"주 안에서 택하심을 입은". 이것은 우리들이 구해야 하는 최고의 형용사입니다.

예수님이 가시는 곳이면 언제 어디서나 생명이 뚝뚝 떨어졌습니다. 그분의 생명은 곧 사랑입니다. 그 사랑으로 우주만물과 특히 우리 사람들을 창조하시고 그 사랑으로 운행하십니다. 그러므로 그 사랑이 떨어지는 곳에서 최고의 생명이 피어나는 것은 너무나 당연합니다.

오늘도, 이 시간에도 살아 계신 예수님으로부터 생명이 떨어지고 있습니다. 우연이라도 상관없습니다. 그 생명의 피를 받은 사람은 살아납니다. 변화되고, 복의 근원이 됩니다.

41
다 이루었다

요 19:28-30

탈진한 예수님은 십자가에 눕혀지고 길이가 20센티미터가 넘는 커다란 대못이 양 손목에 박혔습니다. 예수님의 발목이 포개져 복숭아 뼈에 그보다 더 큰 못이 박혔습니다. 그렇게 못을 박고 십자가가 세워지자 예수님의 몸이 땅 쪽으로 쏠렸습니다. 그러자 못 박힌 손목과 발목에서 참을 수 없는 고통이 몰려왔습니다. 목을 지탱할 힘이 없어지고 고개가 숙여졌습니다. 그러자 숨을 쉴 수가 없었습니다. 목을 바로 세우려고 하자 손목에 힘이 들어갑니다. 그러자 박힌 못은 손목의 힘줄을 끊을 듯이 죄어왔습니다.

  십자가형은 인간이 고안해낸 가장 잔혹한 처형 방법입니다. 현대의 사형 집행은 어떻게 하면 고통을 최소화할까에 초점을 맞추는 데 반해, 십자가형은 어떻게 하면 고통을 극대화할까에 초점을 맞춥니다. 예수님께서 받으신 십자가형은 인간의 극대화된 사악함마저도 받아들이시겠다는 예수님의 마음을, 인간의 그 어떤 사악함도 용서하시겠다는 하나님의 마음을 보여줍니다.

극악한 십자가형에 딱 한 번 관용이 베풀어집니다. 몰약을 탄 신 포도주를 주는 것입니다. 몰약은 마취 성분이 있어서 그것을 마시면 약간이나마 고통을 줄일 수 있습니다.

전날 밤 겟세마네 동산에서 붙잡히신 예수님은 이리저리 끌려 다니시고, 서른아홉 번의 채찍을 맞으시고, 많은 피를 흘리셨습니다. 그리고 무거운 십자가를 지고 골고다 언덕까지 올라오셨습니다. 지금은 몇 시쯤 되었을까요? 아직 정오는 안 되었을 것입니다. 체포되신 후 열서너 시간이 지났을까요? 아무 일 하지 않아도 열서너 시간 동안 물을 마시지 않으면 목이 타들어갑니다. 예수님은 얼마나 목이 마르셨을까요?

마가복음에는 이런 구절이 적혀 있습니다. "몰약을 탄 포도주를 주었으나 예수께서 받지 아니하시니라"(막 15:23).

마태는 마가와는 다르게 적어놓았습니다. "쓸개 탄 포도주를 예수께 주어 마시게 하려 하였더니 예수께서 맛보시고 마시고자 하지 아니하시더라"(마 27:34).

"왜 서로 이렇게 달라? 엉터리 아니야?" "쓸개를 탄 거야, 몰약을 탄 거야?" "신 포도주야, 그냥 포도주야?" "맛은 보신 거잖아. 그렇다면 맛이 없어 거절한 거잖아?" 이렇게 묻는다면, 자신의 마를 대로 마른 심정을 드러낼 뿐입니다.

저는 이렇게 생각합니다. 십자가형을 받았던 모든 죄수들은 그 신 포도주를 허겁지겁 마셨을 것입니다. 더 달라고 했을 것입니다. 예수님께서도 너무나 목이 마르셨습니다. 그런데 포도주가 주어집니다. 시큼한 냄새가 코를 찌릅니다. 그러나 침이 돌지 않았습니다. 침조차 말랐기 때문입니다. 예수님은 입술을 대셨습니다. 그러다가 그만두셨습니다. '아니, 이것마저 견뎌야 한다'고 결심하셨기 때문이리라 생각합니다. '혹시

신 포도주를 마시지 못한 십자가 처형자가 있을까' 싶으셨고, 그가 당했을 고통보다 조금 더 내려가신 것입니다. 그래서 한 방울의 배려조차도 참아내신 것입니다.

네가 하나님의 아들이어든

십자가에 달린 예수님의 모습을 보면서 대제사장들과 백성들이 소리칩니다. "네가 만일 하나님의 아들이어든 자기를 구원하고 십자가에서 내려오라"(마 27:40). 그 소리에는 자신들의 최대 골칫거리를 해결한 의기양양함이 가득합니다.

"하나님의 아들이어든". 어디서 많이 듣던 소립니다. 그렇습니다. 바로 예수님의 공생애 가장 처음에, 예수님께서 40일을 금식하시고 사탄에게 시험을 받으실 때 듣던 소리입니다.

"네가 만일 하나님의 아들이어든 명하여 이 돌들로 떡덩이가 되게 하라"(마 4:3). "네가 만일 하나님의 아들이어든 뛰어내리라"(마 4:6). 그 당시 사탄은 예수님께 하나님의 아들임을 증명해보라고 유혹하였습니다. 예수님은 그 모든 유혹을 하나님의 말씀에 의지하여 물리치셨고, 사탄은 예수님을 시험하는 데 실패하고 말았습니다. 그렇게 시험을 이기신 예수님의 공생애가 시작되었습니다. 그런데 성경은 이렇게 기록해놓았습니다. "마귀가 모든 시험을 다 한 후에 얼마 동안 떠나니라"(눅 4:13).

사탄이 아주 떠난 것이 아니었습니다. 사탄은 호시탐탐 기회를 엿보며 사람들을 미혹하여 예수님의 사역을 방해하도록 부추겼습니다. 여기에 수많은 사람들이 걸려들었습니다. 바리새인들과 서기관들, 예수님을 반대하던 사람들만이 아닙니다. 베드로와 가룟 유다 등 예수님의 최측근들까지 걸려들었습니다. 마태복음 본문에서 사탄은 종교 지도자들과 사람들을 동원하여 마지막으로 공격하고 있습니다. 이것은 단순한 조롱이 아닙니다. 엄청난 일입니다.

사탄은 누구보다도 잘 알고 있습니다. 만약 예수님이 십자가에서 돌아가시면 구원의 길이 열린다는 것을 잘 알고 있습니다. 그래서 어떻게 해서든지 십자가에서 내려오게 해야 했습니다.

사탄의 초조감을 한번 상상해보십시오. '어떻게 해서든지 예수를 십자가에서 죽게 해서는 안 된다.' 그래서 더욱 사람들을 독려하였습니다. 고통은 더욱 극심해지고, 사람들의 비웃음은 더욱 높아졌습니다. "성전을 헐고 사흘에 짓는 자여 네가 만일 하나님의 아들이어든 자기를 구원하고 십자가에서 내려오라"(마 27:40). 사람들은 자신들이 사탄의 조종을 받는 줄도 모르고 신이 나서 떠들었습니다.

그런데 예수님의 입에서는 놀라운 말이 흘러나왔습니다. "아버지, 저들을 사하여주옵소서. 자기들이 하는 것을 알지 못함이니이다"(눅 23:34).

예수님은 알고 계셨습니다. 예수님 자신이 이 모든 고통을 견디고 십자가에서 죽어야만 우리들이 살 수 있음을 아셨습니다. 그래서 "아버지, 저들을 사하여주옵소서. 자기들이 하는 것을 알지 못함이니이다" 하고 기도하셨습니다.

이 말씀 하나로 사탄은 영원히 패배한 것이며, 우리들에게 구원의 길, 영생의 길이 열린 것입니다.

다 이루었다

예수님께서 마지막 하신 일은 신 포도주를 마신 일이었습니다. "그 후에 예수께서 모든 일이 이미 이루어진 줄 아시고 성경을 응하게 하려 하사 이르시되 내가 목마르다 하시니 거기 신 포도주가 가득히 담긴 그릇이 있는지라. 사람들이 신 포도주를 적신 해면을 우슬초에 매어 예수의 입에 대니 예수께서 신 포도주를 받으신 후에 이르시되 다 이루었다 하시고 머리를 숙이니 영혼이 떠나가시니라"(요 19:28-30).

예수님께서 목마르다고 말씀하신 때가 모든 일을 이루신 줄 아셨을 때였습니다.

"네에? 다 이루었다고요? 여전히 불의와 부조리가 판을 치고 있는데요! 나는 이렇게 아프고 억울하고 슬프고 가난한데요! 둘러보세요. 얼마나 문제가 많아요! 그런데 다 이루었다고요?"

그래도 예수님의 대답은 "다 이루었다"입니다.

"다 이루었다." 예수님의 십자가 고난과 죽음으로 충분하다는 것입니다. 예수님의 십자가를 통하여 내리는 그 은혜로 충분하다는 것입니다.

예수님의 십자가 고난과 죽음은, 인간의 사악함은 물론 그 어떤 사람의 슬픔과 고통과 소외와 절망이든 다 덮고도 남습니다.

그래서 아무리 사악한 사람도 예수님께서 십자가에 담으신 관용을 진심으로 안다면 자신의 악함을 버립니다.

그래서 예수님을 조롱하고 못을 박았던 사람들마저도 구원을 받을 수 있습니다.

그래서 아무리 억울한 사람이라도 예수님께서 십자가에 담으신 용서를 안다면 그 억울함에서 해방될 수 있습니다.

그래서 아무리 절망한 사람이라도 예수님께서 십자가에 담으신 소망을 안다면 그 절망에서 벗어날 수 있습니다.

교회는 주님의 십자가 보혈로 사신 곳입니다. 구원의 은혜를 보존하는 곳입니다. 구원의 은혜를 극대화하는 곳입니다. 그래서 구원의 은혜를 흘러넘치게 하는 곳입니다.

그러므로 교회에서 행하는 모든 일들은 십자가의 은혜를 재생산하는 것이야 합니다. 은혜를 재생산하기 위해서는 먼저 우리들이 하나님의 은혜를 받아야 합니다. 기도와 설교도, 찬양도, 봉사도 헌금도, 모두 하나님의 은혜를 재생산하는 것이 되어야 합니다. 아직 하나님의 은혜를 모른다면 봉사하지 않아도 됩니다. 하나님의 은혜와 사랑을 모른 상태에서 하는 봉사는 오히려 화를 불러일으킬 뿐입니다.

"내가 내게 있는 모든 것으로 구제하고 또 내 몸을 불사르게 내줄지라도 사랑이 없으면 내게 아무 유익이 없느니라"(고전 13:3).

예수님께서 다 이루신 것은 모든 것을 덮고도 남는 사랑입니다. 그 사랑을 본 사람은 구원에 이릅니다.

이미 예전보다는 불의와 부조리가 상상하지 못할 정도로 많이 해결되었고, 예전에 비하여 너무나 많은 것을 우리는 누리고 있습니다. 그런데 불평과 억울함과 절망은 오히려 더 커졌습니다. 그 이유는 단 하나. 그 사랑을 모르기 때문입니다.

그런데 나는 그 사랑을 알고 받았습니다. 그 사랑 앞에서 불평과 원망과 내 주장이 침묵합니다. 그 사랑이 너무 고맙습니다. 나는 그 사랑 안에서 모든 것을 바라며 모든 것을 견디며 내게 주어진 일을 해나갑니다. 그 엄청난 하나님의 사랑과 은혜 앞에서 생색도 억울함도 비장함도 사라집니다.

"나의 나 됨은 하나님의 은혜라." 그 마음을 가진 나를 통하여 하나님의 은혜가 재생산되어 흐르기 시작합니다. 나도 모르는 사이에 주변의 사람이 그 사랑에 감염됩니다. 그 사랑에 감염된 사람들이 변화되기 시작합니다. 하나님의 사랑이 다시 재생산됩니다. 몸과 마음과 영혼이 가난했던 사람들이 그 사랑에 녹아듭니다. 그것으로 충분합니다.

내 작은 촛불 하나 켜는 일

불의와 죄악이 세상을 뒤덮고 있습니다. 그것은 그저 하나님께 맡기고 나는 그저 내 작은 촛불을 켤 뿐입니다. 그 불 역시 예수님의 빛으로 켜진 것입니다. 다만 바람이 있다면 그 작은 불들이 더 많이 켜지는 일입니다. 그 역시 하나님께서 하시리라 믿습니다.

우리들이 교회에 모이는 것은 그 사랑을 받고 그 은혜를 깨닫기 위해, 그래서 내 마음의 중심에 밝은 빛 하나를 켜기 위함입니다. 언젠가는 우리들도 그 사랑을 전하게 될 것입니다.

플라시도 도밍고와 호세 카레라스는 세계 2대 테너입니다. 둘은 라이벌이면서 앙숙이었습니다. 도밍고는 스페인의 마드리드, 카레라스는 카탈로니아 출신인데, 두 지방은 대대로 앙숙이며, 카탈로니아는 마드리드의 식민통치에서 벗어나기 위해 투쟁 중이라, 둘은 절대로 같은 무대에 서지 않았습니다.

그러던 1987년 카레라스가 백혈병에 걸렸습니다. 모든 공연을 중단하고 치료에 전념해야 했고, 막대한 치료비로 재산이 바닥나고 말았습니다. 육체적, 경제적으로 절망에 빠졌을 때, 너무나 반가운 소식을 들었습니다.

마드리드에 허모사 재단이 백혈병 전문병원을 세웠다는 소식이었습니다. 카레라스는 그 병원에서 무료로 치료를 받고 극적으로 건강을 회복하였고 다시 무대에 설 수 있었습니다.

카레라스가 허모사 재단에 보답하기 위해 회원으로 등록하다가 놀라운 소식을 알게 되었습니다. 재단 설립자가 바로 플라시도 도밍고였던 것입니다. 도밍고는 카레라스의 병을 치료해주기 위해 그 병원을 설립하였고, 카레라스의 자존심을 지켜주기 위하여 자신의 이름을 숨겼던 것입니다.

카레라스는 도밍고의 사랑과 깊은 배려에 감동하지 않을 수 없었습니다. 도밍고의 공연장을 찾아갔습니다. 그리고 관중들이 보는 앞에서 무릎을 꿇었습니다. 그리고 진심으로 감사하였습니다. 도밍고는 얼른 카레라스를 일으키고 힘껏 안았습니다. 관중들은 모두 자리에서 일어나 아낌없는 박수를 보냈습니다.

훗날 도밍고는, 왜 도와주었느냐는 기자의 질문에 이렇게 말했습니다. "그의 목소리를 잃고 싶지 않았습니다."

예수님께서 우리 모두에게 말씀하실 것입니다. "난 너를 결코 잃고 싶지 않단다." 예수님의 십자가 고난과 죽음은 우리의 구원에 필요한 모든 조건을 충족하고도 남습니다. 예수님께서 다 이루셨습니다.

이제 내가 예수님께서 열어주신 구원의 길을 가는 일만 남았습니다. 아무리 세상이 부조리와 불의로 가득하더라도 그 길을 가는 사람은 생명을 얻고 그 생명이 더욱 풍성해지며, 그 사람을 통하여 하나님나라의 지평은 넓어질 것입니다.

42
부활,
구원의 완성

요 20:15-23

남에게 피해를 입히지 않는 삶은 꽤 괜찮은 삶입니다. 그렇게 자신에게 주어진 짐들을 감당하며 참고 견디며 조용히 살아가는 사람들도 많습니다. 예수님께서도 자신을 부인하고 날마다 십자가를 지고 예수님을 따르라고 말씀하셨습니다.

자기부인(self-denial), 자신의 행복을 누리고 싶어 하는 것을 잘못된 욕망이라 여기며 자신을 억제하는 것이 그리스도인의 좋은 덕목 중의 하나입니다. 그런 삶의 태도는 매우 훌륭한 것이지만 하나님 아버지의 생각은 여기서 멈추지 않습니다.

자기부인을 강조하면서 십자가를 지고 예수님을 따르라는 말씀 뒤에는 엄청난 보상의 말씀이 이어집니다.

"누구든지 제 목숨을 구원하고자 하면 잃을 것이요 누구든지 나를 위하여 제 목숨을 잃으면 구원하리라"(눅 9:24). 삶의 방향을 제시하는 중요한 말씀입니다. 내 이익만을 위한 삶은 반드시 실패한다는 뜻입니다. 반대로 예수님과 이웃을 위한 삶에는 반드시 엄청난 보상이 있다는 것입니다.

"누구든지 나와 내 말을 부끄러워하면 인자도 자기와 아버지와 거룩한 천사들의 영광으로 올 때에 그 사람을 부끄러워하리라"(눅 9:26). 이 말씀은 남의 생명을 살리고자 하는 일로 참고 견디면 하나님의 영광을 생전에 보게 되고 그 영광은 영원에까지 이른다는 뜻입니다.

"내가 참으로 너희에게 이르노니 여기 서 있는 사람 중에 죽기 전에 하나님의 나라를 볼 자들도 있느니라"(눅 9:27). 이 말씀은 위의 말씀과 같은 뜻입니다. 하나님의 능력과 영광이 가득한 하나님나라를 생전에 누리고 이어서 영원한 천국 잔치를 즐기게 된다는 뜻입니다.

예수님께서 당당하게 약속하신 엄청난 보상들을 생각하면 예수님은 우리의 갈망이 너무 강하기는커녕 오히려 너무 약하다고 말씀하십니다. 우리 인간들은 하나님의 무한한 기쁨과 영광을 옆에 두고도 보지 못하고 그저 쇼핑과 술과 몇 푼의 돈과 좀 높은 지위에만 골몰하는 삶을 살아갑니다. 그처럼 좁고 얕고 어리석은 존재들입니다.

저는 그동안 하나님으로부터 보상받으려는 생각을 버려야 한다고 누차 말해왔습니다. 그런데 버려야 할 보상심리란 그저 세상에서 현세적이고 물질적인 보상을 얻으려는 마음을 말합니다. 우리는 예수님께서 우리에게 주시려는 보상의 실체를 올바로 알고 언제나 마음속에 그리며 사모해야 합니다.

산 소망

소망으로 만 가지 고난을 이긴 시편 기자가 말합니다. "내 영혼아, 네가 어찌하여 낙심하며 어찌하여 내 속에서 불안해하는가. 너는 하나님께 소망을 두라. 그가 나타나 도우심으로 말미암아 내 하나님을 여전히 찬송하리로다"(시 43:5).

소망의 근거는 우리를 예수님보다 더 사랑하시는 하나님 아버지입니다.

"저는 십자가의 수치가 무엇인지 알아요." 어떤 분의 말씀이 날아와 제 심령에 깊숙이 꽂혔고, 동시에 "아, 저분은 신앙의 승리가 무엇인지 아시는구나" 하는 생각이 들었습니다. 자신의 모든 치부가 세상에 공개되고 자녀를 빼앗길 것 같은 두려움에 짐승처럼 울부짖어야 했습니다. 그러나 그때 그분은 예수님의 십자가를 단단히 붙잡았습니다. 그러자 하나님께서 그분을 도우셨고 고난이 해결되었고, 그 과정을 통해 하나님의 섬세한 손길을 실감했습니다. 지금은 크고 아름다운 하나님의 그릇이 되어 풍성한 은혜를 누리고 나눕니다.

사도 베드로는 하나님을 바라보는 소망을 '산 소망'이라 하였습니다. "그의 많으신 긍휼대로 예수 그리스도를 죽은 자 가운데서 부활하게 하심으로 말미암아 우리를 거듭나게 하사 산 소망이 있게 하시며 썩지 않고 더럽지 않고 쇠하지 아니하는 유업을 잇게 하시나니 곧 너희를 위하여 하늘에 간직하신 것이라"(벧전 1:3-4).

세상에 근거한 소망은 경박하여 필연적으로 썩고 쇠합니다. 그러나 영원하신 하나님께 근거한 소망은 그렇지 않습니다. 이 살아 있는 소망은 하나님께서 나를 위하여 하늘에 간직해두신 것입니다. 그래서 땅에서 일어나는 어떤 환란도 그 소망을 내게서 결코 빼앗아 가지 못합니다.

사도 바울은 이 살아 있는 소망을 '복스러운 소망'이라도 하였습니다. "복스러운 소망과 우리의 크신 하나님 구주 예수 그리스도의 영광이 나타나심을 기다리게 하셨으니"(딛 2:13).

'복스러운'에 해당되는 헬라어 '마카리오스'는 '최고의 축복', '행복한 것'을 뜻합니다. 그래서 이 복스러운 산 소망은 우리들에게 우리가 전혀 상상하지 못하는 복을 내 품에 안겨주어 이 땅에서부터 누리게 합니다.

그래서 당연히 소망은 믿음과 함께 우리를 구원으로 인도합니다. 사도 바울이 말합니다. "우리가 소망으로 구원을 얻었으매 보이는 소망이 소망이 아니니 보는 것을 누가 바라리요"(롬 8:24).

구원은 히브리어로 '아샤'입니다. '지경을 넓히다'라는 뜻입니다. 넓고 깊고 풍성하게 만든다는 뜻입니다. 양으로 하여금 생명을 얻고 더욱 풍성히 만든다는 뜻입니다.

예수님을 믿으면 내가 하고 싶은 일을 못하고 일거수일투족을 하나님께 감시받으며 위축되어 살게 된다는 생각은 교회의 잘못된 가르침 때문입니다. 하지만 사실은 그와는 정반대입니다.

예수님의 부활은 하나님 구원 약속이 반드시 실현된다는 부동의 증거요, 가장 확실한 증거입니다. 예수님의 부활과 더불어 우리도 미몽에서 깨어나야 합니다. 영원한 소망으로 무장해야 합니다.

사도 바울이 말합니다. "그러므로 이르시기를 잠자는 자여 깨어서 죽은 자들 가운데서 일어나라. 그리스도께서 너에게 비추이시리라 하셨느니라"(엡 5:14). 예수님의 부활은 그분의 가지들도 함께 부활한다는 증거입니다. 부활하신 예수님을 따라 우리도 깨어나야 합니다. 그래야 포도나무인 그리스도의 가지로서 풍성한 열매를 맺을 수 있습니다.

부활하신 예수님을 막달라 마리아가 알아보지 못합니다. 예수님께서 "마리아야" 하고 부르시자 마리아가 예수님을 알아봅니다. 예수님의 부르심이 곧 '그리스도께서 너에게 비추이시리라'는 말씀입니다. 예수님께서 우리도 부르십니다. 깨어나라고, 하나님의 풍성한 열매를 맺고 그 복을 누리고 베풀라고 부르십니다. 그 어떤 상황에 있든지 상관없습니다. 외롭습니까? 불안합니까? 미래가 걱정입니까? 아픕니까? 고난 중의 나를 누구보다 먼저 예수님이 찾아오셔서 우리를 부르십니다. 예수님의 그 부르심을 듣고 깨어나서 하나님의 소망으로 무장하십시오. 시시한 생각과 끌탕과 원망과 얄팍한 시도를 멈추십시오. 그리고 해야 할 일이 있습니다. 예수님의 십자가의 고난을 내가 당하고 있는 고난과 동일시하십시오. 조니 에릭슨 타다는 자신의 전신마비를 예수님의 마비와 동일시하였고, 조금 전 말씀드린 집사님은 예수님의 수치를 자신의 수치와 동일시하였습니다. 그러자 하나님의 위로가 그들에게 임했습니다.

잊지 마십시오. 예수님이 십자가상에서 하신 마지막 말씀은 "다 이루었다"입니다. 이미 예수님께서 내가 당하고 있는 그 모든 아픔을 담당하시고 다 이루셨습니다. 예수님께서 고난을 완성하셨음을 믿는 그때부터 하나님의 도우심이 구체적으로 내게 임하여 나로 하여금 썩지 않고 쇠하지 않는 기업을 잇게 하시고 마침내 영화롭게 하십니다.

중간태의 삶

예수님께서 마리아에게 말씀하십니다. "나를 붙들지 말라. 내가 아직 아버지께로 올라가지 아니하였노라. 너는 내 형제들에게 가서 이르되 내가 내 아버지 곧 너희 아버지, 내 하나님 곧 너희 하나님께로 올라간다 하라"(요 20:17).

"붙들지 말라"는 말씀은 '만지지 말라'는 뜻과 함께 대단히 중요한 의미를 내포하고 있습니다. 현재 제자들은 예수님의 죽음을 슬퍼하고 또한 유대 당국에게 체포당할까 두려워하고 있습니다. 그런데 자신들의 지도자 예수님이 다시 부활하신 것입니다. 다시 예수님의 영도를 따르면 됩니다. 그런데 예수님께서 제자들에게 자신의 부활과 함께 전하라는 메시지는 하나님 아버지께로 돌아가신다는 말씀입니다. "이제 내가 살아났으니 나를 따르라"가 아닙니다. "이제 나는 없다"는 말씀입니다. 단도직입적으로 말해, '홀로서기'를 하라는 것입니다.

'홀로서기'에서 가장 중요한 것이 있습니다. 예수님은 그분의 아버지가 곧 그들의 아버지요, 그분의 하나님이 곧 그들의 하나님이라고 강조하셨습니다. 예수님은 하나님 아버지께서 원하시는 대로 하셨습니다. 그처럼 나도 하나님을 내 아버지로 삼고 그분께서 인도하시는 대로 살면 된다는 것입니다.

신앙생활에서 흔히 저지르는 잘못은 완전수동태로 사는 것입니다. 이것은 모든 것을 하나님께 맡기고 그분이 해주시기만을 마냥 기다리는 것을 말합니다. 올바른 신앙생활은 내가 주도적으로 하는 능동태도 아니고, 하나님의 처분만 기다리는 수동태도 아닙니다. '중간태'입니다. 하나님의 인도를 받고 내가 그분의 뜻을 주도적으로 행하는 것입니다. 이것이 예수님의 간절한 바람입니다.

문을 꼭꼭 걸어 잠그고 두려움에 떨고 있는 제자들에게 예수님께서 나타나셨습니다. 단단한 벽을 뚫고 방 안에 들어오신 것입니다. 놀란 제자들에게 말씀하십니다. "너희에게 평강이 있을지어다"(요 20:19). 이것은 특별한 뜻이 있는 것이 아니라 만나면 하는 통상적인 인사말입니다.

그런데 다음 말씀이 중요합니다. "너희에게 평강이 있을지어다. 아버지께서 나를 보내신 것같이 나도 너희를 보내노라"(요 20:21). 두려워하지 말고 위축되지 말고 일을 시작하라는 것입니다. 하나님께서 아버지이심을 믿고 당당하고 씩씩하게 하나님의 자녀로 살라는 것입니다.

신령한 몸

예수님의 부활하신 몸은 시공을 초월하면서도 살과 피를 지닌 육체였습니다. 세상에서는 있을 수 없는 존재입니다. 우리도 장차 입을 몸입니다. 바울은 이 부활한 몸을 "신령한 몸"이라고 하였습니다.

"육의 몸으로 심고 신령한 몸으로 다시 살아나나니 육의 몸이 있은즉 또 영의 몸도 있느니라"(고전 15:44).

신약 성경은 생명을 두 가지로 구분합니다. '조에'와 '사르크스'입니다. 둘은 겉으로는 구별할 수 없습니다. 그러나 둘은 전혀 다른 것입니다. '조에'는 '거듭난 생명'입니다. '사르크스'는 고깃덩이로서의 생명입니다. '육의 몸'은 '사르크스'를 의미하고 '영의 몸'은 거듭난 생명이 입을 '신령한 몸'을 뜻합니다. 이 신령한 몸은 헬라어로는 '프뉴마티코스 소마'라고 하는데 '프뉴마'는 곧 '성령'을 말합니다. 이 '신령한 몸'은, 태초에 흙으로 사람을 빚으사 그 코에 생기를 불어 넣으셔서 사람을 '생령(The livung spirit)'으로 만드신 그것과 동일한 것입니다. '소마'는 '건강한 육신'을 뜻하며 살과 피를 지닌 생생한 육체를 말합니다. 그러므로 우리가 장차 얻게 되는 부활은 단순한 영의 부활이 결코 아닙니다. 신령한 몸으로서 살과 피를 지닌, 살아 있는 건강한 육체와 영혼의 부활입니다.

삼중고를 이긴 헬렌 켈러는 이렇게 말했습니다. "나는 하나님으로부터 버림받은 것 같은 절망에 빠져 있었습니다. 왜 꿈도 희망도 없는 절망 상태의 장애인으로 살아야 하는지 몰랐습니다. 때론 하나님을 저주하였습니다. 그러던 중 스베덴보리의 영계 탐험기를 읽고 더 이상 외롭지도 슬프지도 않았습니다. 그를 통하여 천국의 실체를 알게 되었고, 천국에 가면 더 이상 장애인이 아닌 것도 알았습니다."

그녀는 설리반 선생을 통하여 세상과 소통하는 법을 배웠지만 여전히 깊은 절망 상태에 빠지곤 하였습니다. 그러다가 스베덴보리의 책을 통하여 막연했던 천국의 실체를 너무나 선명하고 구체적으로 알게 됩니다.

그 이후 헬렌 켈러의 삶은 완전히 달라집니다. 절망에서 완전히 벗어났습니다. 욕심과 집착이 없어지고, 고난은 더 이상 고통스럽지 않게 되었습니다. 자신이 무엇을 해야 하는지, '인생의 목적'을 확실히 알게 되었고, 마침내 수많은 사람들에게 소망과 꿈을 주는, 누구보다도 위대하고 행복한 삶을 살았습니다.

불의의 사고로 사지마비의 장애를 안고 살아가는 조니 에릭슨 타다에게 마지막 소망이 있습니다. 그것은 천국에서 두 발로 춤을 추는 것입니다. 그녀가 말합니다. "성경은 천국에서 영화롭게 될 몸에 대하여 말해줍니다. 그 말씀은 내게 환상이 아닙니다. 현실이요, 소망입니다. 완전한 사람이 되는 기회를 빼앗긴 것이 아니라, 다만 지연된 것입니다."

예수님께서 너무나 놀라 말을 잃은 제자들을 향해 숨을 내뿜으시며 말씀하십니다. "성령을 받으라"(요 20:22). 이것은 태초에 하나님께서 아담을 만드실 때 하셨던 것과 똑같은 일입니다. 흙으로 아담의 육체를 지으시고 그 코에 생기(루아흐, 성령)를 불어넣으시고 아담을 '생령'으로 만드신 것처럼, 제자들에게 성령을 불어 넣어 그들을 '조에'로 재창조하신 것입니다.

우리들도 이미 성령을 받았습니다. 우리들은 이미 거듭난 생명(조에)입니다. 현재는 부족한 것과 제약이 너무나 많습니다. 그러나 하나님 아버지께서 이루시는 천국에서의 영광스런 완성을 절대로 잊지 마시고, 소망 가운데 역경을 이기기를 바랍니다.

43
일상에서 만나는 부활의 주님

요 21:1-14

신천지가 기승을 부립니다. 이단은 어제오늘의 문제가 아닙니다. 앞으로도 계속될 것입니다. 기독교 2천 년 동안 신천지와 같은 이단은 계속 존재했습니다. 요한복음 21장에 이 이야기를 기록한 이유 중 하나도 이단 때문입니다. 구체적으로 '헬라주의' 때문입니다. 우리는 헬라주의에 대해서 정확히 알아야 합니다. 헬라주의는 예수님께서 전하신 복음을 헬라 철학에 가둬두는 것입니다. 헬라 철학은 이원론이 그 바탕이 됩니다. 이원론이란, 간단히 말해서, 세상을 선과 악의 두 개념으로 나눠 생각하는 것입니다. 즉, 영혼은 영원하며 선하고 육체는 일시적이고 악하다는 것입니다. 예수님은 영원하고 선하신 분인데, 어떻게 일시적이고 악한 육체를 입을 수 있는가 하면서 예수님의 동정녀 탄생과 십자가 고난과 죽음 그리고 부활에까지 의문을 제기합니다. 이것이 '가현설(假現說)'입니다. 예수님이 가짜로 나타나셨다는 것입니다. 가현설은 무엇보다도 예수님의 십자가 고난과 죽으심을 부인합니다. 가짜 몸이 어떻게 고통을 느낄 수 있으며 죽을 수 있느냐는 것입니다. 당연히 부활하신 예수님의 실체도 부인합니다. 이런 왜곡된 생각은 부패하기 마련입니다. 고린도 교회에서 심각한 문제를 야기했던 성적 타락은 바로 헬라주의 때문입니다. '나는 예수를 믿고 내 영혼은 구원받았다. 육체는 원래 더럽고 열등한 것이므로 별로 중요하지 않다'고 생각하며 방종으로 치달았습니다.

당시는 로마가 지배하는 세상이고, 그리스에서 발현한 헬라 철학이 모든 것의 기초가 되었던 시대입니다. 대세인 헬라 철학을 따라 모든 것을 이원론으로 해석했던 시기에 기독교가 등장한 것입니다. 세상에 만연한 헬라주의에 의해 예수님의 복음도 혼탁해졌습니다.

아울러 헬라주의와 함께 복음을 위협하던 것이 바로 유대주의입니다. '유대주의'란 예수님의 복음을 율법에 가둬두는 것입니다. 율법은 유대교의 근간입니다. 율법을 잘 지키면 하나님께서 복을 주시고 어기면 벌을 받는다는 것이 율법주의의 기본적인 생각입니다. 시내 산에서 주신 십계명을 무려 2,134개의 율법 조항으로 만들어 일상생활의 모든 것을 간섭하고 하나님의 자녀들인 사람들을 율법의 감옥에 가둬버렸습니다. 초대교회에서 논쟁의 대상이 되었던 할례 문제도 바로 유대주의에서 비롯된 것입니다. 율법 준수의 필요성을 주장할 때, '오직 믿음'과 하나님의 은혜로 구원받는다는 순수 복음이 종교 행위와 인간의 공로에 의해 오염됩니다.

사도 바울은 이 헬라주의와 유대주의로부터 기독교의 본질을 지키려 목숨을 걸었다고 해도 과언이 아닙니다. 사도 바울은 단호하게 말합니다. "우리나 혹은 하늘로부터 온 천사라도 우리가 너희에게 전한 복음 외에 다른 복음을 전하면 저주를 받을지어다"(갈 1:8).

헬라 철학에 복음을 가둬놓는 헬라주의와 유대 율법에 복음과 사람들을 가둬두는 유대주의는 그 옛날에만 있었던 것이 아니라 오늘날에도 엄연히 존재합니다. 또 이단에만 있는 것이 아니라 일반 교회에도 부지불식간에 퍼져 있고, 또한 신학자들의 신학 이론에도 존재합니다.

오늘날 헬라주의 경향의 이단은 구원파, 통일교, 신천지 등이 있고, 유대주의 경향의 이단은 여호와의 증인, 제칠일안식일예수재림교회(안식교) 등이 있습니다. 교주들의 특정 이념이나 철학에서 기인하여 시작되는 것이나, 종래는 자체 규칙에 추종자들을 옭아매기까지, 그 과정은 동일합니다. 북한을 생각해보면 쉽게 이해할 수 있습니다. 세계교회협의회는 북한 김일성주의를 스무 번째 종교로 규정하고 있습니다. 북한에서는 김일성 주체사상으로 모든 것을 규정한 다음 주민들을 엄격한 규칙으로 통제합니다. 모든 이단들도 똑같은 패턴으로 진행되고, 이러한 경향은 일반 교회에서도 나타납니다. 개 교회에서도 목회자의 특정 이념에 따라 교인들을 세뇌하고 통제하는 것을 종종 볼 수 있습니다. 또한 신학자들 가운데는 예수님의 육체의 부활을 믿지 않고 대충 얼버무리면서 예수님의 가르침만 열심히 행하면 된다고 강조합니다. 언뜻 들으면 그럴듯하지만, 이들의 말을 따르다간 예수님의 부활에 담아놓으신 하나님의 무한한 신비와 영원한 소망이라는, 어디에서도 구할 수 없는 소중한 보물을 잃게 됩니다.

사도 요한은, 당시 큰 위협이 된 헬라주의자들의 오류를 경고하며, 부활하신 예수님은 살과 피를 지닌 분임을 자신의 체험 기록을 통해 분명히 밝히고 있습니다. "육지에 올라보니 숯불이 있는데 그 위에 생선이 놓였고 떡도 있더라"(요 21:9).

숯불에 구운 생선과 떡. 생각만 해도 군침이 돕니다. 고기잡이로 한창 배가 고픈 제자들에게 맛난 음식을 나눠주셨습니다. 예수님도 함께 잡수셨을까요? 그렇게 하셨다는 기록은 없습니다. 그 점이 아쉽지만, 분명 함께 드셨을 것입니다. 예수님은 사랑하는 제자들에게 밥상 공동체의 기쁨을 베풀어주신 것입니다.

갈릴리로 돌아간 제자들

이제 이 본문의 이야기에 담긴 의미들을 구체적으로 살펴봅시다.

예수님의 부활을 목도한 제자들 중 무려 일곱 명이 갈릴리로 돌아와 자신들의 예전 생업에 종사하고 있습니다. 예루살렘에서 갈릴리까지는 120킬로미터 남짓으로, 가는 데 나흘 정도 걸립니다. 좀 이상합니다. 왜 갈릴리에 있는 것일까요?

예수님께서 십자가 고난을 받으시기 직전에 하신 말씀이 있습니다. "너희가 다 나를 버리리라. 이는 기록된 바 내가 목자를 치리니 양들이 흩어지리라 하였음이니라. 그러나 내가 살아난 후에 너희보다 먼저 갈릴리로 가리라"(막 14:27-28).

예수님께서 하신 예언의 말씀을 미루어볼 때, 제자들이 갈릴리로 돌아온 것은 '양들의 흩어짐'과 같은 것이라 할 수 있습니다. 예수님의 부활을 이미 두 번이나 목격하고도 부활의 깊은 의미를 아직 파악하지 못하고 여전히 부활의 충격에서 헤매고 있는 중입니다. 이는 요한복음 본문에도 나타나 있습니다. "날이 새어갈 때에 예수께서 바닷가에 서셨으나 제자들이 예수이신 줄 알지 못하는지라"(요 21:4). 제자들의 당혹감을 드러내는 한 구절이 더 있습니다. "당신이 누구냐 감히 묻는 자가 없더라"(요 21:12). 당연한 것인지도 모릅니다. 부활은 사람으로서는 받아들

일 수 없는 경천동지의 일이기 때문입니다.

제자들이 갈릴리로 온 것은 부활 후에 갈릴리로 먼저 가신다는 예수님의 말씀을 따랐다기보다는, 위험한 예루살렘에서 벗어나 안전한 곳으로 도망친 것이라는 말이 더 정확합니다. 더군다나 부활하신 예수님은 다시 자신들을 이끌겠다고 하지 않으시고 하나님 아버지께로 돌아가신다고 하셨기 때문입니다. 떠나신다면 자신들에게 무슨 소용이 있겠습니까?

예전 생업으로 돌아온 제자들의 심정은 어땠을까요? "에이, 옛일 다 잊고 이제는 고기나 실컷 잡아야지"라고 생각했을까요? 절대로 그럴 리 없습니다. 예전의 생기는 사라지고 침묵만이 흘렀을 것입니다. 손길마다 발길마다 작은 몸짓 하나도 모두 다 예수님과 연결되어 있었을 것입니다. 사랑하는 사람과 헤어지고 난 후에 주변에서 일어나는 모든 일이 그 사람과 연결되는 것을 생각하면 쉽게 이해가 될 것입니다.

특히 베드로는 더 그랬을 것입니다. 예수님께서 잡히시던 밤에 대제사장 가야바의 뜰에서 예수님을 세 번씩이나 부인했던 일, 그것도 모자라 저주하면서 결단코 그 사람을 알지 못한다고 맹세까지 하던 것(마 26:74)을 잊지 못했을 것입니다. 그 저주를 예수님도 들으셨을까? 그때를 생각하면 너무나 부끄러워 칼로 가슴을 저미는 듯했을 것입니다.

회한과 혼란으로, 먹고사는 일이 무의미하게 느껴졌을 것입니다. 게다가 밤새도록 그물질을 했지만 물고기 한 마리도 잡지 못해 맥이 완전히 풀렸을 그때에 예수님께서 나타나신 것입니다.

겉옷을 두르고 바다로 뛰어들다

예수님께서 제일 먼저 하신 말씀은 "얘들아, 너희에게 고기가 있느냐?"였습니다. 아직 예수님을 알아보지 못한 제자들이 "없나이다"라고 대답하자, 예수님은 "그물을 배 오른편에 던지라. 그리하면 잡으리라"(요 21:6) 하셨습니다. 이 말씀과 동시에 제자들의 혼과 영은 화들짝 깨어나고 육체는 전율하였을 것입니다. "주님이시다!" 이 외침과 함께 예수님은 모든 무기력과 당혹감을 일시에 날려보내고 제자들, 특히 베드로의 전부가 되었습니다.

이 말씀과 함께 제자들의 뇌리에는 예수님과 보낸 3년이 주마등처럼 지나갔을 것입니다. 왜냐하면 오늘과 똑같은 일이 예수님을 처음 만난 날 일어났기 때문입니다. 그날 주님 앞에서 무릎을 꿇은 베드로가 아뢰었습니다. "주여, 나를 떠나소서. 나는 죄인이로소이다"(눅 5:8).

베드로가 왜 그랬을까요? 어째서 '당신은 누구시기에 갈릴리 바다를 손바닥처럼 알고 있는 우리도 못 잡는 고기를 잡을 수 있느냐' 묻지 않고, 스스로를 죄인이라고 그러니 자신에게서 떠나달라고 했을까요?

예수님에게서 하나님을 보았기 때문입니다. 경외감을 느낀 것입니다. 경외감이란 두려움과 최고의 존경이 합쳐진 기묘한 것으로, 하나님의 실존에서만 느끼는 감정입니다. 그러자 예수님께서 말씀하셨습니다. "무서워하지 말라. 이제 후로는 네가 사람을 취하리라"(눅 5:10). 그 말씀을 듣고 배와 그물과 가족까지 버리고 예수님을 좇았습니다. 바로 예수님에게서 느꼈던 경외감, 최고의 존경심 때문입니다. 그날 이후 베드로와 제자들은 고기 대신 사람을 낚는 수업을 받았습니다.

살다 보면 어떤 사건이 그동안 불명확하던 것들을 명확하게 깨닫게 해주는 경우가 있습니다. 어떤 설명도 없는데 깨닫게 됩니다. 이를 심리학자들은 '절정의 경험(peak experience)'이라고 부릅니다.

소년 슈바이처는 광산촌에 사는 아이들은 왜 더럽고 멍청하고 힘이 없는지 몰랐습니다. 어느 날 그들 중 하나와 싸움이 벌어졌습니다. 자기 밑에 깔린 아이가 말했습니다. "나도 너처럼 매일 고기반찬을 먹으면 너를 얼마든지 이길 수 있어." 그 순간 모든 의문이 풀렸습니다. 그 사건이 소년 슈바이처를 깨우는 절정의 경험이 되었고, 훗날 그는 가난하고 병든 사람들을 위해서 사는 밀림의 성자가 되었습니다.

주님을 알아본 순간, 갑판에 있던 베드로는 자신의 벗은 몸을 겉옷으로 두르고 바다로 뛰어들었습니다. 수영을 하려면 오히려 옷을 벗어야 하는데 반대로 한 것입니다. 이 또한 경외감 때문입니다. 주님 앞에 알몸으로 나설 수 없는 법, 그러나 예수님을 빨리 뵙고 싶은 마음에 그렇게 한 것입니다.

바다로 뛰어든 순간, 소년 슈바이처가 20세기의 성자가 되듯이, 어디로 튈지 모르는 럭비공처럼 덤벙대던 베드로는 사람을 낚는 예수님의 진정한 수제자로 거듭난 것입니다.

예수님에 대한 경외감은, 작은 사물에서 무한한 의미의 근원을, 사소한 것에서 궁극적인 것을, 혼잡한 것에서 영원한 고요함을 보게 합니다. 그래서 모든 사물을 하나님의 관점에서 볼 수 있는 능력과 함께 자연히 자기의 뜻을 예수님의 뜻에 일치시키는 일이 자동적으로 일어납니다. 그때 세상의 것들은 무가치하게 느껴지고 진정한 하나님의 사람이 되어 피조물과 세상을 이끌고 하나님 앞으로 나갑니다.

일상에서 부활하신 예수님 만나기

말씀을 이단에 관한 이야기로 시작했습니다. 왜 이단들이 생길까요? 그것은 이 땅에서 잘 먹고 잘살아보겠다는 지극히 세속적인 욕심에서 시작됩니다. 설사 그 겉모습이 금욕과 절제와 경건으로 드러난다고 해도 그렇습니다. 바리새인들이 그랬습니다. 하나님을 다른 사람들보다 더 올바로 믿겠다는 마음 역시 하나님이 주시는 세속적인 복에 초점이 맞춰져 있습니다. 그래서 남들보다 더 유난스럽습니다. 여러 철학이나 문선명과 이만희와 같은 특정인의 생각이나 철저한 율법을 예수님의 복음보다 앞세워 복음을 가두는 것은, 알고 보면 열등한 것에 스스로를 가두고 천박한 것에 종노릇하는 일에 지나지 않습니다.

유진 피터슨이 의미심장한 말을 하였습니다. "예수님을 따르면서 예수님보다 더 영적이려 해서는 안 된다."

베드로는 부활하신 주님이 자신에게 가장 소중한 분이며, 자신이 가장 사랑하는 분임을 갈릴리로 돌아와 그물을 던지며 깨달았습니다. 그리고 부활하신 주님을 만나는 순간 모든 것이 정리되고 자명해졌습니다.

부활하신 예수님을 만나십시오. 예수님은 계시나 꿈으로 만나는 분이 아니라, 복음서로 만나는 분입니다. 복음서의 예수님을 마음에 각인시키고 일상의 삶에서 일어나는 크고 작은 사건들과 예수님을 연결시키는 연습을 하십시오. 그리할 때 그 일들 속에 감춰놓으신 하나님의 뜻과 은혜와 신비를 체험하게 됩니다. 이것이 하나님과 하나 되셨던 예수님을 따라 하나님과 하나 되는 일입니다.

"몸이 하나요 성령도 한 분이시니 이와 같이 너희가 부르심의 한 소망 안에서 부르심을 받았느니라. 주도 한 분이시요 믿음도 하나요 세례도 하나요 하나님도 한 분이시니 곧 만유의 아버지시라. 만유 위에 계시고 만유를 통일하시고 만유 가운데 계시도다. … 내리셨던 그가 곧 모든 하늘 위에 오르신 자니 이는 만물을 충만하게 하려 하심이라"(엡 4:4-6, 10).

삼위일체 하나님과 하나 될 때, 그물이 찢어질 듯 고기가 잡힌 것처럼 이 땅에서의 삶도 충만해지고, 그 삶이 하늘에서 완성될 것입니다.

44

내 모습
이대로

요 21:15-22

제럴드 싯처 목사가 쓴 책《하나님이 기도에 침묵하실 때》(성서유니온선교회, 2005)에 나오는 이야기입니다. 어느 소설가가 인터뷰 중에 이렇게 말했다고 합니다. "이제 막 등장인물들을 알게 되었어요. 그들과 친구가 되어가고 있는 중이에요. 사실 그들 중 한 사람 때문에 짜증이 좀 나요. 그 사람이 절 곤경에 빠뜨릴 것 같아요. 그리고 자기 자신도 어려움에 처하게 될 거예요. 그 사람을 어떻게 해야 할지 사실 잘 모르겠어요." 그 소설가는 자신이 쓰고 있는 소설 속 허구의 인물들을 마치 살아 있는 사람을 대하는 것처럼 말하고 있습니다. 싯처 목사는 그 인터뷰를 듣고 하나님과 우리들의 관계와 매우 유사하다는 생각이 들었다고 술회합니다.

인간의 역사는 하나님께서 쓰시는 소설이라고 할 수 있습니다. 전능하신 주권자로서 하나님은 역사를 통제하십니다. 그러나 한편으로 하나님의 소설에 등장하는 우리들은 허구의 인물이 아니라, 실존하는 생생한 인물들입니다. 우리들은 생각하고 결정하고 선택합니다. 그 결정과 선택들은 하나님의 뜻과는 정반대이기 십상입니다. 우리 인간들의 선택은 하나님보다는 내 이익에 초점이 맞춰져 있기 때문입니다. 그리고 아예 마음먹고 하나님을 대적하려고 하는 경우도 많습니다. "짜증이 좀 나요. 그 사람이 절 곤경에 빠뜨릴 것 같아요. 그리고 자기 자신도 어려움에 처하게 될 거예요"라는 작가의 말처럼 우리 인간들도 하나님을 그렇게 만듭니다. 그럼에도 불구하고 하나님은 우리 인간들을 통해 아름다운 소설을 쓰고 계십니다. 물론 끔찍한 양차 세계대전을 비롯해 수많은 전쟁과 살육이 있었고 참혹한 범죄들이 여전히 판을 치고 있지만, 큰 시각에서 보면 그래도 우리들이 살고 있는 세계는 천천히 하나님께서 원하시는 방향으로 진행하고 있다고 생각합니다. 물론 제 견해에 반대하는 분들도 많겠지만 노예 해방, 어린이와 여자들의 인권 향상, 장애인들의 복지 증진, 질병 치료와 놀라운 과학 문명 등은 예전에는 꿈도 꾸지 못했을 것들입니다. 최근 기업체 사장이나 회장들이 자신의 운전기사에게 행한 일들로 곤욕을 치르는데, 이 또한 예전에는 다반사로 일어났던 일들입니다. 그 많은 훼방과 반대에도 하나님은 지구를 폐하지 아니하시고 인간의 역사를 아름답게 써내려가고 계십니다.

길게 이 말씀을 드리는 이유는, 만약 우리가 하나님의 뜻을 알고 그에 합당하게 행했다면 그 결과가 어떠했을까 한번 생각해보자는 것입니다. "저는 하나님의 손에 들린 몽당연필입니다." 마더 테레사의 말입니다. 그렇습니다. 하나님께서 인간의 역사를 써나가실 때 사용하는 잉크와 펜은 다름 아닌 하나님의 사람들입니다. 그런데 하나님의 도구로 사용될 하나님의 사람들은 하루아침에 만들어지는 것이 아닙니다. 그야말로 어떤 하찮은 사람일지라도 분명히 할 수 있게 될 것이라시면서 '모든 것을 참으며 모든 것을 믿으며 모든 것을 바라며 모든 것을 견디시는'(고전 13:7) 하나님의 오래 참으심으로 빚어가십니다. 성경의 인물들이 바로 그 아름다운 증거들입니다.

나를 사랑하느냐는 물음

예수님께서 친히 구워주신 물고기와 떡을 먹고 난 다음 예수님께서 베드로에게 물으셨습니다. "요한의 아들 시몬아, 네가 이 사람들보다 나를 더 사랑하느냐"(요 21:15). 뜬금없는 질문입니다. 보통 이런 상황에서 나오는 질문은 "맛있게 먹었니?"입니다. 분명 베드로와 함께 있던 제자들도 당혹스러웠을 것입니다.

예수님의 이 질문에서 깊이 생각해봐야 할 점이 몇 가지 있습니다.

첫째, 이 질문은 베드로에게만 해당되는 것이 아닙니다. 우리 모두에게 하시는 질문이고, 또 모든 이들이 이에 분명히 대답해야 합니다. 그저 예수님을 사랑하느냐고 묻지 않으셨습니다. '이 사람들보다 더'라는 단서가 붙어 있습니다. 예수님을 사랑하느냐는 질문에는 누구나 "네" 하고 쉽게 대답할 수 있습니다. 그러나 전제가 붙으면 대답하기 굉장히 어려워집니다. 네 애인보다, 네 가족보다, 네 지위와 돈보다 예수님을 사랑하느냐고 물으면 선뜻 대답할 수 없습니다. 선뜻 대답하지 못한다고 잘못된 것은 아닙니다. 그 관점에서 한번 생각해보라는 것입니다. 저는 그래서 예수님이 참 좋습니다. 우리들에게 생각의 방향을 정해주시고 옳은 판단을 하게 하십니다. 이미 우리들은 누누이 하나님을 가장 사랑해야 한다는 말을 들었습니다. 그렇지 못하다면 나는 잘못된 방향으로 가고 있어서 하나님을 곤혹스럽게 하고 결국 나는 곤경에 빠지고 말테니까요.

둘째, 예수님께서 유독 베드로에게 질문하신 것은 베드로의 고뇌 때문입니다. 사랑이 깊으면 고뇌 또한 깊습니다. 삼위일체 하나님을 향한 고뇌의 사람을 하나님께서 부르시고, 깨우시고, 채우시고, 사용하십니다. 세상사도 마찬가지입니다. 가정을 위해서, 회사를 위해서 골몰하는 사람들은 반드시 최선의 길을 찾을 수 있습니다. 하나님도 마찬가지입니다.

셋째, 예수님의 질문에서 가장 중요한 점이 있습니다. 한글 성경에서는 드러나지 않지만 헬라어 성경에서는 명확히 드러납니다. 예수님이 말씀하시는 '사랑'은 헬라어로 '아가페'입니다. "아가파스 메?"라고 물으셨습니다. 이 질문에 베드로는 적이 당황했을 것입니다.

사람들 사이에서도 '나를 사랑하느냐'는 질문은 당황스럽습니다. 더군다나 '하나님의 지극한 사랑으로 나를 사랑하느냐' 하는 질문이라면 대답하기가 너무나 곤란합니다.

그래서 베드로가 더듬거리며 대답합니다. "주님 그러하나이다. 내가 주님을 사랑하는 줄 주님께서 아시나이다"(요 21:15)라고 말했습니다. 당연히 베드로가 사용한 '사랑'은 어떤 단어인지 살펴보아야 합니다. 베드로는 '아가파오'라는 동사 대신 '필레오'라는 동사를 사용하였습니다. "필로 세." 베드로의 대답은 정직한 것입니다. 갈릴리로 내려온 뒤로 지금까지 줄곧 예수님에 대해 고뇌하고 자기를 성찰한 끝에 내린 결론입니다. '나는 예수님을 하나님의 사랑으로 사랑하지 못합니다. 그러나 인간의 사랑으로는 예수님을 사랑한다는 것을 예수님께서 누구보다 잘 아십니다'라고 대답한 것입니다.

우리들도 아는 바와 같이, 헬라어는 사랑을 세분합니다. 하나님 사랑은 '아가페', 남녀 간의 사랑은 '에로스', 친구 간의 사랑은 '필리아'입니다. 하나님의 사랑 '아가페'는 흠이 없는 완벽한 사랑이지만 인간의 사랑인 '에로스'와 '필리아'는 불완전하며 흠과 오해와 결점이 가득합니다. 너무나 당연합니다.

하나님께서 역사를 쓰시는 방법

여기서 한 가지 부연하고자 합니다. 완전한 하나님의 사랑 '아가페'를 우리 인간들은 우리 식으로 생각합니다. "그 무고한 사람들을 죽도록 방치하는 것이 흠이 없다는 하나님의 사랑이냐?" 그렇게 항변하며 하나님과 그 사랑을 의심하고 부인합니다. 하지만 그래서는 안 됩니다. 완벽하신 사랑의 하나님께서 왜 그대로 놔두셨을까를 계속 깊이 생각해야 합니다.

다른 말로 하면, 기도가 응답되지 않더라도 계속해서 기도하는 것과 동일한 것입니다. 어째서 내 기도가 하나님께 응답받지 못했을까 숙고하는 동안 나는 하나님의 높은 차원에 이르게 됩니다. 하나님은 문제가 없으신 분입니다. 그런데도 내게 침묵하십니다. 그렇다면 내게 문제가 있는 것입니다. 응답되지 않는 기도, 그러나 나의 끈질긴 기도는 내 결점과 허점을 폭로하고 내가 얼마나 얄팍하고 경박한지를 드러냅니다. 내 가면을 벗기고 내 나쁜 버릇을 고치고 마침내 나를 변화시킵니다.

하나님은 인간의 역사를 직접 쓰지 않으십니다. 대신 하나님의 도구로 변화된 사람들을 통해서 역사를 쓰게 하십니다.

유명한 인도 선교사 윌리엄 캐리가 말합니다. "하나님 없이 우리는 아무것도 할 수 없다. 동시에 우리 없이 하나님께서도 아무것도 하지 않으신다." 불경스럽게 들리나 사실입니다. 사람이 없는 지구는 아무런 의미가 없기 때문입니다. 이것이 하나님께서 인간의 역사를 써내려가는 유일한 방법입니다. 그래서 베드로에게 그런 질문을 하신 것이며, 베드로의 대답을 듣고 "내 양을 먹이라" 하신 것입니다. "내 양을 먹이라"는 것은 우선 모든 인간과 피조물은 인정 여하를 불문하고 하나님의 소유라는 말입니다. 다른 사람들과 피조물들을 하나님의 방법으로, 예수님께서 보여주시고 가르치신 방법대로 돌보라고 베드로에게 이르시는 것입니다. 곧, 베드로를 하나님의 펜으로 사용하셔서 인간의 역사를 기록하시겠다는 것입니다.

네가 어찌하여 여기 있느냐는 질문

예수님의 질문은 계속됩니다. "요한의 아들 시몬아, 네가 나를 사랑하느냐"(요 21:16). 이때 예수님이 어떤 단어를 사용하셨는지 궁금한 것도 당연합니다. '아가파스 메'입니다. 여전히 '아가파오' 동사를 사용하셨습니다. 베드로는 동일하게 대답할 수밖에 없습니다. "필로 세."

동일한 질문이 반복될 때 사람들은 반감이 들기도 하지만, 지금 귀에 들리는 것은 부활하신 예수님의 질문입니다. 당연히 더 숙고하게 됩니다. 내 자신을 더 깊이 성찰하고 더 정확한 답을 하게 마련입니다.

하나님께서도 이세벨의 칼을 피해 광야로 도망 온 엘리야에게 같은 질문을 두 번 하셨습니다.

"엘리야야 네가 어찌하여 여기 있느냐"(왕상 19:9). 너무나 기가 막힌 질문입니다. "아니, 하나님, 어찌하여 여기 있느냐 하시다니요? 모두 하나님 때문이잖아요." 엘리야는 속으로 그랬을 것입니다.

엘리야가 하나님께 아룁니다. "내가 만군의 하나님 여호와께 열심이 유별하오니 이는 이스라엘 자손이 주의 언약을 버리고 주의 제단을 헐며 칼로 주의 선지자들을 죽였음이오며 오직 나만 남았거늘 그들이 내 생명을 찾아 빼앗으려 하나이다"(왕상 19:10).

그런데 하나님께서는 그에 대하여 아무런 대답도 없으셨습니다. 다만 "너는 나가서 여호와 앞에서 산에 서라"(왕상 19:11) 하시고는 사라져버리셨습니다. 도대체 하나님께서는 엘리야와 무엇을 하고 계시는 것일까요? 분명히 이세벨이 자기를 죽이려 한다는 것을 말씀드렸는데, 또 전지전능하신 하나님이라면 진작부터 알고 계셨을 텐데, 산에 서 있으라 하시고는 사라져버리면 어쩌란 말입니까?

강한 바람이 산을 가르고 바위를 부수나 바람 가운데 여호와께서 계시지 아니하셨습니다. 바람 후에 지진이 일어나서 온 천지를 흔들었습니다. 그러나 지진 가운데도 여호와는 계시지 아니하였습니다. 지진 후에 모든 것을 사르는 엄청난 불이 일어나서 산천초목을 태웠습니다. 그러나 그 불 가운데도 여호와는 계시지 아니하였습니다. 그 모든 것이 다 지난 후 아주 세미한 소리가 들려왔습니다. "엘리야야 네가 어찌하여 여기 있느냐"(왕상 19:13).

엘리야가 또다시 똑같이 아룁니다. "내가 만군의 하나님 여호와께 열심이 유별하오니 이는 이스라엘 자손이 주의 언약을 버리고 주의 제단을 헐며 칼로 주의 선지자들을 죽였음이오며 오직 나만 남았거늘 그들이 내 생명을 찾아 빼앗으려 하나이다"(왕상 19:14).

엘리야의 탄원은 똑같습니다. 그러나 아뢰는 심정이 전혀 달랐습니다. 처음에는 하나님께 화가 나 있었습니다. "내가 목숨을 걸고 그 위대한 일을 하였는데, 하나님은 이세벨을 왜 그냥 내버려두십니까? 차라리 날 죽이십시오." 그러나 지금은 다릅니다. 전지전능하신 사랑의 하나님께 아픈 심정을 겸손히 아뢰고 있습니다.

내 마음이 폭풍과 지진과 불로 가득할 때 하나님의 음성을 들을 수 없습니다. 그 모든 것을 가라앉히고 조용히 기다릴 때 하나님의 세미한 음성을 들을 수 있습니다.

하나님께서 엘리야에게 말씀하십니다. "너는 또 님시의 아들 예후에게 기름을 부어 이스라엘의 왕이 되게 하고 또 아벨므홀라 사밧의 아들 엘리사에게 기름을 부어 너를 대신하여 선지자가 되게 하라"(왕상 19:16). 하나님께서 함께하겠으니 다시 힘을 내서 하나님의 기록자가 되어 새 역사를 쓰라는 것입니다. 곧 예수님의 "내 양을 먹이라"는 말씀과 동일한 것입니다.

필레이스 메

예수님께서 세 번째로 물으셨습니다. "요한의 아들 시몬아 네가 나를 사랑하느냐"(요한 21:17). 과연 어떤 단어를 쓰셨을까요? 놀랍게도 이번에는 예수님께서 '필레오' 동사를 쓰셨습니다. "필레이스 메?"

이에 대한 베드로의 반응을 성경은 다음과 같이 기록하고 있습니다. "주께서 세 번째 네가 나를 사랑하느냐 하시므로 베드로가 근심하여 이르되 주님 모든 것을 아시오매 내가 주님을 사랑하는 줄을 주님께서 아시나이다"(요 21:17). 한글 성경을 읽으면 똑같은 질문을 세 번이나 하셔서 당황한 것처럼 보이나, 베드로가 놀란 것은 '아가파오' 대신 '필레오'

를 사용하셨기 때문입니다. 놀라거나 말거나 예수님의 대답은 역시 "내 양을 먹이라"(요 21:17)입니다.

무슨 뜻일까요? 베드로의 모든 것을 아시는 주님은 베드로의 있는 그대로를 받으시고 그 모습 그대로 사용하시겠다는 것입니다. 그럼에도 왜 두 번이나 '아가파오'로 질문하셨을까요? 아가페 하나님의 사랑을 우리가 행할 수는 없지만, 부족하더라도 그 방향으로 나가라는 것입니다.

여러분, 내 소원 내 기도를 들어주는 것이 능사가 아닙니다. 한번 생각해보십시오. 모든 기도를 다 들어주시면 세상은 아수라장이 되어버릴 것입니다.

현재 내 모습 이대로, 그러나 내 마음속에 하나님 사랑을 받고 또한 품고 사는 것입니다.

사마리아
여인의
일곱 번째 남자
예수